수덕·신비 신학 3

수덕신학·신비신학 3

정화의 길 ★ **아돌프 땅끄레 지음・정대식 옮김**

가톨릭 크리스챤

Adolphe Tanquerey
Précis de Théologie Ascétique et Mystique
© 1923 et 1924 by Desclée & Co., Paris

역자의 말

아돌프 땅끄레(Adolphe Tanquerey) 신부의 원저, 「수덕·신비 신학의 개요」(Précis de Théologie Ascétique et Mystique)라는 이 책은 교회의 전통적인 영성신학 서적으로 매우 유명하다. 이러한 땅끄레 신부의 원래 저서를, 요한 고찌에(Jean Gautier) 신부가 요약하고 축소시켜서, 「나의 내적 삶을 위하여」(pour ma vie intrieure)라는 책으로 출판하였다.

그리고 한국에서는 1959년 8월에 한공렬 대주교가 신학생들의 영성 강화를 위하여, 이 축약된 고찌에 신부의 책 가운데 제Ⅰ권(제1항-제326항의 요약된 문항)만을 번역 출간하였다. 그리고 축약된 고찌에 신부의 제Ⅱ권은 현재까지 발간되지 않고 있다.

역자는, 진리는 언제나 변하지 않는다는 신념 아래 비록 미세하고 부분적인 약간의 변화가 있지만, 제2차 바티칸 공의회 이후의 오늘날에도 땅끄레 신부의 저서 「수덕·신비 신학의 개요」는 교회의 기본 진리를 이해하고 영성생활을 발전시키는 데 꼭 필요한 책으로 여기고 있다. 이러한 뜻에서 역자는 땅끄레 신부의 원저 전체(제5판), 즉 제Ⅰ권(제1항-제617문항)과 제Ⅱ권(제618항-제1599문항) 모두를 제5편으로 나누어 완역하였다.

원저「수덕·신비 신학의 개요」는 모두 1000쪽의 방대한 분량으로 쓰여졌는데, 땅끄레 신부는 이 책에서 생명의 기원과 본질

및 중요성, 영혼 안에서 역사하시는 성령, 그리스도적 생명의 완성, 성화를 위한 마리아의 역할, 완덕의 본질과 의무 그리고 그 필요성 등을 다루고 있다. 이 책은 무엇보다 먼저, 강생의 교의를 바탕으로 영혼이 어떻게 올바른 신심과 내적 생활을 통하여 완덕에 이르는가를 상세하게 설명하고 있다.

제1편(제1항-제294항)은, 초자연적인 생명의 기원과 본질이 어떻게 그리스도 안에서 완성되는가를 분명하게 밝히고 있다. 그리고 세례를 받은 그리스도인이면 누구나 완덕에 나아가야 한다는 사명을 깨우치고 있다.

제2편(제295항-제617항)은, 완덕에 이르는 보편적인 방법들을 제시하면서 특히 실천적인 점들을 강조하고 있다. 즉 하느님과의 일치는 완덕의 삶에서 매우 실천적이고 보다 현실적이며 구체적임을 강조하고 있다. "그저 듣기만 하여 자기 자신을 속이는 사람이 되지 말고 말씀대로 실천하는 사람이 되십시오."[1]

제3편(제618항-제960항)은, 영혼이 하느님께 나아가는 정화의 길에 대해서 말하고 있는데, 교회의 전통적인 교의와 영성의 여러 학파들에 대한 학설에 기초를 두고 있다. 그리고 영혼의 정화가 모든 선의 원천이신 하느님과의 일치 안에서 어떻게 완전해질 수 있는가를 살피고 있다.

제4편(제961항-제1288항)은, 빛의 길에서 하느님과의 친밀하고 내적인 일치에 관하여 말한다. 그리고 이 일치는 우리 안에 살아 계시는 성삼위의 인도 아래 실현된다는 것을 분명하게 밝히고 있다.

---

[1] 야고 1, 22.

끝으로 제5편(1289항-1599항)은, 하느님과의 일치를 위해서 어둠의 세력과 세속, 낡은 인간의 성향에 대항하는 싸움이 필요하다는 것을 사도 바오로와 함께 강조한다.

이와 같이 영성생활에서 수덕·신비 신학이 말하는 교회의 전통적인 완덕에 대한 세 가지 단계를 상세하게 제시해 준다. 즉 정화의 길, 빛의 길, 일치의 길을 위해서는 영성적 전쟁, 줄기찬 노력, 인내와 극기, 유혹, 타락에서 끊임없는 회개가 영성생활의 기초임을 일깨워 주고 있다.

번역 후에 언제나 느끼는 부족함에는 할 말이 없다. 특히 현대적인 용어 사용을 시도하는 데는 많은 어려움이 있었음도 고백한다. 그럼에도 이 책이 완덕과 영성적 성장을 지향하는 영혼들에게 조금이라도 도움이 된다면 더 없는 기쁨이 될 것이다.

끝으로 이 책이 나오기까지 많은 노력과 성원을 아끼지 않은 안영주(데레사)님과 김정이(프란치스까)님, 크리스챤 출판사 한용환(사도 요한)님께 깊은 감사를 전하며 하느님의 축복을 기원한다.

2000년 7월 5일
사제 서품 기념일에

정 대 식(플로리아노) 신부

차 례

역자의 말 / 5

완덕에 이르는 세 가지 길
(정화의 길·빛의 길·일치의 길)

Ⅰ. 세 가지 길이라는 단계적 구분의 근거 / 14
Ⅱ. 세 가지 길을 구분하는 지성적 방법 / 22
Ⅲ. 세 가지 길의 유용성 / 27

제3편 정화의 길

서 론

Ⅰ. 초보자란 말에서 무엇을 이해할 것인가 / 31
Ⅱ. 초보자들이 추구해야 할 목표 / 37
제3편의 분류 / 38

제Ⅰ부 초보자들의 기도

● 제1장 기도의 필요성과 조건들 / 44
　제1절 기도의 필요성 / 44
　제2절 기도의 본질적인 조건 / 47

Ⅰ. 기도하는 목적의 조건 / 48
　　Ⅱ. 기도하는 사람의 조건 / 50
● 제2장　초보자들의 영성수련 / 58
● 제3장　묵상기도 / 62
　제1절　묵상기도에 대한 일반적 개념 / 62
　제2절　묵상기도의 유익성과 필요성 / 66
　　Ⅰ. 묵상기도의 유익성 / 66
　　Ⅱ. 묵상기도의 필요성 / 69
　제3절　초보자들의 묵상기도와 일반적 특성들 / 75
　　Ⅰ. 초보자들은 어떤 주제로 묵상해야 하는가 / 75
　　Ⅱ. 초보자들이 만나는 어려움들 / 78
　제4절　묵상기도의 주요한 방법들 / 81
　　Ⅰ. 모든 묵상기도 방법의 공통점 / 82
　　Ⅱ. 성 이냐시오의 묵상기도 방법 / 85
　　Ⅲ. 성 슐피스의 묵상기도 방법 / 92

　　결　론 : 영혼의 정화를 위한 묵상기도의 효과 / 99

제Ⅱ부　회　개

● 제1장　죄를 피하고 미워해야 할 이유 / 106
　제1절　대　죄 / 107
　　Ⅰ. 하느님께서 생각하시는 대죄 / 108
　　Ⅱ. 대죄 그 자체는 무엇인가 / 111
　　Ⅲ. 대죄의 불행한 결과 / 116

제2절 고의적인 소죄 / 120
  I. 고의적인 소죄의 악의 / 122
  II. 고의적인 소죄의 결과 / 125
● 제2장 죄를 회개해야 할 이유와 방법 / 132
제1절 회개의 동기 / 132
제2절 회개의 실천 / 140
제3절 회개의 행위들 / 143

제III부 고 행

● 제1장 고행의 본질 / 152
  I. 고행을 뜻하는 성서적 표현들 / 152
  II. 고행에 대한 현대적 표현들 / 155
  III. 고행의 정의 / 155
● 제2장 고행의 필요성 / 157
제1절 구원을 위한 고행의 필요성 / 157
제2절 완덕을 위한 고행의 필요성 / 159
● 제3장 고행의 실천 / 171
제1절 외적 감각과 육체의 고행 / 174
제2절 내적 감각들의 고행 / 180
제3절 격정의 고행 / 182
  I. 격정에 대한 심리 분석 / 182
  II. 격정의 결과들 / 185
  III. 격정을 바르게 사용하기 위한 규범들 / 191
제4절 탁월한 능력들의 고행 / 199

Ⅰ. 지성의 훈련 또는 고행 / 200
　　Ⅱ. 의지의 단련 또는 고행 / 204

제Ⅳ부　칠죄종과의 투쟁

● 제1장 칠죄종에 매어 있는 악과 교만 / 216
　제1절 교　　만 / 216
　　Ⅰ. 교만의 주요한 형태 / 217
　　Ⅱ. 교만이 낳는 결점 / 222
　　Ⅲ. 교만의 악의 / 227
　　Ⅳ. 교만에 대한 치료 / 231
　제2절 질　　투 / 237
　제3절 분　　노 / 243
　　Ⅰ. 분노의 본질 / 243
　　Ⅱ. 분노의 악의 / 246
　　Ⅲ. 분노에 대한 치료법 / 248
● 제2장 감각적인 죄들 / 251
　제1절 탐　　식 / 251
　제2절 음　　란 / 257
　제3절 게으름 / 266
● 제3장 인　　색 / 274

　결　론 / 281

제Ⅴ부 유혹에 대한 싸움

● 제1장 평범한 유혹 / 286
    Ⅰ. 유혹의 섭리적 결과 / 286
    Ⅱ. 유혹의 심리학 / 289
    Ⅲ. 유혹에 대한 우리의 자세 / 293

● 제2장 초보자들이 갖는 유혹 / 302
  제1절 위로에 대한 초보자들의 환상 / 302
    Ⅰ. 위 로 / 303
    Ⅱ. 메마름 / 308
  제2절 초보자들의 변덕 / 311
  제3절 초보자들의 지나친 열성 / 313
  제4절 불 안 / 315
    Ⅰ. 불안의 본질 / 316
    Ⅱ. 불안의 대상 / 318
    Ⅲ. 불안의 손실과 유익 / 320
    Ⅳ. 불안의 치료법 / 322

부 록 : 영의 식별 / 329

제3편의 종 합 / 333

완덕에 이르는 세 가지 길[2]
(정화의 길·빛의 길·일치의 길)

618 수덕·신비 신학의 제1편과 제2편에서 설명한 생명과 완덕에 대한 일반 원칙들은 모든 영혼에게 적용된다. 특히 이 원칙들은 영혼을 가장 높은 완덕으로 이끄는 데 매우 유익한 동기(動機)와 방법들이다. 그러나 제340항-제343항에서 이미 말한 바와 같이, 영성생활에는 거쳐야 할 완덕의 여러 과정과 단계들이 있다. 그러므로 이 완덕의 단계들을 잘 구분해서, 각 영혼들의 특별한 필요성에 맞도록 일반적 원칙을 적용시키는 것이 중요하다.

그러기에 영혼들의 개성뿐만 아니라 마음의 성향과 그들의 성소(聖召) 등을 고려해야 한다. 또 각 영혼들의 개별적 상태에 따라 완덕의 단계를 선별해야 한다. 이렇게 함으로써 영적 지도자는 각 영혼들에게 가장 적합한 영적 지도를 할 수 있다.

제3편~제5편의 목표는, 진심으로 영혼이 완덕에 진보하기를 바라는 그 첫 순간부터 완덕의 정상(頂上)에 도달할 때까지, 점

---

2) 성 토마스 아퀴나스, II부 II편 24문 9항; 183문 4항; Thom. de Vallgornera, *Mystica theol.*, 2문 2항; Le Gaudier, *De perf. vitae spiritualis*, 2부 Pars, sect. I. cap. I; Scaramelli, *Direttorio ascetico*, Traité II, Introduction; Schram, *Instit. theol. mysticae*, 26항; A. Saudreau, 「영성생활의 단계」 서문; A. Desurmont, 「사제적 애덕」 138항-140항.

진적인 상승(上昇, ascensions)을 통해 영혼을 완덕으로 이끄는 데 그 목적이 있다. 완덕의 길은 매우 멀고 고통스럽다. 그러나 완덕의 길에서 영혼은 영적 감미(甘味)와 참된 위로의 맛을 느끼게 될 것이다!

완덕에 나아가는 세 가지 길(정화의 길·빛의 길·일치의 길)을 먼저 설명하기 전에,

    Ⅰ. 완덕의 단계적 구분의 근거
    Ⅱ. 세 가지 길을 구분하는 지성적 방법
    Ⅲ. 세 가지 길의 유용성을 살펴보기로 한다.

Ⅰ. 세 가지 길이라는 단계적 구분의 근거

619 우리가 완덕에 이르는 세 가지 길이라고 표현하는 이유는, 교회의 전통적 용어와 일치하기 위해서이다. 그러나 여기서 말하는 세 가지 길이란, 그 길이 평행하거나 세 갈래로 나뉘어진 길이 아니라, 같은 선상(線上)에 있는 영적 성장의 세 단계를 말한다. 달리 표현하면, 영혼들이 하느님 은총의 도움으로 완덕으로 나아가야 할 영성생활의 주요한 세 길이라고 한다.

완덕의 길에는 여러 단계가 있다. 여기서는 영적 지도자들이 참고해야 할 가장 중요한 것만을 소개할 것이다. 즉 각 영혼의 섭리적(攝理的) 사명과 성격 그리고 성소에 따른 다양성과 형태가 있다.[3)]

우리는 성 토마스와 함께 이미 말한 바와 같이, 완덕이 시작

---

3) 「일치의 길」에서는 일반적으로 두 가지 형태로 구분한다. 나중에 다루겠지만, 단순한 일치의 길과 주입적 관상이 동반된 일치의 길이 있다.

의 단계인가, 진보의 단계인가, 또는 이 세상에서 이미 영성생활의 완성에 도달했는가에 따라, 완덕의 단계를 세 가지 길로 본다(제340항-제343항). 이와 같은 보편적인 의미에서 세 가지 길을 구분하는 것은 권위(autorité)와 이성(raison)에 근거를 둔다.

620 (1) 성서(聖書)와 성전(聖傳, Tradition)의 권위(autorité)에 의하면,

(가) 우리는 구약에서 완덕의 세 가지 길에 대한 구분과 관련된 여러 원문들을 찾을 수 있다.

그 예로서 빠쯔의 알바레쯔(Alvarez de Paz)는 완덕에 대한 길을 다음 시편 구절에 근거하였다. "사악을 멀리하고 선을 행하며, 평화를 찾아서 뒤따라가라"(Declina a malo et fac bonum, inquire pacem et persequere eam).[4]

즉, 악을 피하라(Declina a malo)는 이 말은「정화의 길」또는 영혼의 정화를 뜻한다. 그리고 선을 행하거나(fac bonum) 또는 덕을 실천해야 한다는 것은 바로「빛의 길」을 말한다. 끝으로, 평화를 찾는다는(inquire pacem) 것은 하느님과 내적 일치 안에서만 가능할 수 있다. 그래서 우리는 여기서「일치의 길」을 볼 수 있다. 이와 같은 성서의 문장에 대한 해설은 매우 독창적이기에 꼭 이것을 결정적인 증거로 삼을 필요는 없다.

621 (나) 신약성서

ㄱ) 주님의 말씀 가운데 공관복음서(共觀福音書)가 전하고 있는 영성에 대한 요약을 그 예로 들 수 있다. "나를 따르려는

---
4) 시편 33, 15.

사람은 누구든지 자기를 버리고 매일 제 십자가를 지고 나를 따라야 한다"(Si quis vult post me venire, abneget semetipsum, et tollat crucem suam quotidie et sequatur me).[5]

즉 완덕의 첫 단계는 자기희생과 포기(抛棄)이다(abneget semetipsum). 그리고 십자가를 진다는 것은 이미 덕행의 적극적인 실천을 전제로 하는 둘째 단계이다. 끝으로 하느님과의 일치, 예수님과의 내적 일치는 결론적으로 완덕의 마지막 단계인 하느님을 따르는(sequatur me) 일치의 길이다. 여기서 완덕에 이르는 여러 방법들 사이에는 실제적인 구분의 원리가 있다. 그렇지만 이 원리가 결정적인 증거는 아니다.

622 ㄴ) 사도 바오로도 역시 완덕의 세 가지 길(정화·빛·일치)에 대한 구분을 명백하게 가르치지는 않는다. 그러나 나중에 이 구분의 원인이 되는 영혼의 세 단계를 서술한다.

① 사도 바오로는 이교도(異敎徒)들이 썩어 없어질 월계관을 얻기 위해 노력하는 것을 상기시킨다. 그리고 자신을 이교인들과 비교하면서, 자신 또한 싸우고 달리기 위해 애쓰지만 허공을 치지는 않았다고 말한다. 사도 바오로는 영벌(永罰, réprobation)과 죄를 피하기 위해 자신의 몸을 사정없이 단련하고 노예처럼 다룬다. "그러므로 나는 달음질을 하되 목표없이 달리지 않고 권투를 하되 허공을 치지 않습니다. 나는 내 몸을 사정없이 단련하여 언제나 민첩하게 움직일 수 있게 합니다. 이것은 내가 남들에게는 이기자고 외쳐 놓고 나 자신이 실격자가 되지 않게 하려는 것입니다"(Ego igitur sic curro non quasi in incertum, sic

---
5) 루가 9, 23.

pugno non quasi aerem verberans; sed castigo corpus meum et in servitutem redigo, ne forte, cum aliis praedicaverim, ipse reprobus efficiar).[6]

여기에 영벌(永罰)의 두려움으로 인해, 영혼을 정화하고 육체의 욕망을 굴복시키는 참된 고행과 속죄의 수련이 있다. 그래서 사도 바오로는 여러 번 그리스도인들에게 낡은 인간을 벗어 버리고, 죄와 탐욕과 함께 육체를 못박으라고 했던가? 우리가 부르는 완덕의 첫 단계는 정화의 길, 바로 이것이다.

② 사도 바오로는 필립비인들에게 보낸 편지에서, 자신은 아직 완덕에 도달하지는 못했지만 스승이신 예수를 따르며, 완덕에 이르기 위해 노력한다고 하였다. 그리고 사도는 뒤돌아보지 않고 오직 자신이 추구하는 목표를 향해 열정적으로 달려갈 뿐이라고 하였다.

"형제 여러분, 나는 그것을 이미 붙들었다고 생각하지 않습니다. 다만 나는 내 뒤에 있는 것을 잊고 앞에 있는 것만 바라보면서 목표를 향하여 달려갈 뿐입니다. 하느님께서는 그리스도 예수를 통하여 나를 부르셔서 높은 곳에 살게 하십니다. 그것이 나의 목표이며 내가 바라는 상입니다"(Quae quidem retro sunt obliviscens, ad ea vero quae sunt priora extendens meipsum ad destinatum prosequor, ad bravium supernae vocationis Dei in Christo Jesu).[7]

사도 바오로는, 완덕을 지향(指向)하는 모든 사람들은 이와 같이 믿음을 실천해야 한다고 덧붙인다. "그러므로 믿음이 성숙한

---

6) 1고린 9, 26-27.
7) 필립 3, 13-14.

사람은 모두 이와 같은 마음가짐으로 살아 가야 합니다…. 형제 여러분, 나를 본받으십시오"(Quicumque ergo perfecti sumus, hoc sentiamus… imitatores mei estote, fratres…).[8]

또 다른 곳에서 사도는, "내가 예수님을 본받는 것처럼, 나를 본받으십시오."(Imitatores mei estote sicut et ego Christi)[9]라고 하였다. 이처럼 우리의 참된 의무로서 주님을 본받는 것이, 바로 빛의 길을 걷는 특성이라는 것이다.

③ 일치의 길에 대하여 사도 바오로는 다음 두 형태로 묘사한다.

그 하나는 자신 안에 현존하시는 예수님을 만나려고 끊임없이 노력하는 단순한 일치의 길이다. "이제는 내가 사는 것이 아니라 그리스도께서 내 안에서 사시는 것입니다"(Vivo autem jam non ego, vivit vero in me Christus).[10]

다른 하나는 계시(révélations)·환시(visions)·황홀함(extases)이 따르는 특별한 일치의 길이다. "내가 잘 아는 그리스도 교인 하나가 14년 전에 셋째 하늘까지 붙들려 올라간 일이 있었습니다. 몸째 올라갔는지 몸을 떠나서 올라갔는지 나는 모릅니다. 그러나 하느님께서는 알고 계십니다"(Scio hominem in Christo ante annos quatuordecim, sive in corpore nescio sive extra corpus nescio, Deus scit, raptum hujusmodi usque ad tertium caelum).[11]

그러므로 바오로 서간에는 성전(聖傳, Tradition)에서 구체화시킬

---

8) 필립 3, 15; 3, 17.
9) 1고린 4, 16.
10) 갈라 2, 20.
11) 2고린 12, 2.

완덕의 세 가지 길에 대한 구분의 실제적인 근거를 제시한다.

623 성전은 애덕의 여러 단계와 세 가지(믿음·희망·사랑) 대신덕(對神德) 사이의 차이점에 따라 점차 이 완덕의 단계적 구분을 명확히 한다.

ㄱ) 알렉산드리아의 끌레멘스(Clément d'Alexandrie)는, 완덕에 대하여 처음으로 체계적인 방법을 제시한 초대 저술가 중의 한 사람이다. 그는 완전한 사람 또는 영성적인 사람이 되려면 완덕의 삶에서 여러 과정을 극복해야 한다고 주장한다. 즉 처음에는 믿음으로 열광을 억제하고 두려움으로 악을 피해야 하며, 그 다음 단계는 희망 안에서 덕행을 실천하고, 마지막에는 하느님을 위한 사랑으로 선을 실천해야 한다는 것이다.[12]

끌레멘스와 같은 관점에서 까시아노(Cassien)는, 완덕의 길에서 하느님을 향한 영혼의 진보를 다음 세 단계로 구분하고 있다. 즉 믿음을 통한 두려움(crainte)은 노예들의 속성(屬性)이고, 희망(espérance)은 보상을 받기 위한 노력의 속성이며, 사랑은 하느님 자녀들의 특성이라고 하였다.[13]

ㄴ) 성 아우구스티누스는 좀 다른 관점에서 완덕을 본다. 성인은 완덕이란 사랑 안에 있다고 한다. 그래서 아우구스티누스는 사랑의 실천 과정을 다음 네 단계로 구분한다. 즉 시작하는 사랑, 진보하는 사랑, 이미 성장한 탁월한 사랑 그리고 완전한 사랑들이다.[14] 만일 완덕의 마지막 두 단계를 일치의 길과 연결시킨다면, 아우구스티누스의 교의(敎義)는 다른 성인들과 근본적

---

12) *Stromata* 6, 12.
13) *Confér.*, 11, 6-8.
14) *De n at. et gratita*, cap. LXX, n. 84.

으로 다른 것은 없다.

성 베르나르도 역시 하느님 사랑 안에서 완덕의 세 단계를 다음과 같이 구분한다. 처음에는 자기 자신을 사랑하기 때문에 완덕을 시작한다고 설명한다. 그리고 자신의 무능함을 느끼면서 믿음으로 하느님을 찾기 시작하고, 그분의 은혜로 하느님을 사랑하게 된다고 말한다. 그 다음에는 하느님을 가까이함으로써 그분의 은혜와 그분만을 사랑하게 된다. 그리고 마지막에는 매우 순수한 사랑으로 하느님을 사랑하게 된다는 것이다.[15]

결론적으로 성 토마스 아퀴나스는 성 아우구스티누스의 이러한 교의를 완성시키면서, 완덕의 세 단계 또는 세 가지 길을 제340항-제343항과 관련된 사랑의 세 단계를 분명하게 제시하였다.

624 (2) 이성(理性, raison)은 완덕에 이르는 세 가지 길에 대한 구분의 정당성을 보여 준다. 즉 완덕은 본질적으로 하느님의 사랑과 관련되기에, 사랑의 단계만큼 완덕의 등급도 있다는 것이다.

(가) 그러므로 사랑이 주체인 완덕에 이르기 위해서는, 무엇보다 먼저 과거에 범한 죄로부터 영혼을 정화시켜야 한다. 그리고 앞으로 지을 수 있는 죄에 대하여 특별히 주의하도록 해야 한다.

그러기에 마음의 순결에 대한 첫째 조건은 다른 생명 안에서 뚜렷하게 하느님을 보는 데 있다. 그리고 이 세상에서 하느님과 일치하고 희미하게나마 그분을 뵙는 것이다. "마음이 깨끗한 사람은 행복하다. 그들은 하느님을 뵙게 될 것이다"(Beati mundo corde, quoniam ipsi Deum videbunt).[16]

---

15) *Epist.* XI, n. 8, *P. L.*, CLXXXII, 113-114.
16) 마태 5, 8.

그래서 이 마음의 순결은 성실하고 엄격한 회개(悔改)를 통해 지난 잘못들을 속죄하게 한다. 더 나아가 이 순결은 우리를 죄에 빠지게 하는 나쁜 성향들과 단호하고 끈기 있게 싸우게 한다. 또 기도와 묵상은 유혹에 대비하여 우리 의지를 확고하게 하는 필요한 영성수련들이다. 한마디로 이 수련은 영혼을 순결하게 하고 덕행을 견고케 하는 일련의 방법들을 전제로 한다. 바로 이 방법들을 영혼이 걸어야 할 정화의 길이라 부른다.

625 (나) 영혼이 한번 정화되고 개선되면, 영혼은 실질적으로 그리스도인의 덕행들로 꾸며져야 한다. 이 덕행들은 영혼으로 하여금 예수 그리스도를 더욱 닮게 해 줄 것이다. 그래서 영혼은 한 걸음씩 그리스도를 따르려고 노력하게 되며, 대신덕(對神德)과 윤리덕을 동시에 실천하면서 내적 성향들을 점차적으로 생기 있게 하려고 노력한다.

따라서 윤리덕은 영혼을 유순하고 강하게 하며, 대신덕은 영혼을 하느님과 실질적으로 일치하게 한다. 그리고 대신덕과 윤리덕은 순간의 필요성과 은총의 성향에 따라 동시에 실천하게 된다. 이러한 덕의 실천을 보다 성공적으로 이끌기 위하여, 영혼은 예수님을 본받고 사랑하도록 노력하면서, 차츰 정감 어린 기도를 완성시켜 나간다.

영혼은 이러한 실천을 통하여 빛의 길을 걷게 된다. 왜냐하면 예수님을 따르는 것은 바로 빛을 따르는 것이기 때문이다. "나를 따라오는 사람은 어둠 속을 걷지 않을 것이다"(qui sequitur me non ambulat in tenebris).[17]

---

17) 요한 8, 12.

626 (다) 영혼은 자신의 죄를 정화시킴으로써 부드럽고 강해진다. 성령의 영감(靈感, inspirations)에 대해 온순해지는 순간이 오면, 영혼은 하느님과 내적 일치만을 열망하게 된다. 이 때 영혼은 자기 의무에 충실하면서 언제 어디서나 하느님을 찾으려 한다. 그리하여 영혼은 하느님께 전념하면서 그분의 현존을 즐기게 된다.

이 때 영혼의 기도는 점점 더 단순해진다. 이러한 영혼의 기도는 성령의 은사(恩賜)에 의식적 또는 무의식적으로 영향을 받는다. 그렇게 함으로써 영혼은 신적(divines)인 문제들과 하느님을 향해 오랫동안 정감 어린 시선을 갖게 된다. 이것을 다르게 표현하여 영혼이 완덕에 이르는 일치의 길이라 한다.[18]

물론 완덕의 세 단계에는, 많은 다양성과 미묘한 차이점들이 있다. 이것은 "하느님께서 주신 갖가지 은총"(multiformis gratia Dei)이[19] 다르기 때문이다. 여기서는 다만 몇 가지만을 설명하겠다. 그리고 나머지는 성인들의 삶을 공부하면서 알게 될 것이다.

II. 세 가지 길을 구분하는 지성적 방법

627 완덕의 세 가지 길(정화의 길·빛의 길·일치의 길)에 대한 구분을 활용하기 위해서는 많은 재치와 유연성이 있어야 한다.

---

18) 많은 영성 저자들의 추종을 받았던 십자가의 성 요한은, 우리가 알아 두어야 할 만한, 세 가지 길에 대한 특별한 학술용어를 사용하였다. 감각의 밤 혹은 어두운 관상에 아주 가까이 있는 이들을 초보자라고 칭하고, 이미 소극적인 관상에 있는 이들을 진보자라 했으며, 감각과 정신의 밤을 통과한 이들을 완전한 자라 했다. Cf. Hoornaert, 「어두운 밤」에 관한 주석, des Aeuvres spirituelles 3권(p. 5-6).
19) 1베드 4, 10.

물론 우리가 제시하는 완덕의 원리들도 연구하겠지만, 각 영혼의 고유한 특징과 그들에게 미치는 성령의 활동을 고려하면서 개별적으로 영혼의 상태를 연구해야 한다. 이러한 영혼의 상태에 대한 연구가 영적 지도자들에게 도움이 되기 위해서는 다음과 같은 몇 가지 지적이 매우 유익할 것이다.

628 (가) 완덕의 세 가지 길에 대한 구분에는 절대적이거나 필연적인 것은 아무것도 없다.

ㄱ) 완덕의 한 단계에서 다음 단계를 향한 발전은, 두 단계 사이에 경계의 푯말을 놓을 수 없을 만큼 지각(知覺)없이 지나간다. 한 영혼이 아직 초보단계인「정화의 길」에 있는지 아니면「빛의 길」에 있는지를 구분하기는 쉽지 않다.「정화의 길」과「빛의 길」사이에는 공유지(公有地)가 있기에, 덕의 발전 단계에 대한 정확한 경계를 짓기는 불가능하다.

ㄴ) 거기에다 완덕의 진보가 항상 지속적(持續的)일 수는 없다. 완덕의 진보는 밀물과 썰물이 함께 교차하는 움직임과 같다. 영혼은 가끔 영적 진보를 하지만 때로는 퇴보하기도 한다. 그래서 영혼은 어떤 순간에는 별다른 영적 진보 없이 제자리걸음을 하고 있는 것처럼 느껴질 때도 있다.

629 (나) 완덕으로 나아가는 길에는 여러 단계가 있다.

ㄱ) 초보자의 영혼들 가운데는 중대한 죄를 속죄해야 할 영혼들이 있는가 하면, 자신들의 결백을 잘 보존하고 있는 영혼들이 있다. 만일 이러한 영혼들 사이에 다른 모든 조건이 같다면, 중대한 죄를 지은 영혼이 순결한 영혼보다 완덕에 이르기 위해 더 오랫동안 속죄해야 하는 것은 분명한 사실이다.

ㄴ) 이밖에도 각 영혼의 성격·직업·열정 그리고 끈기에도 차이가 있다. 그리고 속죄의 단련을 열성적으로 실천하는 영혼들이 있는가 하면 마지못해 하는 영혼들도 있다. 또 너그럽게 하느님을 위해서 어떤 것도 거절하지 않는 영혼들이 있는가 하면, 인색하게 자신의 이익에만 집착하는 영혼들이 있다. 그렇기 때문에 시작하는 정화의 길에 있는 영혼들 사이에는 오래지 않아 영적 성장의 차이가 매우 크게 나타나게 되는데, 이것은 자명한 일이다.

ㄷ) 더욱, 영혼의 정화에 겨우 몇 달 동안만 수련한 영혼들과, 이미 여러 해 동안의 훈련으로 빛의 길에 아주 가까이 가 있는 영혼들 사이에는 현저한 영성적 차이가 있다.

ㄹ) 또 완덕으로 가는 길에는 은총의 활동을 특별히 고려해야 한다. 즉 완덕의 정상(頂上)으로 빠른 진보를 할 수 있는 풍성한 은총을 받는 영혼들이 있는가 하면, 은총을 매우 적게 받아 느리게 진보하는 영혼들도 있다. 그러기에 영적 지도자는 영혼의 지도에 성령의 작용이 따르도록 명심해야 한다(제548항).

그러므로 모든 영혼을 완덕의 단계에서 똑같이 취급할 수 있는 엄격한 틀이 있다고 생각해서는 안 된다. 그 대신 각 영혼은 자기 나름대로의 특성을 갖고 있다고 생각해야 한다. 또 여러 영적 저술가들을 통하여 모든 영혼이 적응할 수 있도록 보다 유연한 완덕의 성장 범위를 묘사하도록 고려해야 한다.

630 (다) 영혼들을 완덕의 길로 인도하는 데 피해야 할 이중적 장애가 있다. 어떤 영혼들은 완덕의 단계에서 추월(追越)하기를 원한다. 다시 말해서, 하느님의 사랑에 보다 빨리 도달하기 위

해 초보적 단계를 대충 지나가려는 영혼들이 있다. 그런가 하면 기초지식의 결여나 용기 부족으로 인해, 이 낮은 단계에 오래 머물거나 제자리 걸음을 하는 영혼들도 있다.

완덕의 여러 단계를 한꺼번에 뛰어 넘으려는 영혼들에게 영적 지도자는, 하느님을 사랑하려는 뜻은 좋지만 실질적이고 순수한 그분의 사랑에 도달하려면, 먼저 포기와 속죄를 통하여 가능하다고 자주 말해 주어야 한다(제321항). 반면에 제 자리 걸음 하는 영혼들에게는, 그들의 열정을 고무시키고 성찰과 기도 방법에 숙달하도록 도와주기 위하여 격려와 충고를 해 주어야 한다.

631 (라) 여러 영성 저자들은, 영혼에게 어떤 덕행이 완덕의 여러 길에서 더 알맞는가를 가르칠 때, 많은 제한과 조건이 있음을 알려 주어야 한다. 결과적으로 모든 기본적인 덕행은, 물론 그 단계에 따라 다르지만 완덕의 모든 길에는 적합한 것이다. 그래서 초보자는 완덕의 길에서 속죄의 덕을 특별한 방법으로 단련하도록 해야 한다.

그러나 초보자(정화의 길)들은 진보된 영혼(빛의 길)과는 다른 방법으로, 대신덕(對神德, 믿음·희망·사랑)과 사추덕(四樞德, 현명·정의·용기·절제)을 실천함으로써 속죄의 덕을 행할 수 있다. 초보자들은 특히 대신덕과 사추덕이 수난(受難)과 포기(抛棄)의 덕들을 통하여 자신들의 영혼을 정화하도록 해야 한다.

「빛의 길」에서도 이와 같은 덕목들을 수련(修鍊)한다. 그러나 「정화의 길」과는 완덕의 단계가 틀리기 때문에, 보다 더 실질적인 형태로써 신적 모범을 좀더 닮을 수 있는 목적으로 수련한다.

물론 일치의 길에서도 여러 덕들을 실천하지만, 은사에 대한 성령의 작용과 하느님께 대한 사랑의 표현들로서 보다 나은 단계의 수련을 실천한다.

완전한 자(일치의 길)들도 위와 같은 덕목들을 실천하는데, 특히 그들은 하느님의 사랑에 열중하며, 회개와 고행을 통하여 영혼을 정화시키기를 멈추지 않는다. 그러기에 이 회개의 실천은 더욱 강렬하고 순수한 사랑의 맛을 돋구어 주기 때문에 완덕의 성장에 보다 효과적이다.

632 (마) 완덕으로 나아감에 있어 영혼에 대한 이와 같은 고찰(考察)은 여러 종류의 기도에도 적용할 수 있다. 일반적으로 추리적(推理的, discursive) 묵상은 초보자에게 알맞고, 마음의 정감적(情感的, affective) 묵상기도는 진보자들에게 해당되며, 단순 기도와 관상은 일치의 길과 연관된다.

그러나 체험적으로 볼 때 기도의 단계가 언제나 덕행의 단계와 일치하지 않는다는 것이다. 즉 체험에 의하면, 개인의 성격과 교육의 정도와 습관의 차이에 따라, 어떤 영혼들은 하느님과 늘 내적으로 일치해 있으면서, 정감적 또는 추리적 기도에 오랫동안 머물러 있음을 알 수 있다. 또 매우 정감적(情感的)인 마음과 직관적(直觀的) 정신을 가진 어떤 영혼들은, 일치의 길에 요구되는 덕행의 단계에 이르지 못했으면서도 단순 기도를 매우 쉽게 한다.

그러기에 완덕의 길에서 위와 같은 고찰은, 처음부터 존재하지도 않는 추상적인 장막(帳幕)을 덕행들 사이에 두지 않도록 분명하게 하는 것이 매우 중요하다. 그래서 우리는 각 덕목을 제시하면서 초보자, 진보자, 완전한 자에게 알맞는 단계들을 소개하도록 배려할 것이다.

Ⅲ. 세 가지 길의 유용성

지금까지 우리가 말한 것은 완덕으로 나아가는 세 가지 길에 대한 지성적(知性的) 연구가 얼마나 필요하며 유용한 것인가를 알려 준다.

633 (1) 무엇보다 먼저, 이 세 가지 길에 대한 연구는 영적 지도자들에게 꼭 필요하다. 즉 "초보자들과 완전한 자들은 서로 다른 규칙들에 의해 완덕으로 인도되어야 한다."[20] 왜냐하면 "초보자들의 은총은 진보한 영혼들의 은총과 다르며, 진보한 영혼들의 은총은 완덕에 노련한 사람들의 은총과 다르기 때문입니다."라고 그루(P. Grou) 신부는 덧붙이고 있다.[21]

이처럼 추리묵상(推理默想)은 초보자들에게는 적당하지만, 이미 완덕에 많이 진보한 영혼들의 노력은 무력(無力)하게 만들 것이다. 이와 마찬가지로 덕의 실천에서, 「정화의 길」과 연관되는 실천방법이 있고, 「빛의 길」에는 다른 방법이 있다. 그리고 「일치의 길」에서는 또 다른 방법으로 실천해야 할 것이다. 그러므로 「완덕의 길」에 대한 문제를 철저하게 연구하지 않은 영적 지도자는, 모든 영혼을 똑같은 방법으로 지도할 것이며, 자신이 성공했던 방법만을 각 영혼에게 권고할 것이다. 이러한 지도자

---

20) *Articles d'Issy*, n. XXXIV.
21) *Manuel des Ames inlérieures*, 파리, 1901, p. 71.

에게는 단순한 정감적 기도가 매우 유익하므로, 여기에 도달하기 위해 점진적으로 밟아야 할 단계를 잊어 버리고, 지도 받는 모든 영혼에게 같은 방법을 권유할 것이기 때문이다.

또한 일상적인 삶을 통해 자신의 성화(聖化)에 필요한 모든 것을 찾았다는 영혼은, 다른 영혼들에게도 사랑의 길을 가장 짧고 효과적인 길로만 소개하려 할 것이다. 이것은 마치 날개없는 어린 새가 하늘을 날 수 없다는 것을 잊은 것과 같다.

또 단순하게 바라보는 기도를 한번도 실천해 보지 않은 영적 지도자는 단순한 기도를 시도하려는 영혼들에게 이러한 방법은 영적 태만(怠慢)이라는 구실로 비난한다. 반면에, 열심한 영혼들의 단계적 진보를 세심하게 연구한 영적 지도자들은, 그들의 권고와 지도가 영혼들에게 큰 유익이 되도록 실제 상황에 적용할 줄 안다.

634 (2) 평신도들도 이와 같은 완덕의 여러 발전 단계들의 유익함을 연구해야 한다. 물론 평신도들은 영적 지도자의 지도를 받는다. 그러나 만일 좋은 영적 서적들을 통하여 그들이 조금이나마 완덕에 이르는 세 가지 길의 차이점들을 이해한다면, 영적 지도자들의 권고를 더 쉽게 받아들이고 이용할 줄 알게 될 것이다. 그러므로 우리는 이제부터 완덕의 세 길을 차례로 연구할 것이다. 그리고 이 세 길에서 엄격한 한계는 없지만 각 길에는 수많은 다양성과 여러 형태가 내포되어 있음을 잊어서는 안 될 것이다.

제 3 편

정화의 길
(영혼의 정화)

서 론[22]

635 완덕에 이르는 첫 길인 정화(淨化)의 길 또는 초보자들이 거쳐야 할 단계가 갖는 특징은, 먼저 하느님과의 내적 일치에 도달하기 위한 영혼에 대한 정화이다. 즉,

Ⅰ. 초보자란 말에서 무엇을 이해할 것인가?
Ⅱ. 초보자들이 추구해야 할 목표에 대해 설명할 것이다.

Ⅰ. 초보자란 말에서 무엇을 이해할 것인가?

636 (1) 초보자들의 본질적 성격

영성생활에서 볼 때 초보자들은 은총의 상태에 머물면서 완덕(完德)을 갈망한다. 그러나 초보자들은 소죄(小罪)에 집착하거나 때로는 대죄(大罪)에 다시 떨어질 위험을 갖고 있다. 이 점에 대하여 다음 세 가지 조건들을 설명해 보기로 한다.

ㄱ) 완덕으로 나아가려는 초보자들도 정상적으로는 은총의 상태에서 생활한다. 그러므로 일반적으로 심한 유혹에 대한 투쟁에서 대개 성공한다. 그렇지만 대죄를 자주 짓거나, 대죄를 범할 기회를 피하지 않는 영혼들과 또 회개할 뜻은 가지고 있지

---

22) A. Saudreau, *Les degrés*, Vie purgative, 1. I-II; Schryvers, *Les principes*, IIe Part., ch. II.

만 실천할 능력이나 강인한 의지가 없는 영혼들은 물론 여기에서 제외된다.

　이러한 영혼들은 완덕을 등반(登攀)하기 시작한 영혼들이 아니다. 이들은 죄인들이고 속인(俗人)들이다. 그들은 무엇보다 먼저 대죄와 그 대죄를 짓는 기회를 끊어 버려야 한다.[23]

　ㄴ) 초보자들은 완덕에 대한 열망이 아직 미약하고 불완전함에도 불구하고, 완덕을 향한 확실한 소망과 그 진보에 대한 열망을 갖는다. 이러한 열망으로 인하여 그나마 많은 속인들이 초보자의 길로 들어선다. 속인들의 유일한 갈망은 대죄를 피하는 것이지만, 진보하고자 노력하는 진지한 열망이 전혀 없다. 우리가 이미 제414항에서 설명한 바와 같이 이 초보자들의 열망은 완덕을 향한 첫 걸음이다.

　ㄷ) 일반적으로 초보자들은 아직 소죄와 결부된 관계를 맺고 있으며 또 자주 소죄를 짓는다. 따라서 초보자들은 소죄에서 모든 얽매임을 끊어 버리려고 노력하는 진보자들과는 구분된다. 물론 진보자들도 가끔 의식적으로 소죄를 짓기도 한다. 그렇지만 초보자들의 죄에 대한 속박의 근거는, 아직 조절되지 않은 그들의 욕망에서 나온다.

　그래서 초보자들은 욕망에 대한 잦은 충동과, 애덕에 반대되는 말과 행위·질투·탐욕·성냄·허영심·교만·관능적이고 쾌

---

23) 물론 몇몇 영성 저자들, 예를 들면 P. Marchetti, Rev. *d'Ascét. et de Mystique.* janv. 1920, p. 36-47, 등은 죄인들을 회개시키기 위해 죄인들에게까지 정화의 길을 넓혀야 한다고 생각한다. 그러나 그것이 공통 교의에 어긋남을 자인한다. 죄인들을 회개시키고 은총의 상태 안에 보호하기 위해, 그들에게 권고하는 방법들은 수덕보다는 윤리의 범주이다. 그러나 대죄를 피하기 위해 우리가 제시할 동기들은 윤리에서 가르치는 것들을 확인하는 데서 온다는 것을 덧붙인다.

락적인 것들에 동의하게 된다. 그로 인하여 신심(信心)에 불림을 받은 많은 영혼들이, 이러한 죄들에 얽매여 있기 때문에, 고의로 소죄를 짓거나 또 가끔 대죄에 빠지게 되는 경우가 얼마나 많은가!

637 (2) 초보자들의 다양한 종류

완덕으로 나아가려는 초보자들 안에는 매우 다양한 종류들이 있다.

ㄱ) 먼저 영성생활에서 진보하기를 진심으로 갈망하는 순수한 영혼들이 있다. 이러한 영혼들은 대죄를 피하는 것으로 만족하지 않고, 하느님을 위해 무엇인가를 하고 싶어하고 또 자신을 그분 안에서 완성시키려고 갈망한다.

만일 사제들이 본당의 여러 단체, 예비자 교리, 후원회 등에서 완덕에 대한 열망을 일깨워 주려는 배려를 한다면 초보자들의 수는 더 많아질 것이다. 여기에 대해서는 제409항-제430항을 다시 읽어 보기 바란다.

ㄴ) 대죄를 짓고 난 후 회개한 영혼들은 성실하게 하느님께 되돌아오기를 바란다. 그리고 그 죄의 심연에서 보다 효과적으로 멀어지기 위해, 완덕의 길에 진보하기를 원한다. 이 때 고백 신부는 지도 받는 영혼이 퇴보하지 않고 반드시 진보하도록 일깨워 주어야 한다. 그리고 고백 신부는 대죄를 피할 효과적인 방법은, 완덕을 추구하는 것임을 상기시켜 더 많은 영혼들이 진보할 수 있도록 도울 것이다(제354-제361항).

ㄷ) 완덕의 진보에 미지근한 영혼들은, 처음 하느님께 자신을 봉헌하여 어느 정도 영적 진보에 도달하면 곧 나태(懶怠)와 미

지근한 태도에 빠져 버린다. 이 미지근한 영혼들이 비록 빛의 길까지 이르렀다 하더라도, 그들은 정화의 길에서 행하는 엄격한 수련(修鍊)을 다시 시작해야 한다. 그리고 완덕에 필요한 기초 작업을 처음부터 실천해야 할 것이다.

이러한 영혼들의 노력을 돕기 위해서는, 나태와 미지근함의 위험으로부터 영혼들을 미리 보호해야 한다. 그래서 영혼들로 하여금 대체로 무기력과 무관심, 경박(輕薄)과 경솔함으로 나타나는 나태와 미지근함의 원인들과 싸우도록 해야 한다.

638 (3) 초보자들의 두 등급

정화의 길을 걷는 초보자들 중에는 큰 용기를 가진 영혼들이 있는가 하면, 반대로 매우 소극적인 영혼들도 있다. 성녀 예수의 데레사는 이러한 영혼들을 두 등급으로 구분한다.

ㄱ) 성녀의 저서 「영혼의 성」에서 말하는 제1궁방(宮房) 안에 머무는 첫째 등급의 영혼들은, 아직 세속을 끊어 버리지 못한 채, 좋은 지향을 가지고 기도(祈禱)하지만, 그들의 생각을 빼앗는 수많은 세속적인 일들로 그들의 정신은 가득 차 있다.

그러나 이러한 초보자들이 아직 많은 애착을 가지고 있지만, 때때로 세속에서 벗어나려고 노력한다. 그래서 이러한 노력의 덕택으로, 그나마 가장 낮은 단계인 「영혼의 성」 제1궁방으로 들어간다. 이 때 초보자들은 수많은 악령(자신의 욕정)들과 함께 들어가게 되는데, 이 악령들은 영혼들이 성(城) 안에서 평안하게 머물면서, 그 성의 아름다움을 바라보는 것을 방해한다.

그러나 영혼의 이 첫 단계 거처(居處)인 성에서 작은 발전을 하지만, 벌써 그 자체만으로도 영혼은 대단한 풍요로움을 갖게 된다. 그렇지만 완덕으로 진보하려는 영혼들을 방해하는 악마의 책략과 교활함은 매우 지독하다. 악마들이 있는 세속은 명예와 쾌락으로 영혼들을 유혹한다.

또 이 초보자들은 칭찬받을 일을 하고, 죄를 피할 열망을 갖고 있으면서도 유혹에 쉽게 넘어간다.[24] 그래서 한편으로 이런 영혼들은 세속의 삶과 신앙심을 조화(調和)시키려 한다. 그러나 초보자들의 믿음은 아직 충분하게 굳건하지 않고, 또 죄뿐 아니라 어떤 위험한 기회를 포기(抛棄)하기 위한 의지는 아주 강하고 용감하지도 않다.

이와 같은 초보자들은 끊임없는 기도와 엄격한 회개와 고행의 필요성을 아직 충분히 이해하지 못한다. 그러면서도 이 초보자들은 약간의 희생을 통해 구원(救援)되기를 바라면서, 하느님의 사랑 안에서 완덕으로 진보하기를 원한다.

639 ㄴ) 성녀 데레사는 두 번째 등급의 초보자들을 제2궁방에서 다음과 같이 소개하고 있다. 이 영혼들은 이미 기도하고 있고 완덕으로 진보하기 위해 희생해야 한다는 사실을 잘 이해하고는 있다. 그러나 아직 용기가 부족하여 죄의 기회에 자신을 노출시킴으로서 제1궁방으로 가끔 되돌아간다.

그러나 이 초보자들은 여전히 세속의 유혹과 쾌락을 좋아하고, 가끔씩 죄에 빠지지만 재빨리 다시 벗어난다. 왜냐하면 자신들을 회개하도록 부르시는 하느님의 목소리를 듣기 때문이다.

그래서 세속과 악마의 유혹에도 불구하고, 초보자들은 세속의 행복이 헛되다는 것과, 오래지 않아 자신과 세속의 행복을 갈라

---

24) 「영혼의 성」 제1궁방(Premières demeures).

놓기 위해 닥쳐올 죽음에 대해 생각한다. 이로 인하여 초보자들은 수많은 사랑의 증거를 보여 주시는 하느님을 더욱 사랑하게 된다. 결국 하느님 밖에서는 참된 평화와 안정을 찾을 수 없다는 것을 이해한 초보자들은 탕자(蕩子)의 탈선을 피하고자 노력한다.

이와 같은 영혼의 상태는 마치 전쟁을 하고 있는 것과 같다. 수많은 유혹들이 자신을 괴롭히고 매우 고통스럽게 하지만, 하느님께서는 이 초보자들을 위로해 주시고 강하게 해 주신다.

초보자들은 완덕으로 나아가는 참된 방법으로 하느님의 뜻을 따른다. 그리고 자신들의 상처를 보호해 주는 곳에 도달하기 위해, 아직 뱀들과 독충(毒蟲)들이 우글거리는 이 거처를 빠져 나오려 애쓴다.[25]

640 우리는 여기서 초보자들에게 권고할 이상의 두 등급의 방법들이 결과적으로 같기 때문에 「영혼의 성」에 나오는 두 궁방을 차례로 소개하지는 않겠다. 그러나 영적 지도자들은 초보자들에게 줄 개별적 권고에서 두 등급의 차이점을 고려해야 할 것이다.

또 영적 지도자가 첫 번째 등급의 영혼들에게 주의해야 할 점은, 특히 악의(惡意)와 죄의 결과, 죄의 기회를 피해야 할 필요성, 기도에 대한 강한 원의(願意)를 자극하고 회개와 고행을 하도록 유도해야 한다. 그 다음 용기 있는 두 번째 등급의 영혼들에게는, 지속적인 묵상기도와 일곱 가지 악습(七罪宗, capitaux = 교만·질투·분노·탐식·음란·게으름·인색)에 대항하여 싸

---

25) 「영혼의 성」 제2궁방(Secondes demeures).

우도록 지도 한다. 다시 말해 영혼들에게 모든 죄의 원천인 뿌리깊은 나쁜 성향(性向)들과의 영적 싸움을 권고해야 한다.

Ⅱ. 초보자들이 추구해야 할 목표

641 우리는 제309항에서, 완덕이란 근본적으로 사랑 안에서 하느님과 일치하는 데 있다고 말하였다. 그래서 우리의 마음이 순결(純潔)할 때, 비로소 거룩함(sainteté) 그 자체이신 하느님과 일치할 수 있다. 마음의 순결은 다음 두 가지 요소를 포함한다. 지난 날 지은 죄에 대한 속죄(贖罪)와, 앞으로 지을 죄의 기회와 그 죄에서 이탈하는 것이다.

완덕의 길에서 영혼의 정화는 초보자들에게 부과(賦課)되는 첫 작업이다. 그러므로 영혼이 보다 순결하고 초연(超然)할수록 하느님과 더욱 긴밀하게 일치할 수 있다. 그래서 영혼이 영감(靈感, inspirent)을 받은 그 동기와 결과에 따라 좀더 또는 덜 완전하게 정화될 수도 있다.

(가) 만일 영혼의 정화가 두려움과 희망, 즉 지옥에 대한 두려움과 하늘나라의 행복에 대한 희망만으로 이루어진 동기라면 그 정화는 불완전하다. 그로 인하여 이와 같은 동기의 결과가 불완전하게 되는 것은 당연하다. 왜냐하면 우리에게서 하늘나라를 빼앗아 버리는 대죄는 단호하게 포기하겠지만 소죄는 포기하지 않을 것이다. 소죄는 우리의 영원한 구원을 방해하지 않기 때문이다.

(나) 그러므로 보다 완전한 영혼의 정화는 두려움과 희망을 거부하지 않으면서, 하느님 사랑을 정화의 주요한 동기로 삼는

다. 그렇게 되면 하느님을 기쁘게 해드릴 소망으로 인해, 영혼의 정화는 가벼운 죄라도 그분을 거스르는 모든 것을 피하게 한다. 이 때에 죄 많은 여인에게 하신 주님의 말씀이 확인된다. "이 여자는 이토록 극진한 사랑을 보였으니 그만큼 많은 죄를 용서받았다."[26)]

착한 영혼들이 목표삼아야 할 점은 두 번째 정화이다. 그러나 영적 지도자는 많은 초보자들이 처음부터 이와 같이 높은 단계의 정화가 불가능하다는 것을 고려해야 한다. 그래서 영적 지도자는 초보자들에게 지속적으로 하느님 사랑을 일깨워 주어야 한다. 그렇게 함으로써 그 영혼 안에 작용하는 희망과 두려움이 사랑의 정화를 위한 동기로 제시된 것임을 잊지 않도록 할 것이다.

제3편의 분 류

642 이제 우리는 완덕의 목표를 알았으므로, 그 목표에 도달하기 위해 필요한 방법들을 분명하게 하는 것이 중요하다.

근본적으로 이 방법들은 다음 두 가지로 요약된다. 우리에게 은총을 가져다 주는 기도와, 우리로 하여금 은총에 협력하게 하는 고행(苦行, mortification)이다. 그러나 여기서 말하는 고행은 그 자체를 어느 관점에서 보느냐에 따라 다른 이름을 갖는다. 지난 잘못들을 속죄하게 될 때 이러한 고행을 회개(pénitence)라 부르기도 한다. 그렇지만 현재와 미래의 수많은 잘못들을 줄이

---

26) 루가 7, 47.

기 위해 쾌락에 대한 애착과 싸울 때, 이것을 엄밀한 의미에서 고행이라 한다.

그리고 우리를 죄로 이끄는 뿌리깊은 악한 성향들과 싸울 때, 이를 칠죄종(七罪宗—orguil · envie · colère · gourmandise · luxure · paresse · avarice)과의 싸움이라 하고, 또 영성적으로 악(惡)의 공격에 저항할 때는 유혹에 대항하는 싸움이라 한다. 그래서 우리는 완덕에 이르는 방법을 다음 제Ⅴ부로 나누었다.

   제Ⅰ부 초보자들의 기도
   제Ⅱ부 회　개
   제Ⅲ부 고　행
   제Ⅳ부 칠죄종과의 투쟁
   제Ⅴ부 유혹에 대한 싸움 등이다.

이와 같이 완덕에 이르는 모든 방법은 그 첫 단계에서부터 대신덕과 윤리덕의 실천을 전제로 한다. 이 말은 계시(啓示) 진리를 확고하게 믿지 않고서는, 천상 행복에 대한 희망도, 하느님께 대한 사랑도 없다는 것이다. 그리고 사추덕(四樞德-현명 Prudentia · 정의 Jistitia · 용기 Fortitudo · 절제 Temperantia)들을 실천하지 않으면서 참된 회개와 고행과 진정한 기도를 할 수 없다. 덕행들에 대한 영혼의 발전에 대해서는 다음 제4편 「빛의 길」에서 다루기로 한다.

제 I 부

초보자들의 기도[27]

643 우리는 제499항-제521항에서 기도의 본질과 그 효과에 대하여 이미 설명하였다. 그리고 완덕으로 나아가는 초보자들에게 그 기도의 개념들을 소개하였다.

이제 우리는
1) 기도의 필요성과 조건들을 설명하고
2) 초보자들에게 알맞은 영성수련으로 조금씩 단련시키고
3) 묵상기도를 가르쳐 줄 것이다.

      제1장   기도의 필요성과 조건들
      제2장   초보자들의 영성수련들
      제3장   묵상기도의 보편적인 개념, 유익함과 필요성
                   초보자들의 묵상, 묵상의 주요 방법들이다.

---

27) 성 토마스, II부 II편, 83문 그리고 그의 주석자들; Suarez. *De Religione*, Tr. IV, lib. I, *De oratione;* Alvarez de Paz, t. III, lib. I; Th De Vallgornera, quaest. II, disp. V; *Summa theol. mysticae*, Iª Pars, Tract. I, discursus III; L. De Grenade, *Traitéde l'Oraison et de la Méditation;* S. Alph. de Liguori, *Du grand moyen de la prière;* P. Monsabré, *La prière;* P. Ramière, *L'Apostolat de la prière.*

제1장 기도의 필요성과 조건들

제1절
기도의 필요성

644 흠숭(欽崇, adoration)과 청원(請願, demande) 기도의 두 목표에 대하여 우리가 이미 말한 내용들은(제503항-제509항), 기도 그 자체의 필요성을 우리에게 잘 보여주고 있다. 물론 피조물이며 그리스도인들인 우리는 흠숭과 감사와 사랑을 통하여 하느님을 찬미해야 한다. 그리고 죄인이므로 속죄의 의무를 하느님께 바쳐야 한다(제506항). 그래서 우리는 여기서 특히 완덕과 구원(救援)의 방법으로서 기도의 절대적인 필요성과, 특히 청원 기도를 관심 있게 살펴볼 것이다.

645 기도의 필요성은 도움의 은총(grâce actuelle)에 그 기초를 둔다. 즉 도움의 은총없이 우리 스스로를 구원하기는 근본적으로 무능력하다. 더구나 우리가 완덕에 도달할 수 없다는 사실은 신앙의 진리이다(제126항). 자유롭게 실천하는 몇 가지 선행만으로는 우리 스스로 적극적으로 회개할 수도 없고, 오랫 동안 신앙을 지킬 수도 없으며, 특히 죽기까지 끈기있게 신앙을 가질 수도 없다.

예수님은 제자들에게, "너희가 나를 떠나서는 아무것도 할 수 없다." 하셨고, 사도 바오로도 "그렇다고 해서 이런 일을 할 수 있는 자격이 우리 자신에게서 났다고 내세우는 것은 아닙니다." 라고 했으며, 또 "이 일을 완성할 수 있는 힘을 주시는 분은 하느님이십니다."라고 하였다(Sine me nihil potestis facere… non quod sufficientes simus cogitare aliquid a nobis quasi ex nobis… operatur in vobis et velle et perficere).[28]

기도하지 않고서도 무상(無償)으로 우리에게 허락된 생명의 은총이 있다. 그러나 하느님께서는 우리가 기도를 통하여 모든 도움의 은총을 얻기를 원하신다. 그래서 기도는 보편적이고, 효과적이며 일반적인 방법으로 불변의 진리이다.

주님은 우리가 은총을 얻도록 기도의 필요성을 강조하셨다. "구하라, 받을 것이다. 찾아라, 얻을 것이다. 문을 두드려라, 열릴 것이다. 누구든지 구하면 받고, 찾으면 얻고, 문을 두드리면 열릴 것이다."[29]

대부분의 성서 주석자(註釋者)들은 위의 말씀을 다음과 같은 뜻으로 해석한다. 만일 구하지 않으면 받지 못할 것이며, 찾지 않으면 아무것도 얻지 못할 것이다. 이와 같이 주님은 우리로 하여금 기도의 필요성을 통해 유혹을 물리치도록 상기시켜 주신다.

"유혹에 빠지지 않도록 깨어 기도하여라. 마음은 간절하나 몸이 말을 듣지 않는구나"(vigilate et orate ut non intretis in tentationem: spiritus quidem promptus est, caro autem infirma).[30]

---

28) 요한 15, 5; 2고린 3, 5; 필립 2, 13.
29) 마태 7, 7-8.
30) 마태 26, 41.

성 토마스는 기도에 뿌리를 두지 않은 하느님께 대한 모든 신뢰는 주제넘은 것이라고 단정한다. 왜냐하면 하느님께서는 은총을 받을 만한 아무 권리도 없는 우리에게, 기도에 한해서는 은총을 주실 것이라고 약속하셨기 때문이다.

물론 하느님께서는 우리가 영성적으로 필요한 것을 당신께 구하지 않더라도 잘 알고 계신다. 그러나 당신이 행복의 주관자이심을 우리가 인식할 수 있기를 원하시고, 우리의 기도가 당신의 자비하심을 일깨우는 원동력(原動力)이 되기를 원하신다.[31]

646 트리엔트 공의회의 성전(聖傳 Tradition)은 성 아우구스티누스의 교의(敎義)를 발췌하면서, 하느님께서는 우리에게 불가능한 것을 요구하지 않으신다고 전한다. 하느님께서는 우리가 할 수 있는 것을 명(命)하시고, 또 우리가 할 수 없는 것을 요구하실 때는 당신의 은총으로 그 일을 도와 주시기 때문이다.[32]

그러므로 기도없이는 어떤 것도 불가능함을 전제로 삼아야 한다. 로마 교리서의 한 구절로 결론짓기로 하자. "기도는 우리가 원하는 것을 얻기 위한 도구로 주어졌다. 사실상 우리는 그분의 도움을 통해서만 얻을 수 있다."[33]

647 영적 지도자를 위한 권고

완덕으로 나아가는 초보자들을 위해서는 하느님의 도움에 대한 진실이 강조되어야 한다. 특히 초보자들은 자신도 모르는 사

---

31) 「신학대전」 II부 II편, 83문, a. I, ad 3.
32) Sess, 6, ch. II.
33) "Quas preces tanquam instrumentum *necessarium* nobis dedit ad idquod optaremus consequendum: praesertim cum quaedam esse constet quae nisi ejus adjumento non liceat impetrare." (*Catech. Trident.*, P. IV, c. I, n. 3).

이에, 뻴라지우스(역주: 418년에 파문 당한 pélagianisme의 이단 교파) 주의에 젖어든 많은 사람들처럼, 인간들은 자신의 노력과 의지만으로도 의(義)로움에 도달할 수 있다고 생각하기 때문이다.

그러나 뻴라지우스 교파들의 체험은 인간들의 노력에도 불구하고, 보다 나은 해결이 언제나 미완성인 채 남아 있는 것을 보여 줄 뿐이다. 그래서 영적 지도자는 은총과 기도를 통함으로써 완덕에 이른다는 사실을 초보자들에게 끊임없이 되새겨 주어야 할 것이다. 이와 같은 체험적인 실증(實證)은 특히 기도의 필요성에 대한 확신을 심어 준다. 그리고 영적 지도자는 초보자들에게 기도가 주는 효과의 조건들을 제시해야 할 것이다.

제2절
기도의 본질적인 조건

648 구원에 필요한 모든 행위를 위한 도움의 은총에 대한 필요성을 이미 제126항에서 증명하였다. 그러기에 은총은 영혼이 기도를 열심히 하기 위해서 꼭 필요한 조건이라고 결론지을 수 있다.

이것을 사도 바오로는 다음과 같이 분명하게 말한다. "성령께서도 연약한 우리를 도와 주십니다. 어떻게 기도해야 할지도 모르는 우리를 대신해서 말로 다 할 수 없을 만큼 깊이 탄식하시며 하느님께 간청해 주십니다"(quid oremus sicut oportet, nescimus, sed ipse spiritus postulat pro nobis gemitibus inenarrabilibus).[34]

---

34) 로마 8, 26.

그리고 사도 바오로는 이 도움의 은총이, 기도를 할 수 있는 모든 사람들과, 죄인들에게도 주어졌음을 덧붙인다.

은총의 상태는 기도를 위하여 전혀 필요하지 않음에도 불구하고, 우리에게 기도의 가치를 독특하게 증가시켜 준다. 그것은 이 은총의 상태가 우리를 예수 그리스도의 살아 있는 지체(肢體)가 되게 하고 하느님의 벗으로 만들어 주기 때문이다.

이제 우리는 기도를 필요로 하는 조건들에 대하여 살펴보기로 하자.
   I. 기도하는 목적의 조건
   II. 기도하는 사람의 조건

I. 기도하는 목적의 조건

649 기도하는 목적의 중요한 조건은, 무엇보다 먼저 우리를 영원한 생명으로 이끌어 주는 초자연적 은총들을 간청하는 것이다. 그리고 그 다음 우리의 구원에 유익한 범위 안에서 현세적인 재물(財物)들을 청해야 한다.

이것은 주님께서 우리에게 제시하신 규범이다. 즉 "너희는 먼저 하느님의 나라와 하느님께서 의롭게 여기시는 것을 구하여라. 그러면 이 모든 것도 곁들여 받게 될 것이다"(Quaerite primum regnum Dei et justitiam ejus, et haec omnia adjicientur vobis).[35]

---

35) 마태 6, 33.

이미 제307항-제308항에서 말한 바와 같이, 행복이란 인간의 완덕처럼 하느님을 소유하는 데 있고, 이러한 행복은 완덕의 궁극 목적을 이루는 데 필요한 은총 안에 있다. 그러므로 우리는 기도의 목적에 관계 있는 것을 청하지 않아도 된다.

(1) 세상 재물이 우리 기도의 중요한 목적이 되기에는 적합하지 않으며, 더 나아가 우리를 행복하게 하고 우리 마음의 열망을 만족시키기에는 너무 무력(無力)하다.

그러나 구원(救援)을 확신하고 생활하기 위해서는 어느 정도의 세상 재물이 필요하다. 이것은 마치 육신의 것이 영적인 것에 종속되어 있듯이, 영혼의 양식처럼 육체의 양식도 매일 청해야 한다. 하지만 가끔 우리는 부자들처럼 특별히 갖고 싶은 재물을 욕심냄으로써 구원을 위태롭게 하기도 한다. 그러므로 세상의 재물은 언제나 영원한 재물에 종속될 때에만 청원하는 것이 좋다.

650 (2) 그리고 개별적인 은총은 하느님의 뜻에 맞도록 청원하는 기도가 중요하다. 하느님께서는 당신의 무한(無限)하신 지혜로, 각 영혼이 머물고 있는 완덕의 단계와 그 조건에 알맞은 은총이 무엇인가를 우리보다 더 잘 알고 계신다.

그래서 성 프란치스꼬 살레시오가 지적한 것처럼, 우리는 먼저 하느님이 원하시는 구원을 추구해야 한다. 그 다음 하느님께서 우리에게 주신 은총을 단호한 각오로 포용(包容)하기를 원해야 한다. 기도는 하느님의 뜻에 우리의 뜻을 일치시켜 주기 때문이다.[36]

그러나 메마름에 대한 위로 등, 개별적인 은총의 문제일 때는

---

36) 「하느님의 사랑」 1. VIII, c. IV.

기도 형식을 어떤 절대적인 방법으로 청원해서는 안 된다. 그 대신 언제나 모든 것을 하느님의 뜻에 따르도록 해야 한다.[37]

하느님께서는 우리 영혼에게 필요한 것을 당신의 무한한 지혜를 통하여, 내적 싸움에는 휴식을, 메마름에는 위로의 은총을 베풀어 주신다. 그러므로 우리는 자신에게 가장 필요한 은총의 선택을 기꺼이 하느님께 내어 맡길 뿐이다. 물론 우리도 하느님께 가끔 어떤 소망을 표현할 수 있지만, 그러나 천상 성부의 뜻에 겸손하게 순종하는 것이 좋다.

우리가 열심히 기도한다면, 하느님께서는 우리의 소원을 항상 들어 주실 것이다. 때때로 하느님은 우리가 드리는 청원보다 더 좋은 것을 주실 것이기에, 불평보다는 언제나 하느님을 찬미하도록 해야 할 것이다.[38]

Ⅱ. 기도하는 사람의 조건

우리의 기도 효과를 확신하기 위해 중요한 조건들은, 겸손과 신뢰와 세심한 주의, 또는 조심하는 진정한 노력들이다.

---

37) Bourdaloue(사순 1주 목요일, 기도에 대하여)는 우리의 청원이 들어지지 않는 이유에 대해 다음과 같이 설명했다. "우리의 잘못된 생각과 우리의 취향에 따른 은총, 필요 이상의 은총, 비현실적인 은총들을 청원하기 위해 기도를 사용하기 때문이다. 또 회개의 은총과 성화의 은총을 청원하고 기도하지만 현재를 위한 것이 아니고, 나중을 위한 은총을 청원하기 때문이다. 장애를 이기고 해야 할 노력을 남겨 두는 은총을 구하는 것이 아니라, 모든 어려움을 없애 줄 은총으로 생각하며 청원하기 때문이다. 우리 자신을 조금씩 내어놓고 이것으로 인해 우리가 강제로 걸어야 할 은총을 구하는 것이 아니라, 사도 바오로처럼 우리를 억지로 끌고 갈 기적적인 은총을 생각하며, 섭리의 법규와 구원의 설계를 모두 바꾸어 놓을 은총을 구하기 때문이다."

38) Dom V. Lehodey의 「거룩한 포기」, 셋째 편에는 이 주제에 관해 매우 분별 있는 세목을 찾을 수 있다.

651 (1) 겸손은 기도의 본성(本性)이며 그 자체에서 흘러나온다. 은총은 무엇보다도 무상(無償)이고, 우리는 이 은총을 얻을 아무런 권리가 없기 때문이다. 성 아우구스티누스는, 우리가 정당하게 얻을 수 없는 은총을 그분의 자비(慈悲)에 간청하기 때문에, 우리를 하느님께 비는 걸인(乞人)이라 하였다.

이처럼 아브라함도 자신을 하느님 앞에서 먼지나 재로 보았다. "주 하느님, 티끌이나 재만도 못한 주제에 감히 아룁니다"(Loquar ad Dominum Deum, cùm sim pulvis et cinis).[39]

또 다니엘도 자신의 공로와 덕이 아닌, 하느님의 무한하신 자비에 의지하며 유다 민족을 구원해 주시도록 간청하였다. "우리가 무슨 잘한 일이 있다고 주님의 은총을 빌겠습니까? 다만 하느님의 크신 자비를 믿고 빌 뿐입니다"(Neque enim in justificationibus nostris prosternimus preces ante faciem tuam, sed in miserationibus tuis multis).[40]

하느님께서는 세리의 기도는 들어 주셨다. "오 하느님! 죄 많은 저에게 자비를 베풀어 주십시오"(Deus, propitius esto mihi peccatori).[41] 그러나 교만한 바리사이파 사람의 기도는 거절하셨다.

예수님께서도 "누구든지 자기를 높이는 사람은 낮아지고 자기를 낮추는 사람은 높아질 것이다."(quia omnis qui se exaltat humiliabitur, et qui se humiliat exaltabitur.)[42]라고 하셨다.

---

39) 창세 18, 27.
40) 다니 9, 18.
41) 루가 18, 13.
42) 루가 14, 11.

제자들은 주님의 이 말씀을 잘 알아들었으며, 사도 야고보도 이렇게 강조하였다. "하느님께서는 교만한 자를 물리치시고 겸손한 사람에게 은총을 주신다"(Deus superbis resistit, humilibus autem dat gratiam).[43]

위와 같은 사상이 바로 기도의 정의(justice)이다. 교만한 사람은 기도의 효과를 자신에게 돌리는 반면, 겸손한 사람은 그 효과를 하느님께 돌린다. 당신의 영광마저 희생하시는 하느님께서는, 우리가 허영심(虛榮心)을 키우고 그것을 유지하려 한다면 과연 우리의 간청을 들어 주실까?

겸손한 사람은 모든 것을 하느님께 내어 맡기며 그분께 솔직히 고백한다. 이 때 하느님께서는 겸손한 사람들의 청원을 들어 주심으로써, 당신의 영광과 청원하는 사람의 행복을 위해 역사하신다.

652 (2) 참된 겸손은 신뢰심(信賴心)를 낳는다. 이 신뢰는 우리의 공로(功勞)가 아닌, 하느님의 영원한 선(善)과 예수 그리스도의 공로에 그 기초를 두고 있다.

ㄱ) 신앙은 우리에게 하느님의 자비를 가르쳐 준다. 이런 이유에서, 하느님께서는 우리가 스스로 가난함을 인식하면 할수록 더욱 큰 사랑으로 굽어살피신다. 참된 가난은 기도 안에서 하느님의 자비를 부르기 때문이다.

신뢰와 함께 드리는 탄원(歎願)기도는 근본적으로 하느님을 공경하게 하고, 하느님께서 모든 선의 원천이심을 선포하게 한다. 이러한 기도는 하느님께서 우리에게 베푸시는 것 외에는 아무것

---

43) 야고 4, 6.

도 원하지 않게 한다.

그리고 성서는 하느님께 희망을 두는 사람은 구원받을 것이라고 끊임없이 말하고 있다. "나는 내게 숨어드는 자를 구하여 주고, 내게 부르짖을 때 나는 그의 소리를 들어 주리라"(Quoniam in me speravit, liberabo eum: clamabit ad me, et ego exaudiam eum).[44]

주님은 우리를 신뢰 가득찬 기도로 초대하신다. 그리고 이러한 기도의 자세를 가르쳐 주시기 위해, 열렬한 설교(說敎)를 통해서뿐만 아니라 감동적인 비유(比喩, paraboles)를 통해 말씀하신다.

즉 구하는 사람은 반드시 얻을 것이라고 단언하신 후, "너희 중에 아들이 빵을 달라는데 돌을 줄 사람이 어디 있겠느냐?… 너희는 악하면서도 자기 자녀에게 좋은 것을 줄 줄 알거든 하물며 하늘에 계신 너희의 아버지께서야 구하는 사람에게 더 좋은 것을 주시지 않겠느냐?"[45]고 하셨다.

주님은 최후의 만찬(晩餐) 때 다시 다음과 같은 믿음의 말씀을 하신다. "참으로 너희에게 말하지만… 너희가 내 이름으로 구하는 것이면 무엇이든지 이루어 줄 것이다. 그러면 아들로 말미암아 아버지께서 영광을 받으실 것이다. 너희가 내 이름으로 구하는 것이면 무엇이든지 다 내가 이루어 주겠다.[46] 그 날이 오면 너희는 내 이름으로 아버지께 청원할 것이다. 따라서 내가 너희를 위해 따로 아버지께 구하지는 않을 것이다. 너희는 이미 나를 사

---

44) 시편 91, 14-15. 성무일도를 바치는 영혼들은 시편의 핵심 주제가 하느님께 대한 신뢰라는 것을 알게 될 것이다.
45) 마태 7, 7-11.
46) 요한 14, 13-14.

랑했기 때문에 아버지께서는 친히 너희를 사랑하실 것이다."⁴⁷⁾

그러므로 하느님의 약속을 의심한다는 것은 예수님의 무한하신 공로를 과소평가(過小評價, mésestimer) 하는 것이고, 기도에 대한 완전한 신뢰를 갖지 못하게 할 것이다.

653 ㄴ) 가끔 선하신 하느님께서 우리의 기도를 듣지 않으시는 것 같지만, 이것은 어디까지나 우리가 인내심을 갖고 당신께 대한 굳은 신뢰를 갖게 되기를 바라시기 때문이다. 그리고 이것은 우리 자신의 비참한 심연과 은총의 가치를 더욱 잘 느끼게 하기 위해서이다.

그러나 가나안 여인의 본보기처럼,⁴⁸⁾ 예수님은 처음에 매정하게 거절하시지만 끈질긴 간청을 뿌리치지 못하시고 그의 소원을 들어 주시기도 한다. 가나안의 한 여인이 예수께 와서 악마에게 시달리고 있는 딸을 낫게 해 달라고 조를 때, 예수께서는 대답하지 않으신다. 그래서 여인은 제자들에게 호소하고, 성가신 그 소리 때문에, 제자들은 예수님께 그녀를 대신하여 간청한다. 예수님은 당신의 사명이 이스라엘 자손에게만 있다고 대답하신다.

그러나 가련한 여인은 용기를 잃지 않고 예수님의 발 아래 엎드려 "주님, 저를 도와 주십시오." 하고 간청하지만, 예수님은 냉정한 모습으로 "자녀들이 먹을 빵을 강아지에게 던져 주지 않는다." 하고 대답하신다. 그러나 그 여인은 신뢰를 잃지 않고 "주님, 물론 그렇습니다. 그러나 강아지도 주인의 식탁에서 떨어지는 부스러기는 주어 먹지 않습니까?"라고 말한다.

---

47) 요한 16, 26-27.
48) 마태 15, 24-28.

제 I 부 초보자들의 기도 55

  끈기 있고 겸손한 신뢰심에 탄복하신 예수님은 마침내 그 여인의 간청을 들어 주시고 같은 시간에 그녀의 딸은 낫는다. 이 예화를 통해, 우리도 이처럼 많은 실패에도 불구하고 겸손한 신뢰로 끈기 있게 간청한다면, 우리 역시 구원될 수 있다는 확신을 얻을 수 있다.

654 (3) 그러나 기도에서 끈기 있는 신뢰는 세심한 주의(注意)와, 적어도 하느님께 말씀드리려는 진지한 노력이 겸비되어야 한다. 우리가 기도에서 무의식적인 분심(分心)들을 물리치려고 노력하는 것은 결코 기도의 장애가 되지 않는다. 왜냐하면 영혼은 기도 중에 분심하지 않으려는 그 노력 덕분에 하느님의 현존(現存) 안에 머물 수 있기 때문이다.

  그러나 기도하면서 고의적으로 분심하거나, 무기력(無氣力)함으로 인해 그 분심을 몰아내려 하지 않거나, 분심의 원인들을 없애려고 노력하지 않는 것은, 하느님께 대한 존경의 결핍이고 태만이다. 이러한 의식적인 분심은 기도의 규범(précepte)을 소홀히 하는 잘못에 속하고, 그 결과로 인해 하느님의 구원으로부터 멀어지게 된다.

  기도는 창조주께서 흔쾌히 우리에게 허락하시는 알현(謁見, audience)이다. 기도는 우리의 청원에 귀 기울이시고, 우리의 말을 들어 주시는 하늘에 계신 아버지와의 대화이다. "하느님, 제 말씀 귀여겨 들어 주소서…. 저의 흐느낌 이 소리를 굽어들으소서"(Verba mea auribus percipe, Domine… intende voci orationis meae).[49]

---
49) 시편 5, 2-3.

우리는 하느님께 대화를 청하는 그 순간, 하느님의 충고에 귀 기울이면서 우리에게 하시는 말씀을 잘 이해하기 위해 진지한 노력을 해야 한다. 만일 하느님과 대화할 때 분심한다면, 이것은 지각(知覺)없는 행위이며 동시에 신심의 결핍이라 할 것이다.

그렇다면 우리도 예수님이 바리사이파 사람들에게 하신 질책을 똑같이 듣게 될 것이다. "이 백성이 입술로는 나를 공경하여도 마음은 나에게서 멀리 떠나 있구나!"(Populus hic labiis me honorat, cor autem eorum longe est a me).[50]

655 그러므로 우리는 기도 안에서 일어나는 분심들을 단호하고 신속하게 물리치려고 노력해야 한다. 그리고 겸손해야 하며, 예수님과의 일치를 새롭게 하고 그분과 함께 기도하기 위해 오히려 때로는 분심을 이용할 줄도 알아야 한다.

그러나 마음과 정신을 사로잡는 애착과 근심, 공상(空想)하는 습성, 습관적인 산만 등 분심의 원인이 될 수 있는 것들과 용감하게 싸움으로써 분심의 횟수를 줄여야 한다. 그리고 열렬한 화살기도(oraisons jaculatoires)와 자신의 행위를 끊임없이 봉헌함으로써 하느님의 현존을 자주 새롭게 하는 데 익숙해져야 한다.

이와 같은 기도의 방법들을 선택한다면, 우리의 상상을 자극하거나 정신을 혼란시키는 무의식적인 분심은 걱정하지 않아도 될 것이다. 기도 중에 일어나는 분심은 한갓 시련(試鍊)이지 잘못이 아니다. 오히려 이 분심을 잘 이용한다면 기도의 가치와 공로를 더 높일 수 있다.

---

50) 마태 15, 8.

656 기도할 때 해야 할 세심한 주의(注意)는 다음 세 가지가 있다.

① 먼저 말을 올바르게 발음해야 하는 데, 이 때 주의해야 할 점은 언어의 표현이다. 이것은 이미 말한 것을 숙고(熟考)하는 노력을 전제로 한다.

② 말의 뜻만을 이해하려고 노력할 때, 주의해야 할 점은 문자(文字)의 뜻과 정신에 전념할 것이다.

③ 끝으로 문자의 뜻에 주의하는 것보다, 영혼이 하느님을 찬미하며 경배하고 그분과 일치하기 위해, 또는 우리가 높이 평가하는 신비적 사상에 이르기 위해 주의해야 한다. 그리고 예수님과 교회가 요구하는 모든 것을 하느님께 청원하기 위한 세심한 주의는 분명히 영성적이며 신비적이다.

이 마지막 세 번째 주의는 초보자에게는 맞지 않고 진보한 영혼들에게 더 알맞다. 그러므로 기도를 처음 맛보기 시작한 초보자들에게는 각자의 특징과 성향 그리고 그들이 처한 환경에 따라, 세 가지 가운데 처음에 말한 두 가지만을 주의하도록 지도해야 한다.

제2장 초보자들의 영성수련

657 기도는 구원을 위해 매우 중요한 방법 가운데 하나이다. 그러므로 영적 지도자는 초보자들의 나이, 성소, 직무, 성격 그리고 초자연적 마음의 성향들과 영적 진보들을 고려해야 한다. 그것에 따라서 초보자에게, 그리스도적 삶에 중심을 이루는 영성수련(exercices spirituels)의 실천을 조금씩 가르쳐야 한다.

658 (1) 기도에서 추구해야 할 목표는, 영혼들이 점진적으로 기도의 삶(제522항)을 살 수 있도록, 기도의 실천을 습관화하는 데 있다. 초보자들이 열성적인 기도의 이상(理想)에 도달하기 위해서는 오랜 시간과 많은 노력이 필요한 것은 분명하다. 그러기에 영적 지도자는 초보자들을 잘 인도하기 위해 이와 같은 기도의 이상을 잘 알고 있어야 한다.

659 (2) 습관적(習慣的)인 기도를 통해 우리 삶을 변화시키는 데 사용되는 중요한 수련으로서, 아침 저녁으로 드리는 기도를 모범적인 그리스도인들은 빠뜨리지 않는다.
　(가) 아침묵상과, 우리가 추구해야 할 이상을 보여 주고 실현하도록 도와 주는 미사(제524항)와 영성체에 대해서는 다음에 다시 말할 것이다.
　그러나 직장 때문에 매일 미사에 참여할 수 없는 영혼들이 있다. 이러한 영혼들은 묵상 끝에 혹은 작업하면서 영적으로 하느님과 일치함으로써 미사를 대신할 수 있다. 그러나 그들이 미사에 참여하게 될 때는, 이미 제271항-제289항에서 말했듯이, 그들의 능력에 따라 미사와 영성체를 잘 선용(善用)해야 할 것이다.

그리고 특히 일요일과 축일의 전례적인 성무(聖務)를 슬기롭게 따라야 한다. 바르게 잘 이해된 거룩한 전례는 완덕에 이르는 훌륭한 영적 학교이다.

660 (나) 하루 일과(日課) 가운데, 영혼은 자주 자신을 하느님께 새롭게 봉헌(奉獻)하도록 노력해야 한다. 그리고 그 외에, 화살기도와 각 영혼에게 알맞은 독서와 기본적인 진리·인간의 종말·죄·고행·고해성사·양심성찰·회개의 덕에 대한 실천을 위해 유명한 성인들의 전기(傳記)를 읽도록 권고한다. 이러한 행위는 기도생활에 지혜의 빛이 되고, 의지를 자극하여 묵상기도를 바르게 할 수 있게 하는 탁월한 방법이 된다.

로사리오(Rosaire)의 신비를 묵상하게 하는 묵주(默珠)기도는, 성모님에 대한 신심을 더해 주고, 주님과의 일치를 보다 익숙하게 한다. 그리고 각 그리스도인의 직업에 따라 드리는 성체조배(聖體朝拜)는 그들의 신심을 북돋아 줄 것이다. 또 리구오리의 성 알퐁소(Alphonse de Liguori)의 「성체조배」와 「준주성범」 제4권은 영혼들에게 매우 유익함을 가져다 줄 것이다.

661 (다) 저녁에는, 개인적인 삶의 반성을 보충해 줄 양심성찰(省察)을 통해 초보자들 자신의 과오(過誤)를 보게 함으로써, 치료방법을 예비하게 하고, 더욱 노력할 굳은 결심을 갖게 하며, 나태나 미지근함에 떨어지지 않도록 도와 준다.

여기서 초보자들이 고의로 행하는 소죄와 갑작스럽게 짓는 대죄를, 즉시 속죄(贖罪)하거나 또는 피할 수 있는 좋은 방법을 기억하도록 해야 한다. 그리고 이미 제460항-제476항에서 말한 죄에 대한 성찰(省察)과, 제262항-제269항에서 논한 고해성사(告解聖事)를 다시 살펴볼 필요가 있다.

662 (3) 영적 지도자에 대한 권고

(가) 영적 지도자는 지도 받는 영혼들이 자기 신원(身元)에 따른 의무들을 완수하는 데 방해되거나, 참된 신심생활에 장애가 될 정도로 많은 신심단체에 가입하지 않도록 주의시켜야 한다. 그 대신 각자에게 알맞은 분량의 기도를 드리고, 그 기도에 따른 신심(信心)에 주의를 기울이도록 해야 한다.

그래서 주님은 이렇게 말씀하신다. "너희는 기도할 때에 이방인들처럼 빈말을 되풀이하지 말아라. 그들은 말을 많이 해야만 하느님께서 들어 주시는 줄 안다. 그러나 그들을 본받지 말아라. 너희의 아버지께서는 구하기도 전에 벌써 너희에게 필요한 것을 알고 계신다."[51]

그리고 나서, 예수님은 짧고 내용이 풍요로운 주님의 기도(Pater)를 가르쳐 주셨다. 이 기도에는 우리가 청원할 수 있는 모든 내용이 포함되어 있다(제515항-제516항).

그런데 초보자들 중에는 구송기도(口誦祈禱-prières vocales)를 많이 할수록 신앙심이 깊어진다고 쉽게 생각하는 영혼들이 있다. 이러한 영혼들에게 지도자는 주님의 말씀을 들려 주면서, 10분간 하느님께 주의(注意)를 집중하는 기도가, 의식적으로 원

---

51) 마태 6, 7-8.

하던 원하지 않던 분심이 곁들어 있는 20분간의 기도보다 훨씬 가치있다고 말해 주어야 한다.

또 영적 지도자는 기도할 때 초보자들의 주의를 집중할 수 있도록 도와 주기 위해, 하느님 앞에서 그들이 순수해야함을 강조해야 한다. 그리고 주님과 일치하기 위한 짧은 순간이 기도의 효과를 확실하게 보장해 준다는 사실도 일깨워 주어야 한다.

663 (나) 영적 지도자는 초보자들에게 똑같은 기도를 자주 되풀이할 때, 틀에 박힌 습관적인 기도가 되지 않도록 일깨워 주어야 한다. 그리고 하느님께 보다 깊은 주의를 기울이도록 쉽고 단순한 기도의 방법을 가르쳐야 한다.

예를 들어, 로사리오 기도는 먼저 성모님을 공경하고, 다음에 신비들에(환희·고통·영광) 관련된 특별한 덕들을 얻도록 지도해야 한다. 이와 같은 지향으로 신비에 관계되는 덕들을 정성껏 묵상한다면 영성생활을 통해 얻는 바가 클 것이다. 이 때 로사리오 기도는 그 자체로 작은 묵상이 될 수 있다.

그러나 일반적으로 성모송(聖母頌)의 의미와 신비의 정신에 대해 한꺼번에 주의를 기울일 수 없다. 그래서 영적 지도자는 둘 가운 데 하나에만 주의를 기울이는 것으로 충분하다는 것을 영혼에게 지적해 주어야 한다.

제3장 묵상기도[52]

이제 우리는
1) 묵상기도에 대한 일반적 개념
2) 묵상기도의 유익성과 필요성
3) 초보자들의 묵상기도와 일반적 특성들
4) 묵상기도의 주요한 방법들을 살펴보기로 한다.

제1절
묵상기도에 대한 일반적 개념

664 (1) 기도의 구성요소(構成要素)와 개념에 대해서는 이미 제510항에서 말했듯이 두 가지 종류의 기도 형태가 있다. 즉 말이

---

52) Joan. Mauburnus, *Rosetum exercitiorum spiritualium et sacrarum meditationum*; Garcia de Cisneros, *Exercitatorio de la vida espiritual*; S. Ignatius, 많은 주해자들과 함께 한 *Exercitia spiritualia*, 그리고 P. Watrigant 지휘 하에 편찬된 성 이냐시오의 영성수련 ; Rodriguez,「그리스도인의 완덕의 실천」기도의 다섯 번째 논고; L. de Grenade,「묵상과 기도의 개론」; A. Massoulié,「참된 기도의 개론」; S. Pierre D'Alcantara, *La oracion y meditacion*;「성 프란치스꼬 살레시오의 신심생활」Part. I, 1-9장; Brancati de Laurea, *De oratione christianâ*; Crasset의「묵상기도에 관한 상세한 가르침」; Scaramelli, *op. cit.*, traité I, art. 5; Courbon의,「묵상기도에 대한 가르침」; V. Libermann, *Ecrits spirit.*, p. 89-147; Faber의「영혼의 진보」15장; R. de Maumigny의「묵상기도의 실천」t. I; Dom Vital Lehodey의「묵상기도의 길」1~2편; G. Letourneau의「성 술피스의 묵상기도 방법」.

나 행동으로 표현하는 구송(口誦, vocale)기도와 마음으로 하는 묵념(默念, mentale)기도이다.

후자인 묵념기도는 다음과 같이 정의한다. 하느님의 영광을 위해 보다 더 영적으로 성장하고, 우리 의무들을 하느님께 바치기 위하여 마음을 들어 높이며, 그분의 일에 전념하는 것이다.

여기에는 다음과 같은 다섯 가지 요소들을 포함하고 있다.

① 하느님과 예수 그리스도와 성인들께 바치는 신심의 의무들이 있다.

② 그리스도인의 덕행들에 대해 우리의 신념을 강하게 하고 양육하기 위한 하느님과 우리의 관계와, 하느님께 대한 존경심이 있다.

③ 덕행들을 실천할 때 우리의 관심이 어디에 있는가를 확인하기 위해 자기 자신에게로 되돌아오는 일이다.

④ 여러 덕행들을 보다 더 잘 실천하기 위해 필요한 은총을 청원하는 기도들이다.

⑤ 마지막으로는 앞으로 더 잘하기 위한 결심들이 있다.

그러나 위에서 지적한 순서대로 반드시 기도를 실천할 필요가 없으며, 또 이 모든 행위가 한 기도 안에 모두 포함되어 있을 필요도 없다. 그러나 이 기도가 묵상기도라는 이름을 가지려면, 이 기도는 일정한 시간 동안 지속되어야 하며, 물론 화살기도와는 구분이 되어야 한다.

묵상기도에서 영혼들이 완덕에 진보하고, 또 빨리 쇄신된다는 확실한 신념을 얻었을 때, 그들의 기도는 차츰 단순화(單純化)되고 가끔 순수한 정감(情感)으로 하느님을 바라보게 될 것이다. 이에 대해서는 나중에 다시 설명할 것이다.

665 (2) 묵상기도의 기원

우리는 여기서 묵상기도 그 자체와 묵상기도의 방법들을 먼저 구분해야 한다.

(가) 처음 묵상기도는 여러 세기를 지나면서 일정하지 않은 여러 형태로 존재해 왔다. 특히 예언서, 시편, 지혜서들은 이스라엘 민족의 신앙심을 키워 준 묵상기도들로 가득 차 있다. 그리고 주님은 영(靈)과 진리 안에서 드리는 예배를 강조하셨고, 기도로 밤을 지새우셨고, 갈바리아와 올리브 동산에서 오랫동안 기도를 하셨다. 또 시대를 통하여 하느님께 은밀히 기도하기 위해 마음의 골방으로 몸을 숨기는 내적 영혼들에게 길을 마련해 주셨다.

그런가하면 교부들의 책들은 말할 필요도 없고, 까시아노(Cassien)와 성 요한 끌리마끄(S.Jean Climaque)의 책들 역시, 묵념(oraison) 또는 묵상(méditation)기도와 더 높은 단계인 관상(contemplation)기도들을 분명하게 다루고 있다.

성 베르나르도의 「고찰에 대하여」(De Consideratione)라는 책의 개론은, 묵상기도와 그 숙고(熟考)의 필요성에 관한 소책자라고 말할 수 있다. 성 빅또르(S. Victor) 학파는 관상에 도달하기 위해서는 무엇보다 먼저 묵상기도의 실천을 매우 강조하였다.[53] 우리는 성 토마스 아퀴나스가 하느님께 자신을 바치고 그분의 사랑 안에서 영혼이 성장하는 방법으로 묵상기도를 얼마나 강조했는가를 잘 알고 있다.[54]

666 (나) 보다 조직적인 묵상기도의 방법들은 15세기 때부터

---

53) Cfr. Hugues de S. Victor, *De modo dicendi et meditandi; De meditando seu meditandi artificio*, P. L., CLXXVI, 877-880; 993-998.
54) 「신학대전」 II부 II편 82문 a. 3.

시작되었다. 이러한 기도는 특히 요한 모부르누스(Jean Mauburnus)의[55] 저서 「장미꽃」(Rosetum)에 잘 나타나 있으며, 같은 시대의 성 베네딕도 수도회 수사들의 책에서도 찾을 수 있다.

성 이냐시오는 「영성수련」이란 책에서 매우 정확하고 다양한 묵상기도의 방법들을 소개한다. 그런가 하면 성녀 예수의 데레사보다 묵상기도의 다양한 종류를 소개한 사람은 없었다. 그 후 데레사 성녀의 여러 제자들은 묵상기도의 방법적인 규범을 제시하였다.[56]

성 프란치스꼬 살레시오도 필로테아에게 묵상기도의 방법을 제시하는 것을 잊지 않았다. 또 올리에(Olier)와 트롱송(Tronson)에 의해 완성된 17세기의 프랑스 학파의 묵상기도는, 오늘날 성 슐피스의 묵상방법이라 부르게 된 자신들만의 묵상기도 방법을 갖게 되었다.

667 묵념(默念)기도와 묵상(默想)기도의 차이

우리는 묵념기도(oraison mentale)와 묵상기도(méditation)라는 단어를 자주 혼돈해서 사용한다. 이 두 형태의 기도를 구분하려면, 먼저 묵상기도를 추리(推理)와 숙고(熟考)가 지배하는 마음의 기도 형태로 유보해야 한다. 그 이유는 묵상기도를 논리적 추리(推理)에 의한 묵상이라 하기 때문이다.

그러나 묵념기도는 특히 의지적인 활동이나 정감적인 신심이 지배하는 묵념의 형식이 적용된다. 그렇지만 영혼이 관상의 빛에 사로잡혀 있을 때를 제외하고는, 추리적인 묵상에도 이미 정

---

55) H. Watrigant의 방법적인 묵상, 「수덕 신비잡지」 1923년 1월호 P. 13-29.
56) V. P. Jean de Jésus Marie, 「수련자들의 교육」 제3권 2장 2항.

감이 들어 있고, 정감적인 기도에도 일반적으로 몇 가지 고찰 (考察)이 따르거나 선행한다.

668 완덕으로 나아가는 초보자들에게 일반적으로 적용되는 묵념기도의 양식은, 그들의 신념을 강하게 하고 획득하기 위해 필요한 추리적 묵상기도이다. 그렇지만 감성적인 어떤 영혼은 묵념기도 초반부터 정감적인 기도를 하게 된다. 그러나 어디까지나 묵념기도의 대부분이 의지적인 행위로 이루어지고 있음을 알아야 한다.

제2절
묵상기도의 유익성과 필요성

I. 묵상기도의 유익성

669 우리는 묵상기도가 완덕과 구원에 매우 유익하다고 설명하였다.

(1) 묵상기도는 우리를 죄와 그 죄의 원인으로부터 떼어놓는다. 만일 우리가 죄를 짓는다면 그것은 우리 의지의 나약함과 경솔함 때문이다. 그러기에 묵상기도는 앞에서 말한 이 두 결점들을 고치는 데 도움을 준다.
ㄱ) 지은 죄의 속죄를 위하여 예수님은 창조성과 영원성에서 우리 죄를 하느님의 빛으로 보여 주신다. 그 대신 묵상기도는

우리에게 죄의 간교(奸巧)함과 두려움의 결과를 밝혀 준다.

크라셋트(P. Crasset) 신부는,[57] "묵상기도는 평화와 휴식, 침묵과 내적인 고요함 가운데에서 하느님을 찾을 수 있는 거룩한 사막(생각을 통해)으로 우리를 이끌어 줍니다. 또 묵상기도는 영적인 우리 위치를 보여 주기 위해 지옥으로, 무덤으로, 하늘의 옥좌로, 구세주를 뵙기 위해 베들레헴으로, 우리 사랑을 보기 위해 타볼 산으로, 우리 모범을 보기 위해 갈바리아로 우리를 이끌어 줍니다."라고 하였다.

묵상기도는 우리를 세속과 헛된 쾌락에서 떼어놓는다. 그리고 묵상기도는 물질적인 부(富)의 덧없음과 걱정, 영혼 안에 나타나는 허탈감과 혐오(嫌惡)를 보여 준다. 또 묵상기도는 세속의 부패와 위험에서 우리를 보호해 주고, 하느님만이 우리를 행복하게 해 주신다는 사실을 알게 해 준다.

특히 묵상기도는 교만이나 관능적 쾌락에서 우리를 떼어, 존재의 충만함이신 하느님 앞에 우리를 서게 한다. 그리고 허무(虛無)와 감각적인 쾌락들이 우리를 야만인(野蠻人)으로 만드는 데 비하여, 신적인 기쁨들은 우리를 고귀하게 만들어 하느님께 들어올린다는 것을 보여 준다.

ㄴ) 묵상기도는 우리의 의지(意志)를 강하게 한다. 위에서 말한 것처럼, 묵상기도는 우리에게 신념(信念)을 가져다 줄 뿐만 아니라, 무기력(無氣力)과 나태(懶怠)와 변덕에서 차츰 벗어나게 한다. 이 말은 하느님의 은총만이 우리의 협력을 통하여 위와 같은 나약함에서 벗어나게 할 수 있다는 것이다.

---

57)「기도에 관한 교육중 기도의 방법」1장 p. 253-254.

그런데 묵상기도는 성찰(省察)을 통하여 우리 자신의 무기력함을 느끼게 하기 때문에, 더욱 열심히 하느님의 은총에 협력하도록 한다. 즉 뉘우침과 회개, 우리가 묵상 동안 갖게 되는 각오들, 그리고 기도시간에 이루어지는 굳은 결심의 행위들은 그 자체가 벌써 은총에 대한 적극적인 협력이다.

670 (2) 묵상기도는 그리스도인의 모든 덕행들을 실천하게 한다.

① 묵상기도는 영원한 진리를 우리 눈 앞에 보여 주면서 믿음을 밝혀 준다. 또 묵상기도는 하느님의 도움을 얻게 하는 희망을 북돋아 준다. 끝으로 묵상기도는 하느님의 선하심과 아름다움을 통해 우리 사랑을 고무(鼓舞)시켜 준다.

② 묵상기도는 실천하기 전에 먼저 생각하게 함으로써 우리를 현명(prudents)하게 한다. 또 묵상기도는 우리를 하느님의 의지와 일치시킴으로써 정의(justes)롭게 하며, 우리를 신적 권능에 참여케 함으로서 용기(forts)있게 한다. 그리고 묵상은 우리의 욕망과 격정(激情)들을 가라앉게 함으로써 절제(tempérants)있게 한다.

그러므로 그리스도인은 매일 묵상기도를 통하여 얻지 못할 덕(德)이 없다. 우리는 묵상기도를 통하여 진리를 받아들이고, 또 진리가 우리를 악에서 해방시킴으로써, 우리는 덕을 실천하게 된다. "그러면 너희는 진리를 알게 될 것이며 진리가 너희를 자유롭게 할 것이다"(cognoscetis veritatem, et veritas liberabit vos).[58]

---

58) 요한 8, 32.

671 (3) 묵상기도는 우리로 하여금 하느님과 일치하게 하고 변화(transformation)되도록 준비시켜 준다. 결과적으로 묵상기도는 매일 하느님과의 대화(對話)를 친밀하게 하고, 정감적이게 하며 더욱 깊어지게 한다.

왜냐하면 이미 제522항에서 말한 바와 같이, 기도는 우리가 하루 종일 일하는 가운데서도 지속되기 때문이다. 그러므로 완덕의 주인이신 하느님을 만나는 덕분에, 마치 해면(海綿)이 물을 빨아 젖어들듯, 용광로에 있는 쇠가 녹듯, 영혼은 하느님께 흠뻑 젖어들고 흡수된다.

II. 묵상기도의 필요성

672 (1) 평신도를 위해

(가) 체계적인 묵상기도는 영혼에게 매우 효과적인 성화(聖化)의 한 방법이 된다. 그렇다고 모든 그리스도인의 구원에 꼭 필요한 것은 아니다. 오히려 필요한 것은 하느님께 자신의 의무를 다하기 위해 기도하고 은총을 얻는 일이다.

묵상기도는 마음의 열정과 정신적인 조심성이 없이는 분명 힘들 것이다. 물론 그리스도인의 참된 의무들과 진리에 대한 반성들을 스스로 기도 안에 적용시키고 수행하도록 해야 한다. 그러나 위에서 말한 모든 것은, 체계적인 묵상기도 없이 강론을 듣고, 영적 독서를 하거나, 양심성찰을 하면서도 영혼의 성화를 이룰 수 있다.

673 (나) 그러면서도 한편 묵상기도는 영적으로 진보하려는 영

혼들에게, 즉 자신의 영혼 구원에 노력하는 초보자들에게 매우 필요하고 유익하다. 그래서 묵상기도는 구원을 보장하는 가장 효과적인 방법이라고 말할 수 있다(제669항).

이 점에 대하여 성 알퐁소는 다음과 같은 가르침의 이유를 든다. 단식, 로사리오 기도, 성모님을 위한 단순한 기도, 그 외 다른 신심수련을 하면서도 우리는 대죄 가운데서 살아갈 수 있다. 그러나 묵상기도를 열심히 하는 영혼은 대죄에 오랫동안 머물 수 없을 것이다. 왜냐하면 그들은 묵상기도를 포기하거나 대죄를 포기해야 하기 때문이다.[59]

대죄의 상태에 있는 우리들이, 용서의 필요성을 느끼면서도 하느님께 용서를 구하지 않고, 또 자신의 죄를 미워하려는 확고한 결심과 은총의 도움을 구하지 않고서, 어떻게 깨끗한 양심으로 거룩하신 하느님 앞에 나아갈 수 있겠는가? 만일 그 반대로 진리를 실천하기 위한 방법을 활용하지 않거나 규칙적인 기도 시간을 갖지 않는다면, 우리는 방심(放心)을 통하여 세속적인 사건들에 끌려 다니게 되고, 무감각하게 죄에 빠져 버리게 될 것이다.

674 (2) 사목(司牧)하는 사제들에게 묵상기도의 필요성

우리는 여기서 성무일도(聖務日禱)를 열심히 드리고 영적 독서를 하면서, 많은 기도(prières)를 실천하는 수도회 사제들에 대해

---

59) "Cum reliquis pietatis operibus potest peccatum consistere, sed non possunt cohabitare oratio et peccatum: anima aut relinquet orationem aut peccatum… Aiebat enim quidam servus Dei quod multi recitent rosarium, officium B. M. Virginis, jejunent, et in peccatis vivere pergant; sed qui orationem non intermittit, impossibile est ut in Dei offensâ vitam prosequatur ducere…"(Praxis confessarii, n. 122).

서는 언급하지 않겠다. 그렇지만 성무일도를 하고 있는 수도회 규칙에서도 매일 30분의 묵상기도를 명하고 있다. 이것은 분명 수도자들이 실천하는 마음의 기도(prière mentale)는 구송기도(口誦祈禱)의 혼(魂)으로서 열성적인 낭송(朗誦)을 보장한다는 것을 확신하기 때문일 것이다.

덧붙이자면, 16세기 이후에 창설된 수도회들은 묵상기도를 매우 강조하고 있다. 그리고 교회법전(Code de Droit Canon)은 수도회 장상(長上)들로 하여금 모든 수도자들이 매일 묵상기도에 일정한 시간을 할애하도록 주의를 상기시켜 주고 있다.[60]

이처럼 사목에 전념하는 사제들도 정해진 시간과 묵상기도의 지속적인 실천들이 사제들의 성화와 인내에 필요하다는 것이다. 사목을 실천하는 사제들은 대죄의 징벌을 대신하여 완성해야 할 수많은 중요한 의무를 지니고 있다. 한편으로는 성무(聖務)를 집행하는 과정에서도 가끔 끊임없이 괴로운 유혹에 굴복하기도 한다.

675 (가) 그러므로 사제들은 주어진 직무를 초자연적으로 충실히 완성하고 유혹을 물리치기 위해, 그들의 나약한 의지를 지탱해 줄 은총에 깊은 확신을 갖도록 노력해야 한다. 그러기 위해서 사제는 지속적으로 매일 드리는 묵상기도가 서로의 사목에 도움이 되도록 권유해야 한다.

물론 사제들 역시 미사와 성무일도의 기도가 묵상기도와 같다고 말하지는 않는다. 정성으로 드리는 미사와 성무일도와 신

---

[60] 새로운 교회법전 제663조 1항, 3항. 성서와 묵상기도 및 하느님께 대한 기도와 묵상을 강조하고 있다.

심의 기도는 참된 인내와 영적 진보에 매우 효과적인 방법이다. 그렇지만 체험은, 사목에 전념하는 사제들이 묵상기도를 통해서 중요한 사목의 의무를 잘 이행할 수 있음을 보여 준다.

사제가 거룩한 성무(聖務)의 실천을 소홀히 하면서, 초자연적 영감(靈感)으로 자신을 단련하고 신중하게 마음을 가다듬을 시간이 없어 일과 걱정에만 집착한다면 어떻게 되겠는가? 또 사제가 기도하지 않는다면, 그는 오래지않아 거룩한 성무를 집행하면서도 많은 분심(分心) 속에 휩싸이게 될 것이다. 그 결과 사제의 신념은 약화되고, 태만과 실패가 중복됨으로써 영혼은 미지근하게 될 것이다.

그리고 기도하지 않을 때, 사제는 끈질긴 유혹에서 악을 물리치기에 필요한 굳센 정신과 신념을 잃어 버리고 오히려 악에 압도되고 말 것이다.

쇼타르(Dom Chautard) 수사는 다음과 같이 말한다.[61] "만일 내가 기도를 했다면 나는 철갑을 두른 것처럼 적의 화살에 아무런 상처도 입지 않을 것입니다. 그러나 기도를 하지 않았다면 화살은 분명 나를 꿰뚫을 것입니다….

교구 사제들의 피정지도에 경험이 많고 열성적이며 지혜로운 데쉬르몽(P. Desurmont) 신부님은 주저 없이, 세상에서 살아 가는

---

61) Dom Chautard에 의해 인용된 사제의 말을 묵상해 보라. 「모든 사도직의 영혼」 p. 73: "열심히 나를 잃어 버리게 했다! 나의 자연적 성향이 나 자신을 혹사하는 것에서 기쁨을, 봉사하는 것에서 행복을 찾게 했다. 성공은 내 계획을 도와 주는 것처럼 보였고, 착각에 빠지게 하기 위해, 내 안에 행위의 욕구를 자극하고, 모든 내적인 일에 나를 싫물나게 하고, 결국 낭떠러지로 나를 내몰기 위해, 오랜 기간 동안 사탄은 모든 것을 이용할 줄 알았다." 이 탁월한 저자가 말한 내적 생활에 필요한 모든 것은, 내적 생활을 성장시키기 위해 가장 효과적인 방법 중의 하나인 기도에 적용된다.

사제들이 기도를 하지 않는다면 영원한 징벌의 위험이 있을 것이라고 말하였습니다. 라비즈리(Lavigerie) 추기경님도 사제들이 매일 묵상기도를 원하며 추구하고, 성덕을 획득하려고 노력하지 않는다면 그 영혼은 차츰 부패될 것이라고 말하였습니다."

676 (나) 사제는 죄를 피하는 것만으로 충분하지 않다. 사제는 영혼들을 구원하고 하느님께 대한 신앙의 의무를 완성하기 위해, 스스로 하느님을 찬미하고 영혼을 구할 수 있는, 대사제(大司祭)이신 예수님과 일치하도록 노력해야 한다. 그런데 만일 기도를 통하여 하느님의 은총과 그분의 뜻을 자신 안에 머물게 하고, 또 자신을 단련할 충분하고 규칙적인 기도의 시간이 없다면, 어떻게 사제의 직무에 몰두하며 예수님과 일치할 수 있겠는가?

그러나 사제가 기도 안에서 예수님과 일치를 통해 신뢰심을 키운다면, 사도직의 풍요로움을 보장받게 되고, 그 효과는 백배가 될 것이다. 그래서 이 때는 사제가 말하는 것이 아니라, 예수님께서 직접 당신의 입을 통해 말씀하신다.

마찬가지로 사제가 행동하는 것이 아니라, 우리를 통하여 하느님이 권고하시는 것처럼(tanquam Deo exhorta te per nos) 사제는 주님의 손 안에 있는 연장일 뿐이다. 사제는 주님의 덕성(德性)을 모방하려고 노력하기 때문에 말보다는 그분의 모범을 통하여 영혼들을 이끌어야 한다. 그러기에 만일 사제가 묵상기도를 포기한다면, 그는 기도와 마음의 평정(平靜)을 잃어 버릴 것이며, 이 때 사제는 울리는 징과 요란한 꽹과리에 불과하게 될 것이다.

677 성 교황 비오 10세는 사목교서(司牧敎書)에서 사제들이 실

천해야 할 묵상기도의 필요성을 분명하게 선포하였다.[62] 그리고 교회법전은 성직자들이 묵상기도에 규칙적으로 몰두해야 함을 규정하고 있다. 그리고 신학생들도 기도의 정신을 터득하고, 특히 묵상기도와 기타 신심 수행이 배양(培養)되도록 해야 한다는 점을 강조한다.[63] 이러한 사상은 참된 사도직에 정신적인 묵상기도가 필요하다는 것을 선포한 이유가 될 것이다.

그러므로 사제들에게 미사와 성무일도를 열심히 실천하고, 교회의 직무에만 충실하기 위해서는 꼭 묵상기도를 하지 않아도 된다고 충고한다면 이것은 정신상태에 어떤 결핍을 가져올 것이다. 이 말은 사제가 묵상기도를 더 이상 실천하지 않을 때, 성무일도의 참된 낭송도 거의 불가능하게 된다는 사실을 체험으로 우리에게 보여 준다.

그래서 우리는 하느님과 대화를 통해 말하고 들을 수 있을 때, 비로소 우리는 성무일도를 언제든지 드릴 수 있다는 것이다. 사실 묵상기도는 우리가 드리는 미사의 경건함을 보장하고, 성무일도를 시작하기 전 마음의 고요함을 도와 준다.

678 어떤 면에서 사제들의 삶처럼, 열심한 평신도들도 시간을 쪼개어 사도직에 봉사할 수 있도록 격려해야 할 것이다. 그러기 위해 평신도들의 사도직이 보다 풍성한 열매를 맺기를 원한다면, 묵상기도를 통하여 생기를 얻도록 권고해야 할 것이다. 그리고 여기에 할애되는 시간이 결코 열성적인 신심생활의 업적에 단절을 가져온다고 말해서는 안 될 것이다.

---

62) *Exhortatio ad clerum catholicum*, 1908년 8월 4일.
63) 교회법전 제276조 2항 5호, 제246조 3항 참조.

사실 사도직은 묵상기도에 의해 양육되고, 내적 생활을 통하여 더욱 깊이 영감(靈感)을 받아 영혼 안에 풍성한 열매를 맺는다. 그러나 자칫 잘못하면, 기도와 은총보다 활동이 더 필요하다고 생각하는 뻴라지우스 학파의 모순에 빠질 수 있다.

제3절
초보자들의 묵상기도와 일반적 특성들

이미 말했듯이 초보자들은 매우 논리적인 추리(推理)로 묵상기도를 한다. 이성(理性)이 묵상기도를 지배하고, 의지(意志)의 성향에 상당한 자리를 양보한다.

이제 우리는,
I. 어떤 주제들을 가지고 묵상할 것이며
II. 또 어떤 어려움을 이 묵상에서 만나게 될 것인가에 대하여 살펴보기로 하자.

I. 초보자들은 어떤 주제로 묵상해야 하는가

679 먼저 초보자들은 일반적으로, 죄를 증가시키고 혐오(嫌惡)를 불러일으킬 수 있는 모든 것에 대하여 묵상해야 한다. 즉 죄의 원인들, 죄에서 벗어나게 하는 고행, 중요한 직무에 대한 의무, 은총의 남용과 선용 그리고 회개자(悔改者)들의 모범이신 예수님에 대하여 묵상해야 한다.

680 (1) 죄에 대한 혐오가 증가되는 것을 이해하기 위하여 초보자들은 다음과 같이 묵상기도를 해야 한다.

ㄱ) 묵상기도의 주제로서 인간과 그리스도인의 최후에 대하여, 창조와 초자연적 상태에 이르는 인간의 고양(高揚, élévation)과 죄의 타락과 구원사업(제59항-제87항)에 대하여, 그리고 창조주이시며 성화자(聖化者)이시고 구원자이신 하느님의 권위에 대하여 묵상해야 한다. 또 모든 창조물, 특히 은총의 상태에 있는 영혼 안에 현존하시는 하느님의 무한성(immensité)에 대하여 묵상한다. 그리고 죄로부터 이탈하게 하는 하느님의 권능과, 죄를 미워하게 하는 하느님의 성성(sainteté)에 대해서도 기도해야 한다. 또 징벌하시는 하느님의 정의와 용서하시는 그분의 자비에 대하여 묵상해야 한다.

결국 위와 같은 묵상기도는, 구원자이신 주님께서 피의 값으로 우리에게 되돌려 준 당신 사랑의 큰 징표인 초자연적 생명을 파괴하는 죄를 피하게 한다.

ㄴ) 죄에 대해서는 그 죄의 근원과 징벌, 악한 성향, 죄의 두려운 결과(제711항-제735항), 악마와 세속과 육체적 탐욕, 죄악으로 유혹하는 원인들에 대하여 묵상해야 한다(제193항-제227항).

ㄷ) 끝으로 우리는 묵상기도에서 회개(悔改)와 죄를 예방하고 속죄할 방법들을 생각해야 한다(제705항). 그리고 죄의 사악(邪惡)한 모든 성향들을 근절시키거나 적어도 억제하지 않고서는 안심할 수 없다는 묵상의 실천적인 결론을 이끌어낸다. 우리의 여러 능력과 사악한 성향들에 대한 고행과 특히 칠죄종(七罪種)에 대하여 오래지 않아 이 모든 질문들에 대해 논할 것이다.

681 (2) 더 나아가 그리스도인들의 다음과 같은 실질적인 의무를 차례로 묵상해야 한다.

① 하느님께 대한 경신(敬神)의 신성한 의무, 이웃에 대한 사랑의 의무, 우리 자신의 가난과 무능에서 연유한 불신의 의무 등을 묵상해야 한다. 더 나아가 초보자들을 감동시키기 위해 묵상기도에서는 특히 덕행의 실천에 대한 각오가 중요하다. 이와 같은 의무들은 다음 빛의 길에서 실천하게 될 덕행들을 미리 준비하는 단계가 된다.

② 묵상기도에서 나이와 조건, 성별과 생활 상태에 따른 이 특별한 의무들의 실천은 결과적으로 보다 좋은 회개(悔改)로 우리를 이끌 것이다.

682 (3) 은총은 그리스도인의 삶에서 핵심 역할을 한다. 이 은총은 영혼 안에 성령이 생활하시도록 해 주고, 그리스도와의 합체(合體, incorporation), 생명의 은총, 덕행들과 은사들을 전해 준다. 따라서 묵상기도의 초보자들에게 신앙생활에 필요한 기초적인 것들을 조금씩 지도하는 것이 필요하다. 물론 은총을 통해 중요한 진리의 기본 요소들을 먼저 파악할 것이지만, 초보자들의 이해는 그들의 영적 진보와 양성에 매우 큰 영향을 미칠 것이다.

그리고 하느님께서 우리를 위해 은총을 주시고 또 계속 실현하시는 진리를 묵상할 때, 하느님께 대한 우리의 봉사(奉仕)는 더욱 용감할 것이다. 사도 바오로와 복음사가 요한도 영성생활에 갓 입문한, 회개한 이방인들에게 이같은 진리를 설교했다는 사실을 잊지 말아야 할 것이다.

683 (4) 그러므로 묵상기도를 하는 초보자들에게, 회개하는 영혼들의 모범으로 예수님을 추천하는 것은 매우 좋은 일이다. 우리는 이 묵상기도에서, 참된 성덕(聖德)의 모범을 보여 주시기 위해 가난과 순종을 스스로 선택하신 예수님, 그리고 사막과 올리브 동산에서 수난과 고통을 통해 우리를 위해 속죄(贖罪)하신 예수님, 끝으로 십자가 위에서 우리를 위해 죽으신 예수님을 만나야 한다.

교회가 전례를 통해 그리스도인들에게 매년 권고하는 이와 같은 일련의 묵상기도들은 신자들에게 더 많은 용기와 사랑을 가져다 준다. 그리고 그리스도인들이 전례를 통하여 보다 효과적으로 예수 그리스도와 일치하여 회개를 실천하게 하기 위해서 묵상기도를 권고한다.

Ⅱ. 초보자들이 만나는 어려움들

초보자들이 묵상기도에서 만나는 특별한 어려움은, 이 기도에 대한 체험과 용기 부족, 특히 초보자들 자신이 그 원인이 되는 수많은 분심들 때문이다.

684 (가) 초보자들의 묵상기도는 체험이 없기 때문에, 묵상의 주제가 어느 때는 철학적이고 신학적이 되기도 한다. 그래서 초보자들의 묵상기도는 자신에게 하는 일종의 강론(講論) 형식으로 변형될 위험이 있을 수 있다. 물론 그렇다고 초보자들이 묵상기도에서 무조건 시간을 잃어 버렸다고 할 수는 없다.

이러한 상황에서도 역시 이 묵상 방법은 초보자들에게 신념을 굳게 하고, 기도에 대한 진리를 깨닫게 해 주기 때문이다. 그러나 이 때 초보자들이 만일 좀더 초자연적이고 실천적인 묵상기도의 방법을 시행(施行)했더라면 매우 유익한 것들을 얻을 수 있었을 것이다.

바로 이런 점에서 영적 지도자는 묵상기도의 올바른 방법을 초보자들에게 가르쳐 주어야 한다. 특히 지도자는 초보자들에게 다음과 같은 사항들을 지적해 줄 것이다.

ㄱ) 묵상기도의 실천을 위한 고찰(考察)들은 어디까지나 개인적인 것이어야 하고, 초보자들 개개인에게 적용되는 것이어야 한다. 그리고 이러한 묵상기도의 실천에는 성찰(省察)이 뒤따라야 하며, 그 날의 묵상을 실천으로 옮길 수 있는 것이어야 한다.

ㄴ) 묵상기도에서 가장 중요한 점은 하느님께 대한 사랑·감사·찬미·의지적 행위·겸손과 회개에 있다. 그리고 묵상기도를 하면서 죄를 짓지 않겠다는 굳은 결심, 쇄신할 은총을 구하는 행위, 하루 동안 더 잘 살고자 하는 각오를 되새길 것이다.

685 (나) 처음에, 하느님께서 초보자들을 이끌기 위해 무상(無償)으로 베풀어 주신 감각적인 위로가 사라졌을 때, 초보자들은 용기 부족으로 인해 실망에 이르게 된다. 이러한 실망으로부터 첫 메마름이 오면, 초보자들은 하느님으로부터 버림받았다고 믿고 나태(懶怠)에 빠진다. 그러므로 영적 지도자는 하느님께서 우리에게 요구하시는 것은 우리가 실천해야 할 노력이지 성공이 아니라는 점을 일깨워 주어야 한다.

또 영적 지도자는 하느님께서 매우 자비하심으로, 우리를 괴롭히는 어려움 속에서도 묵상기도를 꾸준히 하는 것이 더 가치로우며, 노력 앞에서 뒤로 물러나는 것이 나태라는 사실을 초보자들에게 가르쳐 주어야 한다. 위와 같은 묵상기도는 영적 지도자의 격려와 온유함을 통하여 균형 있게 될 것이다.

686 (다) 초보자의 묵상기도에서 가장 큰 장애는 다름 아닌 분심(分心)이다. 특히 묵상기도의 초기에는 상상(想像)·감성(感性)·자제되지 않는 애착 등과 함께 가끔 위험하고 세속적이며 쓸데없는 생각과 마음의 움직임들이 그 영혼을 사로잡는다. 그래서 특히 초기의 묵상기도에는 지도자의 역할이 매우 중요하다.

ㄱ) 영적 지도자는 묵상에서 먼저 의식적인[64] 분심(分心)과 무의식적 분심을 구분함으로써, 초보자들로 하여금 의식적인 분심을 줄이는 데 노력하도록 지도해야 한다.

의식적인 분심을 줄이는 데 성공하기 위해서는,

① 먼저 기도 중에 자신의 분심을 의식했을 때, 재빨리, 단호하게, 끊임없이 그 분심을 물리치려고 의지적으로 노력해야 한다. 묵상기도에서 분심을 떨쳐 버리기 위해 노력한다는 것은 매우 값진 행위라고 한다. 이 말은 초보자에게 분심이 여러 번 엄습(掩襲)해 오더라도 그 때마다 모두 내친다면, 이러한 행위는 하느님의 은총 안에 이루어지는 묵상이기에 올바른 기도가 될 것이다.

687 ② 초보자는 묵상기도에서 분심을 보다 쉽게 물리치기 위해, 자신의 무능력(無能力)함을 겸손하게 고백하고, 주님과 전적

---

64) 고의적으로 분심을 할 때 혹은 망상에 사로잡혔음을 알아차렸을 때, 탈선을 바로잡기 위한 노력을 하지 않는 것도 의식적 분심에 해당된다. 분심의 소지가 될 수 있는 불필요한 열정적인 일이나 독서가, 분심의 소지가 될 수 있다고 생각하면서도 전념할 때, 그들의 원인은 의지적이라 하겠다.

으로 일치하며, 하느님께 찬미를 드리는 것이 매우 중요하다. 또 필요에 따라서는 묵상기도에서 마음을 집중하기 위해 기도의 주제(主題)에 도움이 되는 짧은 독서를 할 수 있다.

ㄴ) 그러나 참된 묵상기도를 위해서는 분심의 횟수를 줄이는 정도에서 멈추는 것으로는 충분하지 않다. 이 말의 뜻은 분심의 원인을 물리쳐야 한다는 것이다. 왜냐하면 대부분의 많은 분심은 묵상기도를 위한 준비부족이나 습관적인 방심(放心)에서 오기 때문이다.

① 그러므로 초보자는 묵상 전날 저녁 기도 준비를 잘 하도록 해야 한다. 즉 단순한 독서로 만족하지 말고, 불필요하고 불건전한 망상(妄想)에 사로잡히지 않도록 해야 한다. 그리고 잠들기 전에 묵상의 주제를 미리 생각하고 어떻게 실천할 수 있는가를 검토하면서, 개인적인 묵상 자료를 첨부하도록 해야 한다.

② 특히 초보자들에게 상상과 기억을 억제할 수 있는 방법을 가르쳐 주어야 한다. 그리하여 초보자들이 습관적인 것에 대한 포기(抛棄)와 정신집중의 실천에 진보함으로써 그들의 분심은 줄어들 것이다. 그 나머지는 묵상기도의 체험을 통해 조금씩 더 잘 이해할 수 있다.

제4절
묵상기도의 중요한 방법들

688 묵상기도가 매우 어렵기 때문에 많은 성인들은 이 기도에 성공할 수 있도록 여러 가지 방법을 권고해 주었다. 그 예로

까시아노(Cassien)와 성 요한 끌리마끄(S. Jean Climaque), 그 외 중요한 영성 저자들에게서 묵상기도의 탁월한 방법들을 찾을 수 있다. 그러나 정확히 말해 15세기경에 이르러서야 비로소 묵상기도의 길로 영혼을 이끌 수 있는 방법들이 완성되었다.

묵상기도 초기에는 이 방법들이 복잡하게 보이므로, 초보자들에게는 묵상기도의 독서라 불릴 수 있는 영적 서적을 준비시키는 것이 좋다. 그 첫 번째 책으로 「준주성범」(Imitation), 「영적 투쟁」(Combat spirituel), 또는 함축적이며 짧은 묵상을 위한 몇 가지 신심서적을 읽도록 권장한다. 그리고 영적 독서 후에는 다음과 같은 세 가지 질문을 스스로 해 보도록 권장한다.

(1) 나는 지금 읽은 독서의 내용이 내 영혼에게 필요하고 유익하다는 것을 충분히 납득하였는가? 그리고 이 확신을 어떻게 견고(堅固)하게 할 것인가?

(2) 나는 이러한 내용의 중요한 문제를 지금까지 어떻게 실천해 왔는가?

(3) 나는 오늘 독서한 내용을 더 잘 실천하기 위해 어떻게 해야 하는가?

끝으로, 우리가 선택한 결심을 더 잘 실천하기 위하여 열심히 기도한다면, 진정으로 묵상기도의 중요한 요소들을 모두 갖추게 될 것이다.

I. 모든 묵상기도 방법의 공통점

우리는 묵상기도의 여러 방법 가운데 상당수의 공통점을 재발견하면서, 이 공통점들의 중요성을 지적해야 한다.

689 (1) 묵상기도를 준비함에 있어, 먼저 일상 생활에서 준비해야 할 때와, 묵상이 가까워지면서 준비해야 할 때와, 또 묵상 시작과 동시에 준비할 때가 있다.

ㄱ) 먼저 준비해야 할 일은 일상적인 삶이 묵상기도와 조화를 이룰 수 있도록 노력하는 것이다. 이 준비는 다음 세 가지를 포함한다.

① 열정과 감각적인 것에 대한 고행
② 일상적인 마음의 평정
③ 그리고 겸손이다.

이러한 삶의 모습은 결과적으로 묵상을 잘하기 위한 탁월한 준비가 된다. 이 준비가 초기에는 매우 불완전하게 보이지만, 몇 가지 준비를 통한 열매와 함께 묵상할 수 있다면 그것으로 충분할 것이다. 이러한 준비는 묵상기도가 진보함에 따라서 점점 더 완전해질 것이다.

ㄴ) 묵상 시간이 가까워지면서 해야 할 준비는 다음 세 가지 중요한 행위를 포함한다.

① 전날 밤에 미리 묵상 주제를 읽는다.
② 아침에 일어나면서 묵상 주제를 생각하고, 그 묵상 주제와 알맞은 감정들을 마음에 불러 일으킨다.
③ 열정과 신뢰와 겸손, 그리고 하느님께 영광을 드리려는 열망과 영적으로 진보하려는 마음으로 묵상기도를 시작한다. 이렇게 함으로써 영혼은 하느님과 대화하기 위해 모든 준비를 갖추게 된다.

ㄷ) 끝으로 묵상기도의 시작과 동시에 해야 할 준비는, 어느 곳에나 계시고 특히 우리 마음 안에 계시는 하느님 현존 안에

머무는 것이다. 그리고 자신의 무능함과 스스로는 묵상기도를 할 수 없음을 깨달으면서, 우리의 부족함을 채우기 위해 성령께 도움을 간청해야 한다.

690 (2) 묵상기도를 위한 책에 명시된 방법들을 보면 다소간의 차이는 있지만, 근본적으로는 같은 행위를 포함하는 방법들이다.

ㄱ) 즉 당연히 받으셔야 하는 경신(敬神)의 의무를 하느님께 드리는 행위이다.

ㄴ) 은총에 협력하기 위해 필요한 노력과 의지를 다하고, 실천적인 은총을 얻기 위해 열정으로 기도하는 것이다. 그리고 우리가 얻으려는 덕(德)의 중요한 유익성과 필요성을 획득하기 위한 고찰(considérations)들이다.

ㄷ) 아직 묵상기도에서 걸어야 할 남은 길과, 이 시점에서 자신의 결점들을 확인하기 위해 스스로 되돌아 보아야 할 성찰들이다.

ㄹ) 이 묵상기도를 위해 필요한 방법들을 찾아야 할 은총과, 덕에 진보해야 할 은총을 얻기 위한 청원과 기도들이다.

ㅁ) 끝으로 우리가 묵상한 덕목(德目)과 그 날의 실천을 결심하는 각오들이다.

691 (3) 묵상기도의 결론은 다음 여러 가지를 동시에 포함한다.

① 받은 은총에 대한 감사기도.

② 다음날, 보다 완전한 묵상을 위해 자신이 실천하였던 묵상 방법에 대한 점검.

③ 하늘에 계신 아버지의 축복을 구하기 위한 끝기도.

④ 묵상기도에서 얻은 주된 생각을 하루 동안 되새길 영적 꽃

다발, 또 마음에 와 닿았던 금언 또는 어떤 생각의 선택 등이다.

이와 같은 주요한 묵상 방법들은 바로 성 이냐시오와 성 슐피스의 두 가지 묵상 방법으로 귀결된다.

Ⅱ. 성 이냐시오의 묵상기도 방법[65]

692 성 이냐시오는 「영성수련」이라는 책에서, 묵상기도에서 얻을 수 있는 결과들과, 묵상해야 할 주제에 따르는 여러 단계를 차례로 소개하고 있다. 일반적으로 묵상기도의 초보자들에게 가장 알맞는 방법은 기억(mémoire) · 이해(entendement) · 의지(volonté)의 주요한 요소를 훈련하는 것이기 때문에 이것을 세 가지 주요한 능력(能力)이라고 말한다. 이와 같은 묵상 방법은 죄에 대하여 묵상하는 첫째 주간에 제시되어 있다.

693 (1) 묵상기도의 시작

우리의 모든 의지와 행위가 오직 존엄하신 하느님만을 찬미하고 그분을 위해 봉사할 수 있도록 하느님께 간청하는 준비기도로써 묵상을 시작한다. 이러한 의향(意向)과 실천은 묵상기도에 매우 탁월한 지침이 된다.

그러기 위해 다음 두 가지를 준비해야 한다.

ㄱ) 첫째는 묵상기도의 분심에서 쉽게 이탈하고 묵상의 주제에 따르는 정신과 상상을 고정시킬 수 있어야 한다.

① 마치 신비스러운 예수님처럼, 만일 그 대상(對象)이 감동적

---

65) 「영성수련 첫째주 제1수련」 Jennesseaux 역; cfr. P. Roothaan, 「수련에 따른 묵상방법」.

이라면, 그 신비가 오래 전에 있었던 일이 아니라 그 일의 증인으로 참여한 것처럼 가능한 한 생생하게 상상해 본다. 이 때 영혼은 본성적(本性的)으로 그 묵상의 주제를 더 분명히 이해하게 될 것이다.

② 그리고 만일 죄(罪)처럼 보이지 않는 대상이라면, "이성을 빼앗긴 동물들과 더불어 눈물의 골짜기에 있는 내 영혼과 육체, 다시 말해 내 영혼이 죽을 육체에 갇혀 있는 상상의 눈으로 그 대상을 바라볼 것이다." 이를 통해 영혼은 여러 죄의 결과에서 나타나는 끔찍함을 미리 생각할 수 있을 것이다.

ㄴ) 두 번째 묵상기도의 준비는, 예를 들어 자신의 죄에 대한 혼란과 부끄러움 같은 것들을 느끼도록 하느님께 간청하는 것이다.

이와 같이 묵상기도의 실천적인 목적에 대한 결심은 시작부터 분명해야 한다. 즉 모든 일에 그 목적은 바르게 숙고(熟考)되어야 한다는 것이다(in omnibus respice finem).

694 (2) 성 이냐시오는 영혼의 세 가지 능력(기억 · 이해 · 의지)을 묵상기도에 사용하라고 권고한다. 원칙적으로는 한 능력이 묵상기도를 위해 충분한 주제를 제공하지 못할 때 단계적으로 다른 능력을 사용해야 한다는 것이다. 그러나 지시된 모든 주제를 각 묵상기도에 적용시킬 필요는 없다. 그 대신 주제를 통해 떠오르는 느낌과 감정 안에 머무르는 것은 좋다.

ㄱ) **기억력**(mémoire)에 대한 수련(修鍊)은 세부적인 것이 아닌, 전체 안에서 묵상해야 한다는 것이다.

그래서 성 이냐시오는, "천사들의 타락에 관한 기억력의 수련

제 I 부 초보자들의 기도 87

은, 천사들이 어떻게 무죄상태로 창조되었는지, 그리고 어찌하여 창조주이신 주님께 드려야 하는 천사들의 의무인 경외와 순명에 자신들의 자유를 거부했는지, 또 어떻게 교만함이 천사들의 정신을 사로잡아, 그들이 은총의 지위에서 죄인의 상태로 변하여 천상에서 지옥으로 떨어졌는지를 기억하는 데 있다."고 말한다.

ㄴ) 이해력(entendement)에 대한 수련은 같은 주제에 대하여 좀더 상세하게 숙고하도록 한다. 그러나 성 이냐시오는 더 이상 묵상기도의 능력에 대해서는 전개하지 않는다. 하지만 로탄 신부(P. Roothaan)가 말하는 이해력에 대한 수련은, 기억이 제공한 진리를 숙고하고, 그 필요성을 영혼에게 적용시키고, 거기에서 실천적인 결론을 이끌어 내며, 그 결심의 동기를 검토하게 한다는 것이다.

그리고 이 수련은 지금까지 우리가 묵상한 진리에 대하여 어떻게 순응하였는지, 앞으로 어떻게 진리를 실천할 것인지를 생각하는 것이라고 설명하면서 이 능력을 보충해야 한다는 것이다.

ㄷ) 의지력(volonté)에 대한 수련은 다음 두 가지 의무를 이행하게 한다. 먼저 경건한 정감(情感)을 일으키게 하고 다음에는 좋은 결심을 갖게 한다.

① 물론 이 정감(affections)은 묵상기도 동안에 지속적이어야 한다. 이 정감은 자주 일어나야 하는데, 그 이유는 바로 정감은 묵상을 진정한 기도로 만들어 주기 때문이다. 특히 묵상기도의 마지막 때 이 정감을 증가시켜야 한다. 그리고 묵상기도에서 일어나는 정감을 설명할 방법 때문에 미리 걱정할 필요는 없다.

왜냐하면 가장 단순한 방법이 가장 좋은 방법이기 때문이다. 묵상기도에서 좋은 감성(感性, sentiment)이 일어날 때, 우리의 신심(信心)이 만족하게 될 때까지 가능한 한 이 정감을 오랫동안 간직하는 것이 좋다.

② 그 다음 묵상기도에서 오는 결심들은 우리의 삶에서 완성시킬 수 있는 실천적인 것들이어야 한다. 그러기에 이 기도의 결심은 개인에게 알맞아야 하고, 그 날 실천할 수 있으면 더욱 좋다. 그리고 이 묵상기도의 결심은 확고한 동기 위에 세워진 겸손과, 그 결심을 실천에 옮길 수 있는 은총을 얻기 위해 기도를 동반하게 된다.

695 (3) 이제 우리는 성 이냐시오의 묵상기도에서 말한 세 가지 능력들(기억 · 이해 · 의지)을 바르게 인식해야 할 결론에 이르렀다. 이 결론은 이미 우리가 묵상기도에서 평가한 여러 결심들의 요점(récapitulation)을 반복한 것이다.

즉 묵상기도는 우리 아버지이신 하느님, 우리 주 예수님, 성모 마리아 또는 성인들과의 경건한 대화이다. 끝으로 우리는 묵상기도의 불완전함을 확인하고 개선하기 위해, 묵상기도의 방법에 관한 성찰(省察)을 검토해야 한다.

먼저 우리는 묵상기도 방법에 대한 이해를 돕기 위해 준비와 실천 및 결론에 관한 일람표를 다음과 같이 제시한다.

[I] 준 비

(1) 묵상해야 할 주제에 대한 진리를 빠르게 되새긴다.
(2) 상상(想像)을 통한 묵상 주제의 장소를 설정한다.
(3) 주제에 알맞은 특별한 은총을 구한다.

[II] 실 천

  (1) 기 억

    묵상기도의 중요한 상황(狀況)을 알 수 있도록 대체로 그 주제를 일깨워 준다.

  (2) 이 해

    (가) 묵상 주제에서 고려해야 할 점은?

    (나) 어떤 실천적인 결론을 이끌어내야 하는가?

    (다) 이 기도 결론의 동기는 무엇인가?

    (라) 결심한 것을 어떻게 지킬 것인가?

    (마) 잘 준수하기 위해 무엇을 해야 하나?

    (바) 어떤 장애물들을 멀리해야 하나?

    (사) 이해를 위해 어떤 방법을 사용해야 하나?

  (3) 의 지

    (가) 묵상하는 동안 특히 마지막에 일어나는 정감을 느낀다.

    (나) 묵상하는 핵심마다 끝에 정해지는 결심을 신뢰하며 겸손하게 개인적으로 실천해야 한다.

[III] 결 론

  (1) 대 화

    하느님, 예수 그리스도, 성모님, 성인들과 함께 기도한다.

  (2) 점 검

    (가) 나는 묵상기도를 어떻게 했나?

    (나) 어떤 점에서 묵상을 잘하고 못했는가?

    (다) 묵상을 통한 실천에서 어떤 결과를 얻었으며, 어떤

청원을 드렸고, 어떤 결심을 내리고 또 어떤 빛을 받았는가?

(라) 끝으로 영적 꽃다발을 위해 생각을 가다듬는다.

696 성 이냐시오 묵상방법의 유익성

이미 우리가 보았듯이 위와 같은 기도 방법은 매우 심리적(psychologique)이며 또 실천적(pratique)이다.

ㄱ) 성 이냐시오 묵상기도 방법은 모든 능력들(facultés, 기억·이해·의지)을 사용하는데, 거기에는 상상도 포함된다. 그래서 묵상기도의 주제에 이 능력들을 점차적으로 적용시킴으로써 주제에 대한 확신을 얻게 한다. 특히 그 날 실천해야 할 결론을 묵상 주제에서 이끌어내기 위해, 우리 안에서 그 주제를 모든 각도로 검토하게 하고, 같은 진리를 여러 모양으로 고찰하게 하는 다양한 시각을 갖게 한다.

ㄴ) 그리고 이 묵상기도에서 실천해야 할 결론을 오랫동안 숙고한 후, 분별 있게 결정한 의지의 역할을 강조하게 된다. 그래서 오히려 이 묵상기도 방법은 은총의 역할을 무시하지 않는다. 이와 같은 은총은 묵상기도 초기부터 하느님께 간곡히 청원하면서 진정한 대화로 되돌아가게 한다.

ㄷ) 위와 같은 성 이냐시오 묵상기도 방법은 특히 초보자에게 매우 알맞다. 왜냐하면 이 방법은 준비부터 결론에 이르기까지 어떻게 기도해야 하는가를 아주 세세한 부분에 이르기까지 명확히 밝혀 준다. 그리고 우리의 능력들(기억력·이해력·의지력)은 길을 잃지 않도록 묵상기도의 길잡이가 된다.

또한 이냐시오 묵상방법은 교의(dogme)에 대한 심오한 지식을 전제로 하지 않는다. 다만 교리시간에 배운 지식만으로도 충분히 묵상기도를 실천할 수 있기 때문에 평신도에게도 적합한 방법이다.

ㄹ) 그리고 이러한 묵상방법이 단순할수록 진보한 영혼에게는 더욱 좋다. 만일 이 묵상기도 방법이 로탄(P. Roothaan) 신부가 덧붙인 세부사항으로 들어가지 않고, 성 이냐시오에 의해 묘사된 개요(概要)만으로도 충분하다면, 은총이 주는 영감(靈感)에 많은 부분을 할애(割愛)하는 정감(情感, affective)적인 묵상기도로 쉽게 변화될 수 있다. 여기서 중요한 점은 묵상기도에 경험이 있는 영적 지도자의 현명한 지도 아래 위의 묵상방법을 지혜롭게 적용할 줄 알아야 한다는 사실이다.

ㅁ) 가끔 성 이냐시오의 묵상방법은 우리 주 예수 그리스도께 충분한 자리를 마련해 드리지 않았다고 거부당하기도 했다. 그러나 이 거부감은 세 가지 능력들(기억·이해·의지)을 통한 묵상방법이라는 면에서 볼 때는 부수적인 문제일 뿐이다. 오히려 성 이냐시오에 의해 주장된 세 가지 능력을 통한 묵상기도 방법은, 특히 신비적 관상과 감각(sens)의 적용에서, 주님 자신이 묵상기도의 주요 대상이 되신다는 것이다.[66]

그러므로 묵상기도에서 신비적 관상이나 감각의 적용 모두를 사용하는 것에 대하여 초보자들을 방해하는 것은 아무것도 없다. 그러므로 성 이냐시오적 묵상방법을 끝까지 따르는 데 대한 이의(異議)는 없을 것이다.

---

66) 이 점에 대해서는 「빛의 길」에서 자세히 설명하겠다.

Ⅲ. 성 슐피스의 묵상기도 방법[67]

697 (가) 성 슐피스 묵상기도 방법의 근원

이 묵상기도는 다른 여러 기도방법이 실천된 이후에 세부적으로 영감(靈感)을 받은 기도방법이다. 그리고 이 슐피스 묵상방법의 근본적인 개념과 주요한 노선은 배륄(Bérulle) 추기경과 꽁드랑(Condren) 신부, 올리에(Olier) 신부에게서 오며, 여기에 트롱송(Tronson) 신부의 세부적인 내용이 보충되었다.

ㄱ) 성 슐피스 묵상방법의 근본적인 개념은, 예수 그리스도의 덕성(德性)을 우리 자신 안에서 재현하는 것이다. 그리고 이 개념은 우리의 신성한 의무를 하느님께 드리기 위하여 육화(肉化)되신 말씀을 받아들이고 그 말씀과 일치하는 것이다.

ㄴ) 여기에 중요한 세 가지 실천 행위는 다음과 같다.

① 예수님께 대한 경배(adoration)를 통하여

우리가 실천해야 할 성덕(聖德)의 모범으로써 예수 그리스도의 덕성(德性)을 실천하는 것이다. 하느님의 완전한 덕과 그 속성(屬性)을 바라보게 한 다음, 예수 그리스도를 통해 하느님께 신성한 의무(경배 · 흠숭 · 찬양 · 감사 · 사랑 · 기쁨 · 연민의 정)를 바치는 것이다. 이와 같은 의무들은 우리의 존경을 은총의 창조주께 드린 후 하느님께서 그것을 호의적으로 받아 주시도록 하는 데 도움이 된다.

② 예수님과 일치(communion)를 통하여

성부와 예수님 안에서 찬미하고 흠숭(欽崇)을 드렸던 완덕 또

---
67) G. Letourneau,「성 슐피스 신학교의 묵상방법」Paris, 1903, en partic. l' Appendice, p. 321-332.

제 I 부 초보자들의 기도 93

는 그 덕성을 묵상기도를 통하여 우리가 얻게 된다.

③ 끝으로 슐피스 묵상기도는 은총의 작용에 협력(coopération)하면서 하루 동안 노력해야 할 덕의 실천을 한가지씩 결심하게 한다.

이와 같은 묵상기도의 방법들은 배륄(Bérulle), 꽁드랑(Condren) 그리고 올리에(Olier)에게서 찾을 수 있는 기도의 큰 노선(路線)들이다.

698 (나) 트롱송(Tronson)의 묵상기도 방법에 대한 보충

위에서 말한 묵상기도 방법이 완덕에 이른 진보자들에게는 충분할 수 있지만, 초보자들에게는 불충분하였다. 그래서 트롱송(Tronson)은 성 슐피스의 묵상기도 초기 방법의 중요한 요소들과 정신은 그대로 간직하면서, 두 번째 방법인 예수님과의 일치(一致)가 초보자들에게 꼭 필요한 반성과 성찰임을 덧붙였다. 즉 영혼은 자신의 덕이 부족함을 느끼고, 또 덕의 필요성과 중요함을 확신할 때, 더욱 뜨거운 열의와 겸손과 끈기로 덕을 실천할 수 있게 된다.

그러므로 완덕으로 나아가는 초보자에게 중요한 요소로서 묵상기도를 강조하는 것은 매우 중요하다. 우리의 결심이 자신의 의지보다는 은총의 결과이지만, 한편으로 은총은 우리의 협력 없이는 아무것도 하지 않으므로, 온종일 우리는 묵상한 덕을 재현(再現)하기 위해 노력해야 한다. 그리고 예수 그리스도께 협력해야 함을 되새기기 위하여, 세 번째 중요한 행위를 협력(協力)이라 부른다.

699 (다) 성 슐피스 묵상방법의 요약

다음 일람표는 성 슐피스 묵상방법에 대한 이해를 도와 줄 것이다.

그리고 묵상기도 방법의 준비에 대한 공통점은 이미 제689항에서 제시한 것과 같다.

[I] 준 비

(1) 미리 준비
　(가) 묵상 전날 저녁, 그 다음 날 아침 주제를 선택하고, 주님 안에서 생각해야 할 확실한 방법을 결정한다. 즉 해야 할 고찰과 청원을 결심한다.
　(나) 그 다음 마음의 평정 안에서 묵상기도의 주제를 생각하면서 잠자리에 든다.
　(다) 아침에 일어나자마자, 첫 시간을 묵상의 거룩한 수련에 바친다.

(2) 시작 준비
　(가) 어디에나 현존하시고 특히 우리 마음 안에 계시는 하느님께 투신한다.
　(나) 자신의 죄를 기억하며 하느님 앞에 겸손해야 한다. 그리고 통회와 고백의 기도를 한다.
　(다) 또 스스로 기도할 수 없는 것을 인정한다. 그래서 성령께 기도를 드리며 '오소서, 성령이여!'를 암송(暗誦)한다.

[II] 묵상 본문

(1) 경　배 : 예수님을 눈 앞에 모신다.

(가) 묵상할 주제로서 성부, 예수님 또는 성인을 바라본다. 생각과 말과 행위로써—.
(나) 하느님께 우리의 신성한 의무를 드린다. 흠숭·감사의 기도·사랑·기쁨·동정심.
(2) 일　치 : 예수님을 마음 안에 모신다.
(가) 주제의 단순한 분석과 추리(推理), 믿음을 통하여 고찰된 덕목의 유용성과 필요성을 확신한다.
(나) 미래를 향한 열망으로, 현재와 과거에 대한 통회의 감정으로 자신을 성찰한다.
(다) 묵상하고 있는 덕을 하느님께 간청한다(특히 이 청원기도로 우리는 예수님의 덕성에 참여하게 된다). 또 기도해야 할 모든 사람들과 교회를 위해 필요한 것을 청원한다.
(3) 협　력 : 예수님을 손 안의 도구로 모신다.
(가) 겸손하고 효율적이며, 현실적이고 개별적인 결심을 한다.
(나) 특별성찰의 결과를 새롭게 한다.

[Ⅲ] 결　론

(1) 묵상기도에 많은 은총을 주신 하느님께 감사한다.
(2) 이 거룩한 시간 동안 태만과 잘못에 대해 하느님께 용서를 청한다.
(3) 우리의 삶과 죽음, 그 날 하루와 결심을 축복해 주시길 기도한다.

(4) 영적 꽃다발을 만든다. 그리고 결심을 되새기며 하루를 기억하기 위하여 감동을 주었던 주제 하나를 선택한다.

(5) 모든 것을 성모님께 맡긴다. 당신의 보호아래(Sub tuum praesidium).

700 (라) 성 술피스 묵상방법의 특징

ㄱ) 슐피스 묵상방법은 그리스도의 성덕과 내적 마음가짐을 우리 안에 재현(再現)시킬 의무와, 그리스도와의 합체(incorporation)라는(제142항-제149항) 교의(敎義)에 그 기초를 두고 있다.

이 묵상기도에서 성공하기 위해 올리에(Olier) 신부의 표현에 따르면, 하느님께 우리의 신성한 의무(경배, adoration)를 다하고 그분께 진심으로 찬미를 드려야 한다는 것이다.

그러기 위하여, 예수님을 눈 앞에 모시고, 기도를 통해(일치, communion) 그분의 성덕과 의향(意向)을 우리 안에 이끌어들인다. 그리고 그리스도를 마음 속에 모시고 그분의 덕성들을 모방(협력, coopération)하기 위해 그리스도의 도구(道具)로 참여해야 한다. 예수님과의 내적 일치는 슐피스 묵상방법의 중심이다.

ㄴ) 슐피스 묵상방법은 청원의 의무보다 경신(敬神)의 의무(하느님께 대한 사랑과 공경)를 앞서게 한다. 이 말은 무엇보다 먼저 하느님을 첫째로 공경해야 한다는 것이다. 그리고 이 묵상방법이 제시하는 하느님은, 철학자들이 말하는 추상적(抽象的, abstrait)인 하느님이 아니라, 성서 안에 실제로 살아 계시는 하느님이시다. 즉 우리 안에 현존(現存)하시는 성 삼위(聖三位)이시다.

ㄷ) 우리의 성화(聖化)에 인간적 의지와 은총의 필요성을 강조하면서, 슐피스 묵상방법은 은총에 중심을 둔 기도를 강조하고

있다. 그러나 한편으로는, 저녁에 갖는 양심성찰을 통하여 자주 새롭게 되고, 생활 속에서 신자 개인의 결심과 그것을 지키려는 꾸준하고 힘찬 의지를 요구한다.

701 ㄹ) 슐피스 묵상방법은 성찰에 근거를 둔 정감적(情感的)인 방법이다. 이 방법의 첫 번째 성찰은 경신(敬神)에 대한 정감으로 시작한다. 정감적인 두 번째 성찰의 목적은, 우리가 묵상하는 초자연적 진리에 대한 믿음과, 신적 자비에 대한 희망과, 무한한 선(善)에 대한 사랑이 마음속에 우러나오게 하는 것이다. 우리가 자신의 과거를 뉘우치고 반성한다면, 현재를 부끄럽게 여기고 미래를 위한 확고한 결심이 있어야 한다.

이와 같은 묵상방법은 항구하고 신뢰심이 있으며 겸손하게 청원기도를 준비하는 데 그 목적이 있다.

그리고 온 교회와 특별한 몇몇 영혼들을 위해 청원기도를 하게 한다. 그러나 이러한 결심은 자신에 대한 불신(不信)과 예수 그리스도께 대한 신뢰의 결심이 완성되도록 기도하는 데 있다.

끝으로 슐피스 묵상방법의 결론은 감사와 겸손과 새로운 묵상기도를 확인시켜 준다. 이처럼 슐피스 묵상기도는 성찰이나 또는 추리(推理, raisonnements)에 너무 철학적인 경향을 주는 것을 피하고, 단순한 기도와 평범한 정감적 기도의 길을 준비하게 한다.

슐피스 묵상기도에서는 우리의 신성한 의무들(경배 · 흠숭 · 찬양 등)을 순서대로 항상 설명할 필요는 없다. 다만 "성령의 이끄심이 있는 느낌을 자주 묵상하고, 하느님께서 주시는 정감에 자신을 내맡기는 것이 좋다."는 것을 지적하고 있다.

물론 초보자들은 일반적으로 많은 묵상시간을 정감을 느끼기

보다는 추리(推理)에 더 할애하고 있다.

그러나 슐피스 묵상방법은 정감이 기도에 더 좋다는 점을 끊임없이 되새겨 줌으로써, 초보자들은 서서히 좀더 많은 시간을 정감에 쏟게 될 것이다.

ㅁ) 성 슐피스 묵상방법은 특히 사제들과 신학생들에게 적용되어야 한다. 이 묵상방법은 사제의 특성과 권위(權威)를 통하여 자신이 또 다른 그리스도임을 끊임없이 기억하게 한다. 그리고 사제들로 하여금 덕행과 성향에서도 또 다른 그리스도가 되어야 함을 일깨워 준다.

또 사제들의 완덕은 그들 안에서 예수님을 생활화(生活化)하고 성화를 이루는 덕을 실천하도록 되새겨 준다. "그분은 내적으로 우리의 마음 속에 깊이 스며들어야 한다"(ita ut interiora ejus intima cordis nostri penetrent).

702 위에서 말한 두 가지 묵상방법(성 이냐시오와 성 슐피스)은 많은 그리스도인들에게 묵상기도의 특별한 지침(指針)을 가져다 주었으며, 개인의 묵상방법으로도 매우 훌륭한 것이다. 그리고 이 두 가지 묵상방법의 유형(類型)과 비슷한 다른 묵상방법도 훌륭한 것이 많이 있다.[68]

이처럼 여러 형태의 묵상기도 방법이 있는 것은 각 영혼이 영적 지도자의 조언과 자신의 초자연적인 이끌림에 따라, 각자에게 가장 알맞은 묵상방법을 선택할 수 있기 때문에 좋다.

---

68) 성 프란치스꼬 살레시오의 묵상방법을 특별히 소개한다. 신심생활 둘째편, 제2-7장; 가르멜의 Jésus-Marie 신부의 수련자들의 입문서 제3편, 2장; 개혁 시토 수도회, *Directoire spirituel* de Dom Lehodey, 1910, sect, V, 4장; 도미니꼬회, P. Cormier 의 수련자들의 입문서.

그러므로 우리는 뿔렝(Poulain)[69] 신부가 주장한 묵상기도의 방법에서 수사학(修辭學, rhétorique)적이고 논리적(logique)인 수많은 규범들 역시 위의 두 묵상방법들과 같은 것이라고 덧붙일 수 있다. 그러므로 초보자들은 뿔렝 신부의 묵상방법을 따르지 않아도 좋다. 이미 중요한 기본 요소들과 정신에 대한 묵상방법이 결정되었을 때, 우리는 더 이상 다른 묵상방법을 따르지 말고, 영혼은 끊임없이 활동적인 성령의 움직임에 더욱 주의를 기울이도록 해야 한다.

결　론 : 영혼의 정화를 위한 묵상기도의 효과

703 지금까지 말해 왔던 것처럼 묵상기도가 우리에게 얼마나 유익하며, 또 영혼의 정화에 묵상기도가 얼마나 필요한가를 결론짓기는 쉽다.

ㄱ) 우리는 경배(敬拜)의 기도를 통하여 하느님께 의무를 다하고, 그분의 무한하신 자비·선성·정의·거룩하심과 영원히 완전하심을 찬미하고 흠숭(欽崇, admire)해야 한다. 그 때 하느님은 우리를 용서하시기 위해 사랑으로 오시며, 당신을 배반한 죄에 대한 깊은 혐오감을 느끼게 하시고, 앞으로 지을 죄로부터 우리를 보호해 주신다.

ㄴ) 우리는 묵상기도를 통해서 신적 빛과 자신의 반성에 따른 감화로, 죄의 교활함이 가져다 주는 무서운 결과에 깊은 확신을 가지고 죄를 피하며 속죄할 방법을 갖도록 노력해야 한다. 이

---

69) *Etudes*, 20 mars 1898, p.782, note 2.

때 우리의 영혼은 죄에 대한 미움과 모욕이 교차되는 창피한 감정에 쌓이게 되고, 그래서 죄를 피하고 하느님을 사랑하려는 좋은 결심을 갖게 된다.

이로 인하여 과거의 죄는 예수님의 피와 우리 회개의 눈물을 통하여 점차적으로 소멸되어 버린다. 그리고 우리의 의지는 포기(抛棄, renoncement)와 회개(pénitence)의 실천을 용감히 포용(包容)하게 되고, 작은 타협도 거부하게 된다.

ㄷ) 예수님의 공로에 의지하고 있는 청원기도는, 영혼의 정화를 성취시켜 주고, 장래의 유혹으로부터 우리를 강하게 한다. 또 우리에게 좋은 결과를 가져다 주는 청원기도는 특히 회개와 고행의 덕행을 견고하게 하는 사랑·신뢰·회개와 겸손의 풍성한 은총을 우리에게 얻어 준다.

704 영적 지도자들을 위한 권고

영적 진보를 원하는 모든 영혼에게는 무엇보다 먼저 묵상기도를 권장해야 한다. 영적 지도자는 묵상기도를 가능한 한 일찍 실천하도록 가르쳐야 한다. 그리고 묵상기도에서 영혼들이 겪는 어려움을 이해하게 하고, 그 어려움을 넘어서도록 도와 준다. 또 완덕으로 나아가는 초보자들에게 묵상기도의 방법을 어떻게 하면 완성시킬 수 있는가를 가르쳐 주어야 한다.

특히 묵상기도를 하는 영혼들의 결점을 고쳐 주기 위해 어떻게 묵상해야 할 것인가를 일깨워 주어야 한다. 그리고 묵상기도에 반대되는 덕을 실천하면서, 회개와 함께 그 영혼들을 변화시킬 묵상기도의 정신을 조금씩 이해하도록 해야 한다.

제II부

회

개

회개의 개념과 필요성[70]

먼저 간단하게 회개(pénitence)의 개념과 필요성을 소개한 뒤,
1) 죄를 피하고 미워해야 할 이유와
2) 죄를 회개해야 할 이유와 방법을 제시한다.

705 기도 다음으로 회개(悔改)는 이미 지은 죄에 대하여 그 영혼을 정화시켜 주고, 또 앞으로 지을 죄를 보호해 주는 가장 효과적인 방법이다.

(1) 예수님은 공생활(公生活)을 시작하시면서, 세례자 요한을 시켜 회개의 필요성을 역설하게 하셨다. "회개하여라. 하늘나라가 다가왔다"(paenitentiam agite, appropinquavit enim regnum caelorum).[71] 그리고 예수님 자신도 죄인들을 회개시키기 위해 왔다고 말씀하셨다. "나는 의인을 불러 회개시키려 온 것이 아니라, 죄인들을 불러 회개시키려 왔다"(Non veni vocare justos, sed peccatores ad paenitentiam).[72]

---

70) 성 토마스. III. q. 85; Suarez, *De paenitentiâ*, disp. I et VII; Billuart, *De poenit.*, disp. II; AD. Tanquerey, *Synopsis Theol. mor.*, t. I, n. 3-14; Boussuet, *Sermon sur la nécessité de la pénitence*, dition Lebarcq, 1897. t. IV. 596. t. V. 419; Bourdaloue, *Carême, pour le Lundi de la deuxième Semaine*; Newman, *disc. to mixed congregations*, Naglect of divine alls; Faber, *Progrès*, ch. XIX.
71) 마태 3, 2.
72) 루가 5, 32.

이 회개는 우리에게 매우 필요한 덕으로, 회개하지 않으면 모두 멸망할 것이다. "너희도 만일 회개하지 않으면 모두 그렇게 망할 것이다"(si paenitentiam non egeritis, omnes similiter peribitis).[73]

그래서 사도들은 이와 같은 교의(敎義)를 잘 이해하고, 첫 설교 때부터 세례(洗禮)의 준비조건으로 회개의 필요성을 강조한다. "회개하시오. 그리고 여러분은 한 사람도 빠짐없이 세례를 받으시오"(Paenitentiam agite, et baptizetur unusquisque vestrum).[74]

결국 회개는 죄인에게 지극히 마땅한 행동이다. 하느님을 거역하고 그분의 권위를 손상시켰으므로 죄인은 마땅히 속죄해야 하는 것이다. 그런데 이 속죄(贖罪)는 회개를 통해서만 가능하다.

706 (2) 회개의 정의(定義)

회개는 초자연적인 덕으로서, 그리스도인이 하느님께 지은 죄를 미워하게 하는 정의와 관계된다. 그래서 회개는 앞으로 죄를 피할 굳은 결심을 하고 속죄하는 것을 말한다.

회개는 다음 네 가지 중요한 행위들을 포함하며, 죄의 근원과 맥락을 보다 쉽게 관찰하게 한다.

① 먼저 우리는 믿음과 이성(理性)의 빛을 통하여 죄가 바로 악(惡)이며, 모든 악 가운데 유일한 악임을 깨달을 수 있다. 왜냐하면 죄는 우리로 하여금 하느님을 반대하게 하고 가장 가치로운 선(善)을 빼앗아 가기 때문이다. 그러기에 우리는 이 죄

---

73) 루가 13, 5.
74) 사도 2, 38.

악을 온 마음으로 미워해야 한다(iniquitatem odio habui).

② 한편으로 악은 우리가 지은 죄로 인해 우리 안에 존재한다. 악은 죄를 용서받았을 때도 영혼 안에 그 흔적이 남아 있다. 그리하여 악은 우리에게 생생한 아픔을 간직하게 함으로써, 우리 영혼이 죄의 가책(呵責)을 느끼고 진정한 통회와 심한 굴욕감을 갖게 한다.

③ 그러므로 우리는 가증(可憎)스러운 악을 피하기 위해서 죄(罪)를 지을 기회를 조심스럽게 피하고, 위험한 쾌락의 이끌림에 대항하여 자기 의지를 강화해야 한다. 그리고 죄를 피할 굳은 결심과 함께 선(善)을 실천하도록 해야 한다.

④ 끝으로 죄의 불의(不義)함을 깨달으면서, 마음으로부터의 진정한 회개와 죄 값을 치를 것을 결심해야 한다.

제1장 죄를 피하고 미워해야 할 이유[75]

먼저 죄의 동기(動機)를 설명하기에 앞서[76] 대죄(大罪)와 소죄(小罪)에 대하여 설명하겠다.

707 죄의 개념과 종류

죄는 하느님의 계명(誡命)을 의식적(意識的)으로 어긴(transgression) 결과이다. 이러한 행위는 하느님께 대한 불순종(不順從, désobéissance)이며, 이로 인하여 죄는 하느님을 모독(冒瀆)하게 된다. 죄는 하느님의 뜻보다 자신의 뜻을 더 좋아함으로써, 복종(服從, soumission)해야 할 불변(不變)의 계명을 유린(蹂躪)하는 행위가 되기 때문이다.

708 ㄱ) 대 죄

하늘나라를 얻는 데 필요한 계명을, 우리의 부주의로 어겼을 때, 그 죄는 대죄가 된다. 대죄는 초자연적 생명을 이루는 생명의 은총(grâce habituelle)을 영혼으로부터 빼앗아 가기 때문이다 (제105항).

이러한 이유로 성 토마스는 대죄를 다음과 같이 정의한다. 즉

---

75) 성 토마스 1부 1편 71-73문; 85-89문.
76) 이 동기를 조금 길게 설명했다. 왜냐하면 독자들이 죄에 대한 생생한 충격을 한번 갖게 되면, 죄에 대해 묵상하게 되고, 안정되게 진보할 수 있기 때문이다.

대죄는 창조된 어떤 재물(財物)에 무질서와 방종(放縱)을 통해 집착함으로써, 하느님과 일치하는 생명의 은총을 잃어 버리게 하여, 우리로 하여금 하느님께 등을 돌리게 하는 것이다.

709 ㄴ) 소 죄

우리가 어긴 계명이 구원을 얻기 위해 꼭 필요하지 않거나 가벼웠을 때 소죄가 된다. 즉 계명 그 자체는 엄(嚴)하더라도, 우리의 부주의함과 완전한 동의없이 계명을 위반했다면, 그것은 소죄로서 생명의 은총 상태를 박탈당하지는 않는다. 이 상태에서는, 구원에 이르고 신적 친교를 보존하기 위해 하느님의 뜻을 실천하려 하기 때문에, 영혼의 깊은 곳에서는 하느님과 일치하기 때문이다. 나중에 다시 지적하겠지만, 그럼에도 불구하고 소죄는 하느님께 불경(不敬)을 드리고 그분의 계명을 어기는 것이다.

제1절
대 죄[77]

710 먼저 대죄를 올바르게 판단하려면
1) 하느님께서 생각하시는 대죄란 무엇이고,
2) 대죄 그 자체는 무엇이며,
3) 대죄의 불행한 결과들을 생각해야 한다.

만일 묵상기도를 통하여, 위와 같은 관찰(觀察)을 심화(深化)시

---

77) 성 이냐시오의 영성수련, 첫 주간, 첫 수련 그리고 수많은 주석들.

킬 수 있다면, 우리는 대죄에 대한 철저한 혐오감(嫌惡感)을 갖게 될 것이다.

I. 하느님께서 생각하시는 대죄

대죄에 관한 몇 가지 개념을 갖기 위해, 성서에서는 하느님께서 어떻게 대죄를 징벌하시고 판결하시는가를 살펴보자.

711 (1) 대죄를 징벌하시는 방법

(가) **타락한 천사들**

천사들은 내적인 교만의 죄를 범했다. 그 결과, 천사들을 당신의 창조물로서 뿐만 아니라 양자(養子)로 사랑하시던 하느님은, 영원히 그들을 당신에게서 떼어놓았다. 이로써 하느님은 천사들의 모든 행복을 빼앗고 지옥(地獄)에 보내시면서, 그들의 배반을 벌(罰)하셨다.

그러나 하느님께서는 정의로우시므로, 그들이 지은 죄 이상으로는 절대로 징벌하지 않으신다. 하느님은 선하심으로 엄격하심을 자제하실 때도 자비로우시다. 그러나 대죄는 가증(可憎)스러운 것이므로 엄격하게 처벌되어야 한다.

712 (나) **인류의 원조(元祖)**

이미 우리가 제52항-제66항에서 보았듯이, 인류의 원조들은 자연적(自然的, naturels)이고 자연외적(自然外的, prèternaturels)인, 그리고 초자연적(超自然的, surnaturels)인 모든 종류의 행복으로 채워져 있었다. 그러나 원조들 역시 교만과 불순종의 대죄를 짓게 된다. 그리하여 원조들도 은총의 생명(vie de la grâce)과 함께 관대하게 주어졌던 무상(無償)의 은총을 모두 잃어 버리게 되었다. 그리고 지상낙원(地上樂園)에서 쫓겨나면서 거기에 따른 모든 불행을 감내(堪耐)하게 된다(제69항-제75항).

그러나 하느님께서는 인류의 원조를 자식처럼 사랑했으므로, 그들에게 내적 친교(親交)를 허락하신다. 그래서 의롭고 자비로우신 하느님께서는 원조들의 후손에게까지 이처럼 엄하게 벌을 주신 것이다. 그 이유는 인간들에게 대죄는 무서운 악이며, 우리가 아무리 미워해도 부족함이 없음을 일깨워 주기 위함이었다.

713 (다) 외아들 예수님

성부께서는 인간이 영원한 멸망에 빠지도록 버려 두지 않으셨다. 정의와 자비의 정당성을 동시에 조화시키기 위하여, 당신 외아들을 세상에 보내셨다. 그리하여 외아들 예수님으로 하여금 인류의 우두머리가 되게 하시고, 인간들을 대신하여 대죄를 속죄(贖罪)하고 보상(補償)하도록 하셨다. 성부께서는 이 구원사업을 위해 당신 외아들에게 무엇을 요구하셨던가?

성부께서는 외아들이신 예수님께 33년 동안의 고통과 모욕을 참게 하셨고, 예루살렘(Sanhédrin)의 법정과 지방 총독(prétoire)의 법원에 서게 하셨다. 그리고 외아들에게 갈바리아와 올리브동산에서 정신적이고 육체적인 고통의 가시관을 씌우셨다. 만일 우리가 대죄에 대하여 알고 싶다면, 외아들이신 구세주(救世主)의, 구유에서부터 십자가 죽음에 이르기까지 겸손·순명·가난과 노동의 실천적인 숨은 삶을 본받아야 할 것이다.

그리고 사도적(使徒的) 삶에서, 외아들 예수님은 박해와 중상모략(中傷謀略)의 희생자였다. 더 나아가 예수님은 고통의 삶에서 친구들과 원수들로부터 정신적이고 육체적인 고문(拷問)을 받아야 했다. 이런 이유로 예수님은 고통받는 사람으로 불리게 되었다.

그래서 우리는 솔직하게 우리 죄의 결과에 대하여 다음과 같이 말한다. 외아들 예수님은, "우리의 악행(惡行) 때문에 상처입으시고, 우리의 죄 때문에 부서졌습니다"(vulneratus est propter iniquitates nostras, attritus est propter scelera nostra). 이 때 비로소 우리는 대죄가 바로 가장 큰 악이라는 사실을 조금이나마 이해하게 되는 것이다.

714 (2) 하느님께서는 어떻게 대죄를 단죄하시는가?

성서는 우리에게 대죄를 가장 추악(醜惡)하고 가장 범죄적인 것으로 소개한다.

ㄱ) 대죄는 하느님께 대한 불순종(不順從)이며, 그분의 계명을 거스르는 행위이다. 우리는 인류의 원조들을 통해 보았듯이 대죄는 정의(正義)에 따라 엄격하게 징벌된다는 사실이다.[78] 특히 하느님께 속한 이스라엘 백성들은 그분께 대한 불순종을 반항(反抗)과 거역(拒逆)으로 여겼다.[79]

ㄴ) 대죄는 모든 은인(恩人)들 가운데서 가장 각별한 분께 대한 배은망덕이며, 아버지들 가운데서 가장 사랑하시는 아버지께 대한 불효이다. "자식이라 기르고 키웠더니, 도리어 나에게 반항하는구나"(Filios enutrivi et exaltavi; ipsi autem spreverunt me).[80]

---

78) 창세 2, 17; 3, 11-19.
79) 예레 2, 4-8.
80) 이사 1, 2.

ㄷ) 하느님께서는 우리 영혼의 배우자(配偶者)로서 우리에게 변치않는 충실성을 요구하시기에, 대죄는 충실성의 결핍이며 일종의 불륜(不倫)이다. "너는 수많은 정부(情夫)와 놀아났다"(Tu autem fornicata es cum amatoribus multis).[81]

ㄹ) 대죄는 우리에게 부여된 하느님의 계명을 공공연하게 거스르는 행위이므로 의(義)롭지 못한 것이다. "죄를 짓는 자는 누구나 하느님의 법을 어기는 자입니다. 법을 어기는 것이 곧 죄입니다"(Omnis qui facit peccatum et iniquitatem facit, et peccatum est iniquitas).[82]

Ⅱ. 대죄 그 자체는 무엇인가?

대죄는 모든 악의 결과이기 때문에 큰 악이며, 정확히 말해 존재하는 유일한 악이다.

715 (1) 하느님 편에서 볼 때, 대죄는 하느님께 대한 불경죄(不敬罪, lèsemajesté)이다. 대죄는 우리 존재의 첫 근원(根源)이고 최종 목표인 하느님을 거역하는 행위이다.

(가) 하느님께서는 우리 존재의 첫 근원이시고 창조주이시므로, 우리는 하느님께 모든 소유와 존재 그 자체를 그분께 드려야 한다. 그리고 전능한 통치자이신 하느님께 절대적으로 순종해야 한다.

그러나 우리는 대죄를 지음으로써, 하느님의 뜻보다 자기 뜻

---
81) 예레 3, 1.
82) Ⅰ요한 3, 4.

을 더 따르고, 창조주보다 피조물을 더 좋아하는 등, 하느님께 불순종하였다. 거기에 더하여 창조받은 우리는 하느님께 종속되어 있으면서도, 하느님을 거슬러 반항하였다.

ㄱ) 하느님께 대한 우리의 반항이, 무한히 선하시고 지혜로우신 스승에 대해서는 더욱 심하였다. 그러나 하느님은 우리의 행복과 당신 영광에 필요한 것이 있더라도, 우리에게 아무것도 요구하지 않으신다. 그런데 우리 스스로 잘 알고 있듯이 약하고, 깨어지기 쉽고, 잘못을 범하기 쉬운 그만큼 하느님께 대한 우리의 반항은 더욱 심각하였다. 하느님의 계명보다 대죄를 더 좋아하였던 것이다.

ㄴ) 우리는 어릴 때부터 기독교적인 교육을 받으면서, 하느님께 대한 반항이 나쁘다는 것을 알고 있다. 그리고 하느님의 계명과 대죄의 간교함에 대해 구체적이고 분명한 인식을 갖고 있다. 그러기에 자기 자신의 행동에 대해 잘 아는 그만큼 그분께 대한 반항은 더욱 용서할 수 없는 것이다.

ㄷ) 왜 우리는 이렇게 하느님을 배반할까? 우리는 스스로 자기 자신을 야만적인 수준으로 낮추고 있다. 우리를 망하게 하는 천한 쾌락을 위한 어리석은 교만으로, 하느님께만 속하는 그분의 영광을 차지하려 한다. 그 결과 우리는 욕심과 지나가는 하찮은 이득을 위해 영원한 행복을 희생시킨다.

716 (나) 하느님은 우리가 지향하는 궁극 목적이시다. 하느님께서 우리를 창조하신 것은 당신을 위해서였다. 하느님보다 더 큰 분은 없으시기에, 우리는 하느님 밖에서 참된 행복도 완덕도 찾을 수 없다. 하느님으로부터 태어난 우리가, 그분께 되돌아가

는 것은 필연적이고 당연한 사실이다. 우리는 하느님의 피조물(被造物)이며 그분은 우리의 주인이시다. 그러기에 우리는 하느님을 공경하고 찬양하며 그분께 영광을 드려야 한다.[83]

하느님께서 우리를 사랑하시기 때문에, 우리는 온 마음을 다해 그분을 사랑해야 한다. 우리는 하느님을 경배하고 사랑함으로써 완덕에 이르며 진정으로 행복할 수 있다. 하느님은 우리 삶의 전부이시기 때문에, 우리의 모든 생각·소망·행위 등이 하느님께로 향해야 하고, 한다.

그러나 우리는 대죄를 통하여 생긴 세속적인 행복에 만족하기 위해 의식적으로 하느님으로부터 돌아선다. 우리는 피조물을 좋아하고 이기적인 만족을 하느님보다 더 사랑함으로써 그분께 모욕(侮辱)을 드린다. 사실, 우리는 우리가 집착하는 피조물보다 피조물에서 얻는 쾌락에 더 관심이 있기 때문이다. 바로 이런 점에서 쾌락은 명백한 불의(不義)가 된다.

이 피조물은 우리에 대한 하느님의 영원한 권위(權威)와 우리가 마련해 드려야 하는 외적인 영광을 빼앗으려 한다. 이러한 행위는 우리 마음의 성전(聖殿) 안에, 즉 하느님 곁에 우상(偶像)을 세우는 일종의 우상숭배가 된다.

예레미야 예언자의 힘있는 말에 의하면, "나의 백성은 두 가지 잘못을 저질렀다. 생수가 솟는 샘인 나를 버리고 갈라져 새기만 하여, 물이 괴지 않는 웅덩이를 팠다"(Duo enim mala fecit

---

83) 이것은 성 이냐시오가 영성수련 서두에서, 다음의 말을 해설하면서 그의 기초적 묵상 속에서 발전시킨 생각이다.
"Creatus est homo ad hunc finem ut Dominum Deum suum laudet ac revereatur, eique serviens tandem salvus fiat."

populus meus: me dereliquerunt fontem aquae vivae, et foderunt sibi cisternas, cisternas dissipatas, quae continere non valent aquas).[84]

717 (다) 하느님은 아버지 같은 사랑으로(제94항) 우리를 염려해 주시고, 당신의 자녀인 우리를 양자(養子)로 삼으셨다. 값진 보석으로 우리를 채워 주시고, 당신의 생명과 비슷한 생명으로 살도록 초자연적 조직체(組織體)를 우리에게 주셨다. 그리고 우리 안에 초자연적 생명이 커나갈 수 있도록 도움의 은총(grâces actuelles)으로 우리를 채워 주신다.

그러나 우리는 대죄를 통하여 우리 아버지이시고 은인이신 하느님께 등을 돌리고, 더 나아가 우리에게 주신 은사들을 악용한다. 이렇듯 우리는 하느님의 은총마저 남용(濫用)하고, 우리에게 은혜를 가득 채우시는 그 순간에도 하느님을 모독(冒瀆, profanons)하고 있는 것이다. 바로 이런 점에서, 우리는 하느님께 받은 수많은 은혜를 보상(報償)해야 할 책임이 있고, 징벌 받아 마땅한 배은망덕(背恩忘德, ingratitude)을 인정해야 한다.

718 (2) 구원자이신 예수 그리스도 편에서 볼 때, 대죄는 엄격하게 말해 당신을 다시 십자가에 못 박는(déicide) 것과 같다.

ㄱ) 결과적으로 대죄는 구세주(救世主)의 죽음과 고통의 원인이 되었다. "그리스도께서는 여러분을 위해서 고난을 받으심으로써…"(Christus passus est pro nobis…),[85] "…당신의 피로써 우리를 죄에서 해방시켜 주셨다"(…Lavit nos a peccatis nostris in

---

84) 예레 2, 13.
85) 1 베드 2, 21.

sanguine suo).[86]

　위와 같은 사상이 우리 마음에 감명을 주기 위해서는, 개인적으로 구세주의 비통한 수난(受難, Passion)을 다음과 같이 묵상해야 한다.

　'나는 때때로 30데나리온도 안 되는 것을 위해 한번의 입맞춤으로 스승을 배반한 것이 아닌가? 나의 존재는 예수님이 결박당하시고 사형 선고를 받게 된 원인이 되었다. 그리고 그 때 나는 군중과 함께 외치기 위해 그 곳에 있었다. "그 자는 안 됩니다. 바라빠를 놓아주시오…. 십자가에 못박으시오"(Non hunc, sed Barabbam…. Crucifige eum).[87] 나는 군사들과 함께 나의 방종(放縱, immortifications)으로 그분을 채찍질하기 위해, 교만과 쾌락의 내적 죄로 그분께 가시관을 씌우기 위해, 그리고 그분의 어깨 위에 무거운 십자가를 지워 주고 못박기 위해 거기에 있었다.'

　이것에 대하여 올리에(Olier) 신부는[88] 다음과 같이 설명하고 있다. "탐욕은 사랑을, 성냄은 온유함을, 초조함은 인내를, 교만은 겸손함을 못박는다. 이렇게 함으로써 우리는 악습을 통하여 우리 안에 현존하시는 예수 그리스도를 괴롭히고, 교수형에 처하고, 죽여 버린다." 그러기에 우리는 잔인하게 구세주를 십자가에 못박은 대죄를 진정으로 미워해야 한다.

　ㄴ) 현재 예수님은 더 이상 고통을 받지 않으시므로, 우리가 그분께 새로운 고문(拷問)을 할 수는 없다. 그러나 현실적으로

---

86) 묵시 1, 5.
87) 요한 18, 40; 19, 6.
88) 가톨릭 교리서 첫 권 제2과.

우리들의 잘못은 예수님께 계속해서 모욕(侮辱)을 드리고 있는 것이다.

우리는 의식적으로 대죄를 지으면서 예수님의 사랑과 은혜를 무시하고, 그분께 우리가 드려야 할 순종과 감사와 사랑을 실천하지 않는다. 이것은 우리에게 너그럽게 쏟으시는 예수님 피의 의미를 무익하게 한다. 이러한 배은망덕함으로 예수님의 사랑을 거부함으로써 스스로 우리 자신에게 무거운 징벌을 초래하고 있는 것이다.

Ⅲ. 대죄의 불행한 결과

하느님은 덕행에 대한 상(償)으로 행복을 마련하시고, 대죄의 징벌로는 고통이 따르는 벌을 마련하셔서, 상벌(賞罰)이 있기를 원하셨다. 그래서 우리는 대죄의 결과를 보면서, 어느 정도 죄(罪)에 대한 평가를 할 수 있다.

719 (1) 이 세상에서 대죄의 무서운 결과를 바르게 인식하기 위해서는, 은총의 상태에 있는 영혼이 어떠한지를 회상(回想)해 보아야 한다. 분명 이러한 영혼은 하느님 안에서 참된 기쁨을 느끼며, 그분께서 주시는 은총·덕행·은사 등으로 영혼을 장식한 채, 성 삼위(聖三位) 안에 살고 있을 것이다.

그리고 이러한 영혼이 하는 선행들은 도움의 은총에 의해 영원한 생명을 얻을 수 있는 행위들로 변화한다. 이러한 영혼은 하느님의 덕성(德性)과 용기에 동참하고, 그분의 자녀가 되는 거룩한 자유를 누리며, 특히 천상 행복의 감격을 미리 즐긴다.

이와 반대로 대죄는 우리 영혼에게 어떤 영향을 줄 것인가?

ㄱ) 대죄는 우리 영혼으로부터 하느님을 쫓아낸다. 하느님을 소유하는 것은 천상 행복의 예견(豫見, anticipation)이기에, 그분을 잃어 버린다는 것은 영벌(永罰)의 서곡(序曲)과 같다. 그래서 영혼의 샘이신 하느님을 잃어 버린다는 것은, 결국 모든 행복을 잃어 버리는 것과 같은 것이다.

ㄴ) 대죄는 우리 영혼으로 하여금 하느님의 생명과 비슷한 생명으로 살게 했던, 성화은총(聖化恩寵, grâce sanctifiante)을 잃어 버리게 한다. 그러므로 대죄는 일종의 영적인 자살과 같다. 즉 대죄는 성화은총과 함께 우리를 동반하던 은사와 덕행의 영광스러운 안내자들을 잃어 버리게 한다.

만일 하느님께서 당신의 무한하신 자비로 대죄를 지은 영혼들에게 믿음과 희망의 덕을 남겨놓으셨다면, 이러한 덕목들은 더 이상 애덕의 도움없이도, 구원론적(救援論的)인 회개와 속죄의 소망을 불러일으키기 위한 것이다. 즉 천상 행복을 기다리면서, 믿음과 희망은 우리에게 영혼의 슬픈 상태를 보여 주고, 우리로 하여금 쓰라린 양심의 가책(呵責)을 느끼도록 한다.

720 ㄷ) 대죄는 우리가 많은 노력으로 쌓아놓은 과거의 모든 공로(功勞)를 잃어 버리게 한다. 그 공로를 되찾으려면 우리의 끊임없는 회개를 통해서만 가능하다. 대죄의 상태에 머물러 있는 한, 우리는 하늘나라를 위해 아무런 공로도 세울 수 없다. 이러한 현실은 초자연적 재산에 얼마나 큰 손실을 가져올 것인가!

ㄹ) 이제 우리는 죄인이 감내해야 할 불가항력적(不可抗力的)

인 속박(束縛)에 대하여 말하겠다. 우리는 대죄 때문에, 향유(享有)해야 할 자유와 은총을 잃어 버렸다. 그리고 사슬이 풀린 악한 욕망과, 피하기 어려운 재범(再犯)의 기회를 벗어나지 않는 습관들로 인하여 죄의 노예로 전락해 버렸다. "죄를 짓는 사람은 누구나 다 죄의 노예가"(omnis qui facit peccatum servus est peccati)[89] 되기 때문이다.

이와 같은 영혼은 차츰 정신력이 약해지면서 도움의 은총이 줄어들게 되고, 낙담과 절망에까지 이르게 될 것이다. 만일 이때 하느님께서 넘치는 자비와 은총의 심연에까지 내려오지 않으신다면 그 영혼은 불행하게 되고 말 것이다.

721 (2) 불행하게도 죄인이 끝까지 은총을 거부한다면 그에게는 온갖 참혹함과 지옥이 있을 뿐이다.

(가) 이러한 관점에서 죄인이 당연히 받아야 할 것은 바로 지옥의 형벌이다. 그러기 때문에 은총은 끊임없이 우리로 하여금 죄인을 구하게 한다. 죄 중에서 죽기를 바라거나, 의식적으로 하느님으로부터 멀어지기를 바라거나, 마음가짐을 바꾸려 하지 않는 사람은 하느님으로부터 떨어져서 영원히 멸망하게 될 것이다. 그러한 영혼은 세상에 살면서 자신의 근심과 쾌락에 열중하느라 스스로의 상태가 얼마나 참혹한지를 볼 겨를이 없다.

그러나 지금 근심이나 쾌락에 몰두하지 않는 영혼은 끊임없이 지긋지긋한 현실 앞에 서게 된다. 그래서 영혼은 자기 본성의 밑바닥에서 자신의 마음과 정신적인 갈망을 통해, 자기 존재의 뿌리인 하느님께 억제할 수 없이 마음이 이끌림을 느낀다.

---

89) 요한 8, 34; 2베드 2, 19.

그리하여 우리는 행복과 완덕의 유일한 원천이시며, 우리를 너무 사랑하셔서 당신의 자녀로 삼아 주신 성부를 통해 십자가에서 죽기까지 우리를 사랑하신 구원자(救援者)를 얻게 된다.

그런가하면 한편으로는 억제할 수 없는 힘인 대죄로 인하여 구원자로부터 사정없이 밀려나고 있음을 느낀다.

죽음은 영혼을 꼼짝하지 못하게 고정시켜 버린다. 왜냐하면 죽는 순간 영혼은 하느님을 버렸기 때문에, 영원히 하느님으로부터 멀어질 것이다. 그로 인하여 영혼에게는 더 이상의 행복도 완덕도 없을 것이다. 그리고 영혼은 자기 죄에 얽매어 비천하게 되고 자기 자신의 품위(品位)를 떨어뜨리게 될 것이다. 즉 "저주는 나에게서 물러가라"(Discedite a me, maledicti).

722 (나) 대죄는 영혼에게 지옥(dam)의 형벌보다 더 무서운 감각적(sens)인 징벌을 덧붙인다. 나아가 영혼과 공범이었던 육체는 그 형벌에 참여하게 된다. 그리고 이미 비난받은 영혼을 고문(拷問)하는 영원한 절망은, 그 육체 안에 누구도 해소시킬 수 없는 갈증과 강렬한 열정을 일으킨다. 물론 이 열기(熱氣)는 실제적일 것이다. 이 열기는 세상에서 볼 수 있는 속된 열광과는 다르지만, 이 징벌의 열기는 우리의 감각과 육체를 벌하기 위한 하느님 정의(正義)의 도구(道具)이다.

이렇듯 영혼들이 대죄를 지었을 때 처벌당하는 것은 정당하다. "사람이 죄를 지으면 쓴 것으로 벌을 받는다"(per quae peccat quis per haec et torquetur).[90] 이로써 악인은 창조된 피조물을 무질서한 방법으로 즐겼기에, 피조물들 안에서 고통의 도구

---

90) 지혜 11, 17.

를 찾아야 할 것이다. 그리고 지혜로운 사람에 의해 지도되고 점화된 이 징벌의 열기는, 영혼들이 즐겼던 악한 쾌락이 강렬했던 것만큼 그들을 고문(拷問)할 것이다.

723 (다) 이처럼 영혼에게는 두 가지, 즉 지옥과 감각의 징벌에 대한 고통은 영원히 끝이 없을 것이며, 바로 거기에 악인들의 징벌은 절정에 이를 것이다. 아주 작은 고통이라도 그 징벌은 지속적(持續的)이기 때문에 매우 견디기 어려울 것이기 때문이다. 그러기에 무수한 세기가 지난 후에도 징벌은 다시 시작될 것이며, 그 자체만으로도 매우 격심한 이 고통에 대하여 영혼은 무엇이라고 말할 것인가?

대죄는 어떤 방법으로든 처벌되어야 할 가증(可憎)스럽고 유일한 악이며 참된 악이다. 그러므로 단 한번의 대죄로 영혼이 더러워지기보다는 차라리 죽는 편이 낫다(potius mori quam faedari). 이러한 대죄를 잘 피하기 위해서는 소죄에 대한 두려움을 가져야 한다.

제2절
고의적인 소죄

완덕(完德)의 관점에서 볼 때, 자신의 확실한 동의(同意)나 고의적(故意的)인 의도로 짓는 죄와, 얼떨결에 짓는 가벼운 잘못 사이에는 분명히 큰 차이가 있다.

724 얼떨결에 짓는 잘못들

성인들도 가끔 의지의 나약함과 경솔함으로 인해, 한 순간의 잘못에 이끌려 가벼운 거짓말을 한다. 그리고 애덕을 거스르는 말이나 남을 판단함으로써 본의 아니게 가끔 죄를 범하기도 한다. 이러한 죄들로 인해 열심한 영혼들은 죄의 쓰라림과 함께 슬퍼하며 후회한다.

그러나 이와 같은 죄들은 완덕에 이르는 데 큰 장애(障碍)가 되지 않는다. 우리의 나약함을 잘 아시는 선하신 하느님께서는 쉽게 우리의 죄를 용서해 주신다. "그분은 우리의 우상(偶像)을 잘 알고 계신다"(ipse cognovit figmentum nostrum). 이러한 행위들은 우리의 나약함으로 인한 잘못이므로, 의식적(意識的)이고 항구적인 겸손과 회개를 통하여 즉시 보상(補償)하도록 해야 한다.

이러한 죄들에 대하여 우리가 취해야 할 자세는 실망하지 말고 그 잘못의 횟수를 줄이는 일이다.

ㄱ) 우리는 죄를 경계(警戒)함으로써 그 잘못들을 줄일 수 있다. 즉 죄의 원인에까지 거슬러 올라감으로써 그 잘못들을 없앨 수 있다. 죄에서 이탈하려는 열의나 노력도 중요하지만 언제나 하느님의 은총에 더욱 의지하도록 해야 한다.

특히 우리는 소죄에 관한 모든 애착(愛着)을 버리도록 노력해야 한다. 성 프란치스코 살레시오가[91] 지적하듯이, "만일 우리 마음이 소죄에 얽매여 있다면, 신심(信心)의 감미로움뿐 아니라 신심 그 자체를 오래지 않아 잃어 버리게 될 것입니다."

725 ㄴ) 그렇지만 우리는 실망하지 말아야 한다. "화를 내는 것 때문에 자신에게 화를 내고, 슬퍼하는 것 때문에 슬퍼하는

---
91) 신심생활 1. I, 제22장.

것"을[92] 조심해야 한다. 이러한 마음의 움직임은 자신의 불완전함 때문에 불안해 하고 당황해 하는 이기적인 마음에서 오는 것이다.

우리는 죄를 피하기 위해, 자신의 잘못을 마치 다른 사람의 잘못을 쳐다보듯 너그럽게 바라보아야 한다. 실패와 죄를 미워하되, 자신의 초라함과 연약함을 잘 인식하는 태연한 마음이어야 한다. 그리고 오히려 하느님의 영광을 위해 침착하고 굳은 의지를 가지고 우리의 모든 잘못들을 반성하면서 더욱 큰 사랑과 성실성을 통해 우리의 의무를 완성하도록 노력해야 한다.

그러나 고의적(故意的)인 의도(意圖)가 있는 소죄는 영적 진보에 커다란 장애물이 되므로, 조심스럽게 이 죄와 싸워야 한다. 이제 우리는 이 소죄를 이해하기 위해 그 죄의 악의(惡意)와 결과를 살펴보자.

I. 고의적인 소죄의 악의(惡意)

726 고의적인 죄는 윤리적인 악이다. 그러기에 이 죄는 사실상 대죄 다음가는 큰 악이다. 물론 이 소죄는 구원으로부터 우리를 벗어나게 하지는 않으나, 우리의 발걸음이 앞으로 나아가는 것을 늦추게 하고, 소중한 시간을 잃게 하며, 특히 하느님께 대한 불경(不敬)이 된다. 이 소죄는 자신의 악의와 관계된다.

727 (1) 소죄는 결과적으로 하느님께 대한 불순종(不順從)이다. 비록 가벼운 사건이지만, 심사숙고한 후에 실천한 잘못이기 때

---
92) 성 프란치스코 살레시오의 「신심생활」 P. 제3장, 제9장.

문에, 믿음의 눈으로 볼 때는 진정 가증(可憎, odieux)스러운 행위이다. 소죄는 하느님의 무한하신 존엄(尊嚴)을 거스르는 것이기 때문이다.

(가) 따라서 소죄는 하느님께 대한 모욕(侮辱, insulte)이며 불의(不義)한 행위이다. 우리는 저울 한 쪽에 하느님의 뜻과 영광을, 다른 편에는 우리의 쾌락과 허영과 변덕을 올려놓고 저울질하면서, 뻔뻔스럽게도 하느님보다 우리가 좋아하는 것을 선택하려 한다. 이러한 행위는 하느님께 대한 얼마나 큰 모욕인가! 이처럼 우리의 참된 의지를 꺾어가면서까지, 오류(誤謬)와 변덕에 빠진다면 얼마나 큰 불행이겠는가.

성녀 예수의 데레사는, 미리 생각하며 고의적으로 짓는 사람의 죄는 다음과 같을 것이라고 말한다. "주님, 저의 이 행동이 당신께는 불쾌하시지만 저는 이것을 하고야 말겠습니다. 또 당신이 보고 계시는 것도, 싫어하시는 것도 저는 잘 알고 있습니다. 그래도 저는 당신의 뜻을 따르기보다는 제가 하고 싶은 대로, 제 멋대로 해 보겠습니다.' 이렇게 짓는 죄가 어찌 가볍다고 하겠습니까? 그 허물이 비록 가벼운 것이라 하더라도 그 죄는 큰 것이라고 생각합니다."[93]

728 (나) 이와 같이 잘못된 생각으로 인하여 우리는 하느님의 영광을 손상시킨다. 우리는 하느님의 법을 사랑하고 전적으로 순종함으로써 그분께 영광을 드리기 위해 창조되었다. 그러나 우리는 현실적으로 하느님께 순종하기를 거부하면서, 가벼운 문제들마저 그분 영광의 몫을 손상시키고 있다.

---

93)「완덕의 길」XLI장 p. 296-297.

"내 영혼이 주님을 찬송하며…"(Magnificat anima mea Dominum), 즉 마리아처럼 우리는 모든 행위 안에서 하느님을 찬양하기를 원한다고 선포하는 대신, 이러저러한 이유를 핑계로 그분을 찬양하는 것을 실질적으로 거부한다.

(다) 이러한 삶은 하느님께 대한 배은망덕(背恩忘德, ingratitude)이다. 하느님께서는 우리가 당신의 벗들이기 때문에 더 많은 은혜로 채워 주신다. 그러나 우리는 하느님께서 우리의 사랑과 감사를 원하고 계심을 알면서도, 그분을 위해 작은 희생마저도 거절한다. 하느님의 마음에 들려고 애쓰기는 커녕 그분의 불쾌함마저 두려워하지 않는다. 그 결과 우리에 대한 하느님의 우정(友情)은 분명히 식어질 것이다.

아낌없이 우리를 사랑하시는 하느님께서는, 우리 역시 온 마음을 다해 사랑하며 당신께 돌아오기를 바라신다. "네 마음을 다하고 목숨을 다하고 뜻을 다하여 주님이신 너희 하느님을 사랑하여라"(Diliges Dominum Deum tuum ex toto corde tuo et in totâ animâ tuâ et in totâ mente tuâ).[94]

그러나 우리는 자신의 한 부분만 하느님께 드리고 나머지 것들은 모두 자기가 갖는다. 또 하느님과 우정(友情)이 계속되기를 원하면서도, 갈라진 마음만을 그분께 드리고 우리의 보잘것없는 것을 가지고 그분과 흥정한다. 이러한 우리의 무례(無禮)함은, 하느님과의 우정을 경감(輕減)시킬 뿐이다.

---

94) 마태 22, 37.

Ⅱ. 고의적인 소죄의 결과

729 (1) 이 세상에서 고의적(故意的)으로 자주 범하는 소죄는, 많은 은총을 빼앗아 우리의 열정을 점차 감소시키며 대죄를 짓는 데 영향을 끼친다.

 (가) 소죄는 성화은총뿐만 아니라 하느님의 사랑마저 우리 영혼으로부터 빼앗아 버린다. 그리고 영혼이 소죄의 유혹에 저항했다 하더라도, 그 소죄는 성실성을 통해 얻을 수 있었던 영광마저 빼앗아 버린다. 이로 인하여 영혼은 끝없는 멸망을 얻게 되며, 이 세상보다 더 값진 보물을 잃어 버리게 되는 것이다.

730 (나) 소죄는 하느님께 온전히 자기 자신을 봉헌(奉獻)하려는 열정을 감소시킨다. 이러한 열정은 결과적으로 하느님께 가까이 가기 위해 높은 이상(理想)과 한결같은 노력을 전제로 한다.

 그런데 소죄의 습관은 다음 두 가지의 모습을 보여 준다.

 ㄱ) 소죄에 대한 애착만큼 우리의 이상(理想)을 감소시키는 것은 없다. 소죄는 먼저 우리로 하여금 하느님을 위해 무엇이든 참고 견디며 완덕의 정상을 겨냥하게 유도 한다. 그리고 한편으로, 금지된 작은 쾌락들을 향유하기 위해 먼 길을 가는 우리의 걸음을 고의적(故意的)으로 멈추게 한다.

 이렇게 함으로써 소죄는 그 영혼의 귀중한 시간들을 잃어 버리게 한다. 즉 높은 곳을 바라보면서도 곧 시들어 버릴 꽃을 꺾는 즐거움을 갖게 한다. 그로 인하여 영혼이 피로(疲勞)를 느낄 때, 하느님으로부터 불림을 받은 완덕의 정상(頂上)은 매우 가파르고 멀어 보인다.

그로 인해 소회는 우리에게 완덕의 목표를 높게 잡을 필요가 없으며, 스스로 보다 나은 셈을 통해 구원될 수 있다고 생각하게 한다. 우리가 예상했던 이상(理想)은 더 이상(以上) 마음을 사로잡지 않게 된다. 결국 우리는 자신 안에 일어나는 작은 쾌락, 감성적인 우정, 험담(險談)들은 피할 수 없는 것이라고 생각하며 자기 몫만을 취하게 된다.

ㄴ) 이 때 완덕을 향한 우리의 숭고한 열정(熱情)은 무너진다. 그리고 겉으로는 우리가 완덕의 목표에 도달할 희망 속에서 경쾌한 걸음을 걷는 것같이 보이겠지만, 우리는 매일 조금씩 피로에 대한 무게를 느끼기 시작할 것이다. 그리고 다시 완덕의 정상(頂上)에 등반(登攀)하기를 원하게 되었을 때, 소죄에 대한 우리의 애착은 영적 진보를 방해할 것이다. 이것은 마치 땅에 매여 있는 새가 헛되게 도약(跳躍)을 시도하지만, 다시 땅으로 떨어져 상처를 입는 것과 같다.

이와 같이 우리의 영혼도 포기(抛棄)하지 않으려는 애착에 얽매여, 자신들이 시도(試圖)하는 헛된 노력에 상처를 받아 조금씩 소죄에 떨어진다. 물론 가끔씩은, 스스로 완덕에 대한 열정을 되찾았다고 느낄 때가 있다. 그러나 소죄의 끈이 우리를 잡아당겨 더 이상 수많은 끈을 끊어 버리려는 확고한 인내가 없기 때문에 좌절하고 만다. 즉 불안(不安)으로 변해 버린 사랑에 대한 실망만이 있을 뿐이다.

731 (다) 영혼을 위협하는 가장 큰 위험은, 우리를 조금씩 대죄 속으로 빠져들어가게 하는 것이다. 금지된 쾌락에 대한 우리

의 성향은 증가하는 한편, 하느님의 은총(恩寵)은 감소하기 때문이다. 그 결과 죄로 인한 우리의 모든 타협(capitulations)을 두려워 할 순간이 올 것이다.

ㄱ) 이로써 우리에게는 악한 쾌락에 대한 성향이 증가한다. 그리고 우리가 믿을 수 없는 적(敵)인 소죄에 동의하면 할수록, 더 많은 탐욕을 요구하게 된다.

그 결과 오늘의 나태(懶怠)는 우리에게 묵상기도 시간을 5분 줄이도록 하지만, 내일은 10분을 더 줄이도록 요구할 것이다. 즉 오늘의 어떤 쾌락은 작은 경솔함만을 요구하지만, 내일의 쾌락은 보다 큰 대담성을 요구하게 될 것이다. 이와 같은 위험한 기질(氣質, pente)을 어떻게 바르게 할 수 있을까? 그러나 영혼들은 이런 정도의 잘못은 가벼운 소죄일 뿐이라고 안심한다.

이 얼마나 큰 불행한 일인가! 이와 같이 작은 잘못들은 조금씩 더 큰 잘못을 짓게 한다.

그래서 조심성없이 되풀이되는 경솔함은 감각과 상상력을 보다 깊게 혼란시킨다. 이 말은 타버린 잿더미 속에 가려져 있는 불씨는 언젠가 화재(火災)의 온상이 될 수 있다는 것이다. 이것은 마치 은신처에서 희생물을 독살하려고 멈추어 있는 뱀과 같다.

소죄에 대한 위험은 우리에게 너무 노출되어 있기에 그 두려움이 적다. 그로 인해 우리는 소죄의 위험과 친숙하게 되고, 마음의 보루(堡壘, citadelle)인 울타리가 하나 둘씩 넘어지게 된다. 그리하여 맹렬한 공격의 순간이 오면, 소죄는 우리 마음 속에 침투하게 된다.

732 ㄴ) 일반적으로 하느님의 은총이, 우리의 불충실에 비례하여 차츰 감소한다는 사실에는 의심할 여지가 없다.

① 결국 은총은 우리의 자세와 협력 정도에 따라 주어진다는 것이 섭리적(攝理的)인 법칙이라는 것이다(secundum cujusque dispositionem et cooperationem). 이것은 바로 성서에 나오는 말씀과 같은 뜻을 가진다. "가진 사람은 더 받아 넉넉하게 되겠지만, 못 가진 사람은 그 가진 것마저 빼앗길 것이다"(qui enim habet dabitur ei et abundabit; qui autem non habet, et quod habet auferetur ab eo).[95]

그래서 우리는 소죄에 대한 애착으로 인해 은총(恩寵)을 거부하게 되고, 우리 마음 안에 일어나는 은총의 작용을 장애물(障碍物)로 여긴다. 이러한 행위로 인해 우리는 은총을 덜 받게 된다. 그런데 만일 하느님의 풍성한 은총으로도 본성(本性)의 사악(邪惡)한 성향을 이기지 못한다면, 경감(輕減)된 은총과 힘으로 어떻게 죄에 저항할 수 있을 것인가?

② 게다가 그 영혼이 마음의 평정(平靜)과 용기가 부족했을 때, 선(善)으로 인도하는 은총의 내적 작용은 이루어질 수 없을 것이다. 즉 마음 안에 일어나는 열정들의 소음 때문에 은총은 즉시 묻혀 버리고 말 것이다.

③ 그러기에 은총은 희생을 통해 비로소 우리를 성화(聖化)시킬 수 있다. 그러나 소죄들에 대한 집착으로 얻게 된 쾌락의 습성(習性)들은 우리로 하여금 희생에 많은 어려움을 느끼게 할 것이다.

---

95) 마태 13, 12.

제Ⅱ부 회 개 129

733 우리는 랄르망(L. Lallemant) 신부와[96] 함께 다음과 같이 정의할 수 있다. "영혼의 파멸(破滅)은 소죄를 많이 짓는 데서 옵니다. 그래서 소죄는 신적 빛과 영감(靈感), 은총과 내적 위로(慰勞), 악의 공격에 대항하기 위한 열성과 용기를 경감(輕減)시키는 원인이 됩니다. 그 결과 소죄로 인한 무분별·연약함·잦은 실패·습관·무감각함이 뒤따라 오고, 마침내 우리 안에 애착(愛着)이 승리했기 때문에, 우리는 악에 대한 감각없이 죄를 짓게 되는 것입니다."

734 (2) 후세(後世)의 삶은, 현세에서 지은 소죄의 결과가[97] 우리에게 얼마나 큰 두려움인가를 가르쳐 줄 것이다. 그리고 많은 영혼은 자기 죄에 대한 속죄(贖罪)를 위해 수많은 해를 연옥(煉獄, Purgatoire)에서 지내게 될 것이다.

(가) 많은 영혼들이 연옥에서 가장 견디기 힘들어 하는 고통은 바로 하느님의 부재(不在)로 신음하는 것이다. 물론 이러한 연옥의 형벌은 영원한 것이 아니며 지옥의 형벌과는 다른 것이다. 그러나 죄의 강도(强度)와 횟수에 따라 일정 기간 동안, 영혼들은 세상의 모든 오락과 쾌락에서 떠나 끊임없이 하느님을 생각하고 그분의 모습을 열렬히 갈망한다. 그리고 하느님의 시

---

96) 「영성교의」 세 번째 원리, 2장 1절 § 3.
97) 하느님께서 죄를 벌하시는 현세적인 징벌에 대해서는 말하지 않겠다. 성서 가운데 특히 구약성서는 자주 여기에 대하여 말하고 있다. 그러나 이러저러한 징벌이 소죄의 처벌이라는 것으로 정의되어야 할 문제일 때, 영혼들은 흔히 추측으로 이 문제를 축소시킨다. 그러므로 이 점에 대해서는, 강조할 필요가 없다. 소죄에 대해서도 무서운 징벌을 강조하는 몇몇 영성학자들처럼 이 점을 부각시킬 필요는 없다. 그러나 롯의 아내는 호기심의 죄 때문에, 소금기둥이 되었고, Oza는 성궤를 만졌다고 해서 죽었다.

선과 은총을 잃어 버림으로써 영혼들은 말로 표현할 수 없이 찢어지는 듯한 아픔으로 신음한다. 그 때 비로소 죄인들은 하느님 밖에서는 참된 행복이 없음을 깨닫게 된다.

그리고 연옥에 있는 영혼들은, 충분히 속죄하지 못했던 수많은 소죄들이 마치 뛰어넘을 수 없는 장애물처럼 그들 앞에 우뚝 서 있는 것을 만나게 될 것이다. 이로 인해 영혼들은 하느님을 관상하기 위해 요구되는 순수성의 필요를 절실히 느끼게 된다. 그리고 순수함 없이 하느님 앞에 선 영혼들에게 소죄의 흔적이 남아 있다면, 자신들이 하늘나라에 들어갈 수 없음을 통감하게 될 것이다.[98]

그러므로 죄인들은 끊임없이 자신들의 잘못을 인정하며, 이런 고통스러운 상태에 이르는 것이 당연하다고 느낄 것이다.

735 (나) 더 나아가 성 토마스의 교의(敎義)에 의하면, 연옥의 뜨거운 불은, 죄인들이 공감(共感)했던 사악한 쾌락을 속죄시키기 위해, 그들 안에 스며들어 육체적인 고통을 겪게 한다는 것이다. 물론 죄인들은 이러한 시련(試鍊)이 하느님과 일치하기 위해서 꼭 필요하다고 느끼기 때문에 넓은 마음으로 받아들인다.

이에 대하여 시에나의 카타리나 성녀는 다음과 같이 말한다. "연옥은 죄인들의 더러움을 씻어내기 위해 마련된 곳입니다. 그러기에 영혼들이 자신 안에 있는 장애물에서 벗어날 수 있는 장소를 발견한다는 것은, 크나큰 자비의 결과라 생각합니다…"[99]

---

98) "만일 죄인들이 자신이 서 있는 곳보다 더 무서운 연옥을 발견할 수 있었다면, 하느님과 그들 사이에 존재하는 사랑에 의해, 최고의 선이신 하느님과 떨어져 있는 모든 것에서 빨리 해방되기 위해, 하느님께 끊임없이 뛰어들었을 것이다."
(Ste. Catherine de Gênes, *Purgatoire*, ch. IX).

99) *Op. cit.*, 8장 그리고 12장. 연옥에 대한 이 작은 개론을 읽을 것.

하느님께서는 정의로우실 뿐만 아니라 자비하신 분이시다! 하느님은 인자하신 어버이로써 다정하고 진실한 사랑으로 영혼들을 사랑하신다. 하느님께서는 영원토록 영혼들에게 당신 자신을 내어 주신다. 그런데 만일 하느님께서 이처럼 영혼들을 사랑하지 않으신다면, 그 이유는 헤아릴 수 없는 거룩함과 작은 소죄 사이에 완전한 조화(調和)가 없기 때문일 것이다. 이러한 뜻에서 우리는 언제나 죄를 미워하면서 회개를 통해 속죄해야 하는 것이다.

제2장 죄를 회개해야 할 이유와 방법

제1절
회개의 동기

우리가 죄를 회개해야 할 중요한 세 가지 이유는 다음과 같은 의무들이다.
(1) 회개를 통해 하느님께 드려야 할 정의(justice)의 의무
(2) 예수 그리스도와 합체(合體-incorporation)된 결과로 인한 회개의 의무
(3) 회개는 자기 자신과 이웃 사랑에 대한 의무 등이다.

(1) 회개를 통해 하느님께 드려야 할 정의의 의무

736 죄는 사실 하느님의 권리인 영광의 한 몫을 그분으로부터 훔치는 것이기 때문에 불의(不義, injustice)이다. 즉 회개의 정의(正義)는 우리가 하느님께 드려야 할 존경과 영광 또 우리가 죄를 통해 하느님께로부터 훔친 것을 다시 그분께 되돌려 드려야 하는 속죄(贖罪, réparation)를 요구한다.

그러므로 절대자이신 하느님께 대한 불경(不敬)은 객관적으로 보아 완전히 배상(賠償)될 수 없다. 우리의 회개는 평생을 통해

하느님을 거슬린 죄를 속죄하는 것이다. 그래서 회개에 대한 정의의 의무는, 우리가 하느님의 은혜를 많이 받으면 받을수록 또 우리의 죄가 중하고 크면 클수록 더욱 더 회개를 요구한다.

이에 대하여 보슈에(Bossuet)는[100] 다음과 같이 지적한다. "여러분은 부당(不當)하게 무시당한 하느님의 선하심이 냉혹한 분노로 뒤바뀌지 않을까 두려워하지 않습니까? 그분의 정의로운 보복이 너그러움보다 더 크고…, 그분의 분노가 한 아버지가 타락한 아이에게 가지는 느낌이나 불성실한 종에 대한 감정보다 더 무섭지 않으리라고 누가 장담할 수 있겠습니까? …우리는 그분의 정의와 반대되는 것에 대해서는 모두 그분께 자비를 구해야 합니다. 또 우리가 죄에 넘어갔던 불행에 대해 슬퍼하면 할수록, 우리는 더욱 더 잃어 버린 행복에 가까워질 수 있습니다.

하느님께서는 우리가 속죄를 위해 당신께 바치는 회개하는 마음을 불쌍히 여기시고 받아 주십니다. 그리고 하느님께서는 우리에게 주어지는 알맞은 형량(刑量)을 감안하지 않고는 징벌을 내리지 않으십니다. 이처럼 좋으신 아버지께서는 다만 우리의 자발적인 의지만을 바라보십니다."

그래서 우리의 회개가 예수 그리스도께 대한 속죄와 일치할 때, 우리의 회개는 가장 효과적인 것이 된다.

(2) 예수 그리스도와 합체된 결과로 인한 회개의 의무

737 세례(洗禮)를 통하여 우리는 그리스도와 합체(合體, incor-

---

100) 성 바오로의 프란치스코 첫 번째 성인전, t. II, p. 24-25.

porésau-제143항) 되었다. 그러므로 우리는 그분의 처분(處分)에 우리의 삶을 일치시켜야 한다. 예수님은 완전 무결(無缺)하시며 신비체(神秘體, corps mystique)의 우두머리이시다. 그래서 예수님은 우리의 죄에 대한 책임으로 무거운 속죄(贖罪)의 짐을 지신다. "야훼께서 우리 모두의 죄악을 그에게 지우셨다"(posuit Dominus in eo iniquitatem omnium nostrum).[101]

바로 이러한 이유에서 예수님은 잉태(孕胎)의 순간부터 갈바리아 언덕에 이르기까지 속죄의 삶을 사셨다. 예수님은 성부께서 구약의 희생 제물로는 인간을 죄에서 회복시키지 않으신다는 것을 아시고, 모든 희생 제물을 대신하여 당신 자신을 제물(祭物)로 바치셨다.

이와 같이 예수님의 삶은 성부의 뜻에 따라 당신 자신을 희생하시는 과정이었다. 그래서 예수님은 순교(殉敎)로 지속된 기나긴 생애를 통해 사랑과 순종의 희생양(犧牲羊)으로서 십자가에 달려 죽으셨다(factus obediens usque ad mortem, mortem autem crucis). 예수님은 당신 지체(肢體)들의 죄가 정화(淨化)되도록, 그들이 당신의 희생에 일치하고, 당신과 함께 속죄의 희생 제물이 되기를 원하신다.

"예수님은 인류의 구세주가 되기 위해 속죄의 희생 제물이 되기를 원하셨습니다. 그래서 신비체의 일치는 우두머리이신 예수님이 자신을 바쳤기 때문에, 모든 지체는 그분의 살아 있는 제물이 되어야 합니다."[102]

그러므로 예수께서 아무런 죄도 없이 가혹한 속죄를 통해 우

---

101) 이사 53, 6.
102) Bossuet, 「정화를 위한 설교」 Lebarq 출판사, t. IV, p. 52.

리의 죄를 대신 하셨다면, 죄인인 우리는 죄를 지은 만큼 더 큰 용기로 예수님의 희생에 동참하여야 한다.

738 이처럼 우리가 회개를 통한 정의(正義)의 의무를 보다 쉽게 실천하도록 하기 위해, 속죄자(贖罪者, pénitent)이신 예수님은 성체(聖體)로서 성령을 통하여 우리 안에 생활하러 오신다.

그래서 올리에(Olier) 신부는 이렇게 말한다. "시편(51)을 낭송하면서, 나는 다윗이 한 속죄의 정신을 존경합니다. 그리고 평온하고 깊은 신앙으로 예수 그리스도 안에서 성령의 작용을 공경하며, 다윗이 보여 주는 회개의 모습을 존중해야 합니다. 또 열성과 인내, 간청과 겸허한 마음으로, 우리에게 말씀하시는 성령께 겸손한 신뢰를 간청해야 합니다."[103]

물론 우리는 성령의 작용(opération)을 언제나 느끼지는 못한다. 성령은 가끔 무감각(無感覺, insensible)한 방법으로 우리 안에 활동하시기 때문이다. 그러나 만일 우리가 겸손하게 성령의 은사를 간청한다면 그것을 받을 수 있을 것이다.

우리는 속죄자이신 예수님과 함께 우리의 죄를 미워하고 속죄하도록 해야 한다. 그렇게 함으로써 우리는 구세주(Sauveur)의 덕성에 참여할 수 있고, 우리의 속죄는 더욱 효과적일 것이다. 이와 같은 신앙행위는 우리만 속죄하는 것이 아니라, 성령께서 우리와 함께 우리 안에서 속죄하시는 것이다.

이에 대하여 올리에 신부는 "예수 그리스도의 영(靈)에서 나오는 것이 아닌 모든 외적인 속죄는 진정한 것이 아닙니다. 그리스도인들은 자신에게 매우 엄격하고 맹렬한 수련을 할 수 있

---

103) 서문 7장.

습니다. 그러나 우리 안에 현존하시는 주님 안에 속죄의 뿌리를 두지 않는다면, 그들은 참된 그리스도인적 속죄자가 될 수 없을 것입니다. 이 말은 오직 주님을 통해서만 우리는 속죄할 수 있다는 것입니다.

　예수님은 인간으로서 이 지상에서 속죄를 시작하셨고, 우리 안에서 그 속죄를 계속하십니다…. 성부께서는 우리가 예수 그리스도를 받아들이려는 원의(願意)와 속죄의 마음을 갖게 되기를 원하셨습니다. 그리고 영혼에게 낙담·혼란·고통·통회와 자신에 대한 열정과 내적 성향(性向)에 생명을 주시려 속죄를 계속하십니다."[104]

　그러므로 속죄자이신 예수님과 일치하는 것은 우리의 속죄 행위와 감정보다 우리에게 더 큰 가치를 가져다 준다.

(3) 회개는 자기 자신과 이웃에 대한 사랑의 의무

　회개는 우리 자신과 이웃에 대한 사랑의 의무이기도 하다.

739 (가) 우리 자신에 대한 사랑

　죄는 우리 영혼에게 죽음의 결과를 가져다 주기 때문에 우리는 그 죄의 결과에 대처(對處)하는 것이 매우 중요하다.

　ㄱ) 일반적으로 우리의 죄나 허물이 용서되었다 하더라도, 그 죄의 횟수와 중(重)함에 따라, 또는 우리의 회개에 대한 열성에 따라 징벌(懲罰)을 받게 된다. 이 징벌은 현세에서나 아니면 다른 세상에서 꼭 치러야 한다. 그러므로 이 세상에서 죄를 속죄

---

104) *Op. cit.*, 7장 2절.

하는 것이 더 유익하다. 우리가 이 죄에 대한 빚을 보다 완전하고 신속하게 갚을수록 영혼은 더욱 하느님과 일치할 수 있다.

그래서 한편으로 볼 때 현세의 삶은 자비(慈悲, miséricorde)의 시기(時期)이기 때문에 이 세상에서 하는 속죄는 보다 쉽다고 한다. 이 현세의 삶이 매우 풍요로운 이유는 속죄를 실천하는 삶인 동시에 또한 공로의 시기이기 때문인 것이다(제209항). 그러므로 민첩하고 용기 있게 회개한다는 것은 바로 자신의 영혼을 바르게 사랑하는 결과를 가져온다.

ㄴ) 그 대신 우리가 죄를 지니고 있으면 있을수록, 우리에게는 새로운 죄들을 지을 가능성이 높아진다. 정확하게 말해서 쾌락에 대한 무질서한 애착(愛着)이 우리 안에서 커 나가기 때문이다.

그러기에 회개보다 우리의 무질서(無秩序)함을 더 잘 고칠 수 있는 덕은 없다. 하느님의 섭리(攝理, Providence)는 우리로 하여금 고통을 용감하게 견디게 해 주면서, 우리의 건강과 관계되는 고행과 절제에 대한 열망을 고무(鼓舞)시켜 준다. 나아가 이 회개의 덕은 쾌락에 대한 애착을 점진적으로 약화시키고 속죄를 필요로 하는 죄를 두려워하게 한다.

그리고 회개의 덕은 우리의 나쁜 습관들을 고치고 거기에 반대되는 덕행들을 실천하도록 도와 준다. 이렇게 함으로써 회개는 우리로 하여금 미래의 안정을 갖게 해 준다.[105] 그러므로 우

---

105) 그것은 트리엔트 공의회에서 잘 가르치고 있다(sess. XIV. cap. 8): "*Procul dubio enim magnopere a peccato revocant, et quasi freno quodam coercent hae satisfactoriae paenae, cautioresque et vigilantiores in futurum paenitentes efficiunt: medentur quoque peccatorum reliquiis, et vitiosos habitus, male vivendo comparatos, contrariis virtutum actionibus tollunt.*"

리 자신을 바르게 사랑하는 행위는 바로 회개하는 것이다.

740 (나) 자신에 대한 사랑은 또한 이웃에 대한 사랑이기도 하다.

ㄱ) 우리는 그리스도와 합체(合體)됨으로써 모두 같은 형제들이며 서로에 대한 연대적(連帶的) 책임이 있다(제148항). 그리고 우리의 속죄가 다른 형제들에게 유익하므로, 사랑은 우리 자신 뿐만 아니라 이웃도 속죄하도록 이끌지 않겠는가? 속죄가 형제들을 회개하게 하고 또 형제들이 회개했다면, 속죄는 인내를 얻어내는 가장 좋은 방법이 아니겠는가? 이렇게 우리 모두는 하느님의 자녀로 입양(入養)된 만큼, 이웃을 자기 몸처럼 사랑하고, 형제들의 죄를 마치 자신들의 죄처럼 속죄하라는 하느님의 뜻에 응답해야 하지 않겠는가?

741 ㄴ) 속죄에 대한 의무는 특히 사제들에게 더 엄격하게 부과되어야 한다. 왜냐하면 이 속죄의 의무는 사제들 자신만을 위해서가 아니라, 그들이 맡고 있는 영혼들을 위해 사제들은 제물(祭物)을 봉헌하는 의무를 갖고 있기 때문이다. "다른 대사제들은 날마다 먼저 자기들의 죄를 용서받으려고 희생 제물을 드리고, 그 다음으로 백성들을 위해서 그렇게 합니다"(prius pro suis delictis, deinde pro populi).[106)]

그러나 사제들 외에도 용기 있는 영혼들이 있다. 그들은 세속(世俗)이나 수도원 안에 살면서 이웃의 죄를 속죄하기 위해 희생양(犧牲羊)처럼 자신을 바친다. 바로 여기에 그리스도의 구원 사업에 참여하는 매우 고귀한 성소(聖召)가 있다. 그리고 이 성

---

106) 히브 7, 27.

소에서 온 마음으로 속죄를 실천하기 위해, 현명한 영적 지도자와 대화하면서 용감하게 성소에 응답하는 것이 좋다.[107]

742 끝으로 회개의 정신은 영성생활의 초보자들에게만 부과된 의무가 아니며, 결코 짧은 기간을 위한 것이 아니다. 이제 우리는 무엇이 죄악이며, 어떻게 신적 권위에 엄청난 모욕을 드렸는가를 알게 될 때, 온 생애를 통해 회개를 실천해야 할 의무가 우리에게 있음을 느낄 것이다. 우리의 삶은 하느님께 드린 무한한 모욕(侮辱)을 속죄하기에는 너무나 보잘것없이 짧기 때문이다. 그러므로 우리는 회개하기를 게을리하지 말아야 한다.

파베(P. Faber) 신부는, 많은 영혼이 영적으로 조금 밖에 진보하지 못하는 원인에 대한 오랜 숙고 끝에, 그 원인은 바로 "죄에 대한 기억으로 자극된 끊임없는 회개의 결핍"[108]이었다는 결론에 이른다. 이것은 아주 미소한 죄에 대해서도 속죄하기를 그치지 않았던 성인들의 모범을 확증해 준다.

하느님께서는 관상(觀想)에 이르기를 원하는 영혼들을 다음과 같이 이끌어 주신다. 즉 영혼들이 회개하는 수련(修鍊)에 오랫동안 전념할 때 하느님께서는, 그 영혼들의 정화를 완성시키기 위해 「일치의 길」에서 우리가 말하게 될 수동적(受動的, passives) 시련(試鍊)을 주신다. 결국 나무랄 데 없는 순결과 정화된 마음만이 하느님과 일치하는 감미(甘味)로움에 도달할 수 있다는 것이다. "마음이 깨끗한 사람은 행복하다. 그들은 하느님을 뵙게 될 것이다!"(Beati mundo corde quoniam ipsi Deum videbunt!).

---

107) P. Plus 「속죄의 생각」 3권; L. Capelle, 「관대한 영혼들」.
108) P. Faber는 영혼의 진보에 대하여 길게 논증하고 있다. ch. 19장.

제2절
회개의 실천

가장 완전한 방법으로 회개를 실천하기 위해서는, 우리를 위해 속죄하시는 예수님과 일치해야 한다. 그 다음 희생 정신으로 예수님께서 우리 안에서 생활하시도록 간청해야 한다(제738항). 그리고 나서 우리는 예수님의 회개에 대한 정서(情緖)와 그분의 업적에 참여해야 한다.

743 이러한 정서(情緖)들은 특히 회개의 시편(51)인 다윗의 노래, "저를 불쌍히 여기소서"(Miserere)에 잘 나타나 있다.

ㄱ) 이 시편(51)은 먼저 일상적이고 고통스러운 자신의 죄들에 대한 기억이다. "내 죄, 항상 내 앞에 있삽나이다"(peccatum meum contra me est semper).[109] 물론 이 부르짖음은 그의 생각 안에 단순하게 죄들이 새겨지는 것을 말하는 것이 아니다. 오히려 이 생각은 때로 영혼을 상상으로 혼란시킬 수 있고, 새로운 유혹을 초래할 수도 있다. 그러기에 큰 죄를 어렴풋하게 기억함으로써, 회개와 겸손에 대한 정서를 유지하고 있어야 한다.

시편은 우리가 하느님 앞에서 죄를 지었다고 한다. "당신의 눈앞에서 죄를 지었습니다"(et malum coram te feci).[110] 우리는 거룩하시고 죄를 미워하시는 사랑 그 자체이신 하느님의 은혜를 더럽힘으로써 그분을 모독하였다. 이제 우리는 죄를 용서받기 위해 하느님의 자비(慈悲)를 자주 간청하는 일만 남았다. "하느

---

109) 시편 51, 5.
110) 시편 51, 6.

님, 자비하시니 저를 불쌍히 여기소서. 애련함이 크오시니 제 죄를 없이하소서"(Miserere mei, Deus, secundum magnam misericordiam tuam).[111]

이렇게 함으로써 회개를 통해 우리는 하느님으로부터 죄를 용서받았다는 희망을 가질 수 있다. 이제 우리는 완전하게 되기를 바라면서, 하느님께 당신 외아들의 피로서 우리를 더욱 깨끗하게 씻어 주시기를 겸손하게 간청해야 한다. "제 잘못을 말끔히 씻어 주시고, 제 허물을 깨끗이 없애 주소서"(amplius lava me ab iniquitate mea et a peccato meo munda me).[112]

그리고 우리는 내적으로 하느님과 일치하기 위하여, 우리의 죄가 낱낱이 부서져 어떤 흔적도 남아 있지 않기를 바란다. 또 우리는 회개의 정신과 마음으로 새로워져 선량한 양심의 기쁨을 되돌려 받기를 희망해야 한다.[113]

744 ㄴ) 죄로 인한 고통스러운 기억은 끊임없이 우리의 수치스러운 감정을 동반한다. "부끄러움에 낯을 들 수 없구나"(operuit confusio faciem meam).[114] 특히 갈바리아와 고통의 동산에서 죄에 대한 부끄러움을 성부 앞에 지고 갔던 예수님처럼, 우리도 이 수치스러움을 하느님 앞에 지고 가야 한다.

그리고 우리에게 주어진 그 수치심을 스스로 감내(堪耐)할 수도, 고통스러워 할 수도 없기에 우리는 탕자(蕩子)와 함께 솔직하게 말해야 한다. "아버지, 저는 하늘과 아버지께 죄를 지었습

---

111) 시편 51, 3.
112) 시편 51, 4.
113) 시편 51, 7-10.
114) 시편 69, 8.

니다."[115] 그리고 이어서 세리(稅吏)와 함께, "오, 하느님! 죄 많은 저에게 자비를 베풀어주십시오."[116]

745 ㄷ) 여기서 우리는 죄에 대한 두려움과, 죄를 짓게 하는 모든 기회에 대한 심한 공포심이 생긴다. 우리의 순수한 의지에도 불구하고, 우리는 유혹과 재범(再犯)에 노출되어 있기 때문이다.

그러므로 우리는 회개를 통해 스스로 죄에 대한 각별한 경계심을 가져야 한다. 그리고 마음 깊은 곳으로부터 내리의 필립보(Philippe de Néri) 성인의 기도를 되풀이해야 한다. "오, 나의 하느님, 필립보 저 자신을 경계하십시오. 그렇지 않으면 제가 당신을 배반할 것입니다." 그리고 우리는 덧붙여 기도한다. "저희를 유혹에 빠지지 않게 하소서"(et ne nos inducas in tentationem).[117]

이와 같이 죄에 대한 경계심은 우리로 하여금 죄에 굴복할 수 있는 위험한 순간들을 벗어나게 한다. 그리고 이 경계심은 우리의 인내를 보장해 줄 긍정적인 방법을 예측하게 하며, 작은 경솔함도 멀리하도록 깨어 있게 한다. 따라서 우리는 죄로부터 실망하지 않도록 깨어 있어야 한다. 우리가 자신의 무능함을 인식하면 할수록, 우리는 더욱 하느님을 신뢰하게 된다. 특히 이러한 자각심(自覺心)에 회개의 행위들을 일치시킨다면, 하느님의 「은총의 도움」으로 우리는 죄로부터 승리할 것임을 확신할 수 있게 된다.

---

115) 루가 15, 18.
116) 루가 18, 13.
117) 「주님의 기도」 중에서.

제3절
회개의 행위들

746 우리의 회개가 아무리 힘들다 하더라도, 끊임없이 다음과 같은 생각을 가지고 있다면, 회개는 매우 쉽게 보일 것이다. "나는 지옥(地獄, enfer)과 연옥(煉獄, purgatoire)을 면한 자이다. 그러나 하느님의 자비없이는, 벌써 지옥과 연옥에서 처벌을 받았을 것이다. 그러므로 회개는 결코 나에게 굴욕적이거나 고통스러운 것이 아니다."

747 우리가 완성해야 할 회개의 중요한 행위들은 다음과 같다.

(1) 회개는 무엇보다 먼저 포기(抛棄)이며, 그 다음에는 하느님의 섭리(攝理)를 통해 우리에게 주어지는 모든 십자가를 기쁘게 진심으로 받아들이는 것이다.

트리엔트 공의회는, 하느님께서 우리에게 허락하시는 현세의 모든 재난을 인내와 함께 받아들이고 그 인내를 우리 죄에 대한 속죄로서 기꺼이 받아주시는 것은, 하느님께서 우리를 사랑하시는 가장 큰 증거라고 가르친다.[118]

그러므로, 우리가 육체적이고 정신적인 시련으로 고통을 당해야 한다면, 예를 들어 계절에 따른 혹독한 기후, 질병에 대한 중압감, 부(富)에 대한 꿈, 실패, 굴욕 등을 만날 때에 괴롭게 불평하는 대신, 자신의 죄 때문에 그 고통을 받아 마땅하다고

---

118) "*Sed etiam (quod maximum amoris argumentum est) temporalibus flagellis a Deo inflictis et a nobis patientes toleratis apud Deum Patrem per Christum Jesum satisfacere valeamus*" (Sess. XIV, cap. 9, Denzing., 906).

느껴야 한다는 것이다. 또 시련 중의 인내는 속죄의 가장 좋은 방법이라는 점을 깨닫고, 자연을 포용(包容)하듯이 설득력 있는 체념(諦念)으로 이 모든 고통을 받아들여야 한다.

물론 처음에는 단순한 체념이 되겠지만, 이 체념은 속죄의 행위로서 우리의 고통을 덜어 주고, 마음을 풍요롭게 할 것이다. 더 나아가 이 체념은 우리의 연옥생활을 단축시킨 기쁨으로 차츰 용감하고 즐겁게 고통을 감내하게 할 것이다. 그리고 이 체념은 우리로 하여금 십자가에 처형되신 그리스도를 닮게 하고, 우리가 모욕했던 하느님을 찬양하게 할 것이다.

그 때에 비로소 이와 같은 인내는 우리 영혼 안에 많은 열매를 맺을 것이며 온전하게 정화(淨化)될 것이다. 영혼은 사랑의 작품이기 때문이다. "안심하여라. 네가 죄를 용서받았다"(remittuntur ei peccata multa, quoniam dilexit multum).[119]

748 (2) 우리는 인내를 통하여 회개와 속죄의 정신 안에서 맡은 바 의무를 충실하게 완성할 수 있다. 그래서 하느님께 가장 맞갖는 희생 제사는 바로 순종이라는 것이다(melior est obedientia quam victimae).[120]

그런데 회개에 대한 우리 의무는 하느님의 뜻을 나타내는 표현이다. 이 의무를 가능한 한 온전하게 완수하는 것은, 가장 완전한 희생으로 영원한 번제물(燔祭物, holocauste)을 하느님께 바치는 것이다. 왜냐하면 이 회개에 대한 의무는 아침부터 저녁까지 온 종일 우리를 사로잡고 있기 때문이다.

---

119) 마태 9, 2.
120) 1 Reg 15, 22.

이러한 회개 의무는 특히 공동체 삶을 사는 사람들에게 적용된다. 보편적이거나 특별한 규칙에 충실히 순명하고, 장상(長上)들에 의해 주어진 권고들을 용기 있게 완수하면서, 그들은 순명과 희생 그리고 사랑의 행위를 수없이 실천할 수 있게 된다. 이에 대하여 베르샤망(S. J. Berchmans)은, 공동체의 삶은 그 자체로 영혼들에게 모든 회개 중에서 가장 좋은 것이라고 말할 수 있다고 하였다(mea maxima paenitentia vita communis).

이 말은 회개 의무는 교회 공동체 밖에서 그리스도인으로 사는 세상의 모든 영혼들을 위해서도 적용된다. 예를 들어 부모로써 의무를 가지고 있는 모든 가족의 아버지나 어머니는, 자신들의 영혼을 정화하는 데 사용되는 절제와 수많은 희생을 하느님께 바칠 수 있는 기회를 얼마나 많이 갖고 있는가?

총괄적으로 말하자면, 우리는 회개와 속죄의 정신으로, 하느님을 위해 용감하게 그리스도인으로서의 의무를 완성해야 할 것이다.

749 (3) 또 자선(慈善, aumône)과 단식(斷食, jeûne)은, 성서에서 특별히 권유하는 회개의 의무들이다.

(가) 구약에서, 단식은 속죄의 가장 효과적인 방법 가운데 하나였다. 영혼들은 이것을 "자기의 마음을 슬프게 하는 것"[121]이라고 말하였다. 그러나 우리가 단식의 효과를 얻기 위해서는, 자선과 함께 스스로 죄인이라는 느낌(componction)이 있어야 한다.[122] 신약에서, 단식은 회개와 비탄(悲嘆)의 실천인 것이다.

---

121) 레위 16, 29. 31; 23, 27. 32 참조.
122) 이사 58, 3-7.

이처럼 사도들도 신랑이 그들과 함께 있을 때는 단식하지 않겠지만, 신랑이 떠나면 단식할 것이었다.[123] 우리 죄의 속죄를 원하신 주님은, 광야에서 사십일 밤낮을 단식하신 후, 어떤 악마든 기도와 단식을 통해서만 쫓아 버릴 수 있다는 믿음을[124] 제자들에게 가르치신다. 교회는 이 가르침에 충실한 평신도들의 죄를 속죄할 기회를 주기 위해, 4계(季)의 대재일(大齋日, Quatre Temps)과 부활 전야제와 사순(四旬)시기를 단식일로 설정하였다. 결국 탐식(貪食)의 죄는 직접 또는 간접적으로 식욕(食慾)의 쾌락에서 온다. 그러기에 이 식욕의 쾌락에 대한 애착을 금욕(禁慾)하고, 음식이 악의 뿌리가 되지 않도록 절제하는 것은 탐식의 죄를 속죄하기 위해 매우 효과적인 방법이 된다.

이러한 이유에서 성인들은 교회가 권고한 절제의 기간 외에도 가끔 단식을 실천하였다. 그리고 용감한 그리스도인들은 성인들을 본따거나 또는 적어도 탐식의 쾌락을 억제하기 위해, 가끔 식사 때 몇 가지 음식을 절제함으로써 엄밀한 의미의 단식에 접근하였다.

750 (나) 자선(慈善)은 절제(節制)와 사랑의 행위이다. 이 두 가지 자격으로, 자선은 우리 죄를 속죄하기 위해 크나큰 효과를 갖는다. "자선을 베풀어 죄를 면하게 하소서"(peccata eleemosynis redime).[125] 가난한 사람들 안에 계시는 예수님을 위해 자신의 필요한 것을 스스로 금욕할 때, 하느님께서는 우리 죄의 형

---

123) 마태 9, 14-15.
124) 마태 17, 20.
125) 다니 4, 24.

량(刑量)의 일부분을 덜어 주시기를 쾌히 허락하신다. 그러므로 그리스도인들이 각자의 수입(收入)에 따라 자선할 때 너그러울수록, 보다 확실하게 우리의 영적 빚이 탕감될 것이다.

물질적인 자선은 두말 할 필요없이 영혼에게 선(善)을 실천하게 하고, 이로써 하느님을 찬양하게 되므로, 영적 자선과 일치한다. 또 시편 작가가 하느님께 자신의 죄를 속죄하기 위해, 죄인들에게 속죄의 길을 가르치겠노라고 말씀드렸을 때, 그가 약속한 회개의 행위들 가운데 하나가 바로 자선이었다. "악인들에게 당신의 길을 가르치오리니, 죄인들이 당신께 돌아오리이다" (Docebo iniquos vias tuas et impii ad te converteniur).[126]

(4) 끝으로 죄의 회개에 대한 주제에서 의식적인 고행(苦行, mortifications)과 절제(privations)가 남는다. 이것들은 우리로 하여금 특히 죄의 뿌리를 체벌(體罰)하게 하고 범죄의 요인들을 억제하게 함으로써, 자기 자신에게 죄의 속죄를 강요하게 한다. 여기에 대한 것은 고행의 주제를 다룰 때 다시 설명하도록 하겠다.

---

126) 시편 51, 13.

제III부
고
행[127)]

751 고행(苦行, mortification)은 회개(悔改)처럼 지난 죄들을 정화(淨化)시키는 데 기여한다. 그러나 고행의 중요한 목표는 죄의 뿌리인 쾌락에 대한 애착을 줄이면서, 현재와 미래의 죄를 경계하게 하는 것이다.

그러므로 우리는 고행의 본질과 필요성, 그 실천을 다음과 같이 설명한다.
 본 질 = 여러 명칭들의 정의
 필요성 = 구원과 완덕을 위해
 실 천 = 고행의 일반 원칙
   외적 감각과 육체적 고행
   내적 감각들의 고행
   열정에 대한 고행
   탁월한 능력들의 고행

---

127) 성 토마스, 즉 Th. de Vallgornera에 의해 주요 논고가 인용되었다. *op. cit.*, q. II, disp. II-IV; 필립 성 삼위의 동저 I^e P., Tr. II, disc. I-IV; Alvarez de Paz, t. II, lib.II. *De mortificatione*; scaramelli, *Guide ascétique*, Tr.II, a. 1-6; Rodriguez, 「그리스도인의 완덕의 실천」 IIe P., Tr. I와 II, 「겸손에 대하여, 고행에 대해서」; Tronson의 「특별 수련」 CXXXIX-CLXIX; Mgr. Gay의 Tr. VII, 「고행에 대하여」; Meynard, *Tr.*「내적인 삶에 대해서」 1. I, 2-4장; A. Chevrier, 「진정한 제자」 IIe P. p. 119-323.

제1장 고행의 본질

우리는 먼저 고행을 가리키는 성서적이고 현대적인 단어들을 설명한 후, 고행에 대한 정의(定義)를 말하겠다.

752 I. 고행을 뜻하는 성서적 표현들

성서가 말하는 고행의 표현을 여러 각도에서 검토하기 위해 다음 중요한 일곱 가지를 들 수 있다.

(1) 포기(抛棄, renoncement) : "너희 가운데 누구든지 나의 제자가 되려면 자기가 가지고 있는 것을 모두 버려야 한다"(qui non renuntiat omnibus quae possidet non potest meus esse discipulus).[128] 성서는 우리에게 고행으로서 그리스도를 따르기 위해 외적 재산을 포기하는 행위를 소개한다. 이것은 바로 예수님의 제자들이 실천했던 사상이다. "모든 것을 버리고 예수를 따라갔다"(relictis omnibus, secuti sunt eum).[129]

(2) 고행은 포기 또는 자기 희생(abnegation)을 하게 한다. "나를 따르려는 사람은 누구든지 자기 자신을 버리고…"(Si quis vult post me venire, abneget semetipsum…).[130] 우리에게 가장

---

128) 루가 14, 33.
129) 루가 5, 2.
130) 루가 9, 23.

무서운 적(敵)은 다름 아닌 자신에 대한 무질서한 애착이다. 그러므로 우리는 자신에게서 이탈(離脫, détacher)하도록 노력해야 한다.

(3) 고행에는 긍정적인 여러 측면이 있다. 즉 고행은 본성의 나쁜 성향들을 위축시키고 파괴해 버린다. "여러분은 모든 세속적인 욕망을 죽이십시오…"(Mortificate ergo membra vestra).[131] "만일 성령의 힘으로 육체의 악한 행실을 죽이면 삽니다"(Si autem Spiritu facta carnis mortificaveritis, vivetis).[132]

(4) 고행은 육체의 욕망과 재물의 탐욕(convoitises)들을 십자가에 못박게 한다. 이로써 우리는 기도와 노동을 성서의 규범에 적용시키면서 우리의 능력(facultés)들을 십자가에 못박는다. "그리스도 예수에게 속한 영혼들은, 육체를 그 정욕과, 그 욕망과 함께 십자가에 못박은 사람들입니다"(Qui… sunt Christi, carnem suam crucifixerunt cum vitiis et concupiscentiis).[133]

(5) 고행을 통해 자기 자신을 끈기 있게 십자가에 못박을 때, 그는 마치 죽음으로 땅에 묻히는(ensevelissement) 효과를 갖는다. 이로써 예수 그리스도와 함께 새로운 생명으로 살기 위해, 자신에게서 완전히 죽고 그분과 함께 묻힌 것처럼 느낄 수 있다. "여러분은 이 세상에서 이미 죽었기 때문입니다. 그래서 여러분의 참 생명은 그리스도와 함께 하느님 안에 있어서 보이지 않습니다(Mortui enim estis vos et vita vestra est abscondita cum Christo in Deo).[134] "우리는 세례를 받고 죽어서 그분과 함

---

131) 골로 3, 5.
132) 로마 8, 13.
133) 갈라 5, 24.
134) 골로 3, 3.

께 묻혔습니다"(Consepulti enim sumus cum illo per baptismum in mortem).[135]

(6) 사도 바오로는 고행을 통한 영적 죽음을 다른 방식으로 표현한다. 즉 세례(洗禮) 후에는 우리 안에 두 사람이 존재한다는 것이다. 이 말은 우리 안에 세 가지 욕망(육체·세속·악마)이 머무는 낡은(vieil) 인간과 쇄신(régénéré)된 새로운 인간이 있다는 것이다. 이러한 우리의 모습에서 사도 바오로는 우리의 낡은 인간을 벗어 버리고 새로운 인간으로 옷을 갈아입어야 한다고 주장한다. "여러분은 옛 생활을 청산하고… 새 인간으로 갈아입어야 합니다"(expoliantes vos veterem hominem … et induentes novum).[136]

(7) 끝으로 고행은 투쟁없이 획득할 수 없으므로, 사도 바오로는 이것을 두고 삶이란 바로 전쟁이라고 말한다. "나는 훌륭하게 싸웠고"(bonum certamen certavi).[137] 그리스도인들은 육체를 단련하고 굴복시키는 투사나 운동장에서 경기하는 선수들과 같다.

이와 같이 고행과 유사한 성서의 모든 표현에서, 우리는 다음 두 가지 요소를 포함하는 결과를 얻을 수 있다. 먼저 고행의 부정적인 면에는 헐벗음과 포기(抛棄)와 이탈(離脫) 등이 있다. 반면에 긍정적인 면에서는 악한 성향들과의 싸움, 그리고 그 성향들을 괴롭히고 감퇴(減退)시키기 위한 노력들이다. 따라서 고행은 십자가에 못박힘과 죽음, 육체의 수난, 낡은 인간과 탐욕

---

135) 로마 8, 4.
136) 골로 3, 9.
137) 2 디모 4, 7.

을 못박아 버림으로써 그리스도의 생명으로 사는 것이다.

753 II. 고행에 대한 현대적 표현들

현대인의 고행은 강요된 노력보다 달성해야 할 목적을 가리키는 부드러운 표현을 좋아한다. 고행은 자기 스스로를 쇄신(刷新)하고 다스리게 함으로써, 영혼을 하느님께 향하게 하며 의지를 단련시켜 준다.

이와 같은 고행에 대한 표현들은, 우리 안에 있는 악한 성향들과 싸워 이기지 않고서는 자기 자신을 다스리고 쇄신할 수 없다는 조건을 보여 줄 뿐이다. 고행은 열등(劣等)한 기능(機能)들을 훈련시키고, 억제(抑制)를 통해 굳센 의지를 갖도록 교육시켜 준다. 그리고 고행은 우리로 하여금 자기 악습에서 벗어나 피조물(被造物)로부터 멀어지게 하여 하느님께로 향하게 한다.

고행에 대한 다른 표현은 성서가 말하는 것처럼, 고행의 두 관점(긍정과 부정)을 일치시킬 줄 알아야 한다. 고행은 영혼을 위로하기 위해 그 목적을 제시하지만, 그 목적에 이르기 위해 필요한 노력을 포기하는 것은 아니다.

754 III. 고행의 정의

이제 우리는 고행을 다음과 같이 정의할 수 있다. 고행은 우리의 나쁜 성향들을 하느님의 뜻에 순종시키기 위해 그 성향과 싸우는 것이다. 고행은 모든 덕목(德目)의 첫 단계로서, 일련의 다른 덕목들보다 작은 하나의 덕일 뿐이다. 이로써 고행은 목적이 아니라, 방법임을 더 잘 알 수 있다. 우리는 보다 나은 삶을 살기 위해서 고행을 실천한다.

고행은 영적 재산을 더 많이 소유하기 위해 외적 재물(財物)

을 이탈하게 한다. 고행은 하느님을 소유하기 위해서는 자기 자신마저 포기하게 한다. 고행은 평화를 누리기 위해 악과 싸우게 하며, 하느님의 생명을 누리기 위해서는 자기 자신을 죽인다. 즉 하느님과 일치하는 것이 바로 고행의 목표이다. 이러한 사상은 우리로 하여금 고행의 필요성을 잘 이해하게 한다.

제2장 고행의 필요성

고행의 필요성은 구원과 완덕이라는 두 가지 관점에서 살펴 볼 수 있다.

제1절
구원을 위한 고행의 필요성

우리에게는 구원(救援)을 위해 필요한 고행들이 있다. 이 필요성은 만일 고행을 실천하지 않으면 대죄에 떨어지게 된다는 것이다.

755 (1) 예수님은 정결(貞潔, chasteté)을 거스르는 잘못에 대하여 명확하게 말씀하신다. "누구든지 여자를 보고 음란한 생각을 품는 사람은 벌써 마음으로 그 여자를 범했다"(ad concupiscendam eam).[138] 그러므로 나쁜 욕망을 품고 바라보는 단죄받아야 할 눈길들이 있다. 그래서 불순하게 바라보는 시선(視線)에 대한 절제는 죄를 징벌하는 조건으로 과해진다.

이에 대하여 주님은 다음 말씀을 덧붙이신다. "오른 눈이 죄

---
138) 마태 5, 28.

를 짓게 하거든 그 눈을 빼어 던져 버려라. 몸의 한 부분을 잃는 것이 온 몸이 지옥에 던져지는 것보다 낫다."[139] 여기서 말하는 문제는 눈을 빼내는 것이 아니라, 추문(醜聞)의 원인이 되는 대상에서 시선을 돌리라는 말이다.

사도 바오로는 우리에게 삶의 규범에 대한 근거를 다음과 같이 제시한다. "만일 육체를 따라 살면 여러분은 죽습니다. 그러나 성령의 힘으로 육체의 악한 행실을 죽이면 삽니다"(si enim secundum carnem vixeritis, moriemini, si autem Spiritu facta carnis mortificaveritis, vivetis).[140]

이것은 이미 제193항-제227항에서 말했듯이, 만일 애써 고행을 통해 욕망을 억제하지 않는다면, 우리 안에 머무는 세 가지 악한 성향(육체적 탐욕·눈의 탐욕·교만)이, 세상과 악마의 자극을 받아, 우리를 자주 악으로 끌고가 구원을 잃게 할 것이다. 이러한 이유로 우리는 자신 안에 머물고 있는 악한 성향들과 끊임없이 싸워야 할 필요가 있다.

다시 말해 우리 경험으로 볼 때, 만일 우리가 죄의 기회를 피하지 않는다면, 죄를 짓게 될 가능성이 높게 되고 심각한 위험에 빠지게 될 것이다. 고행은 우리의 본성(本性)이 이끄는 많은 쾌락을 포기하게 한다.[141] 따라서 우리에게 필요한 참된 고행없이는 모두 대죄에 떨어지게 될 것이다.

756 (2) 복음은 고행에 대하여, 교회를 통해 자기 억제의 의무

---

139) 마태 5, 29.
140) 로마 8, 13.
141) Synopsis Theologiae moralis에서 죄의 기회에 대해 길게 다루었다. De Paenitentiân. 524-536.

를 제시하는 것들이 있다. 특히 사순절(四旬節)의 금식(禁食), 금요일의 금육(禁肉), 4계(季) 대재일(大齋日)과 부활 전야제의 음식에 대한 절제이다. 이와 같은 규범들은, 어떤 합법적인 허락없이 어기면 중죄(重罪)의 징벌을 받는 의무로 주어진다.

여기서 우리는 금식의 중요성을 한 가지 지적하겠다. 좋은 뜻에서, 위와 같은 규범을 면제받는 영혼들이 있다. 그렇다고 해서 그들 모두가 고행의 보편적 규범마저 면제받는 것은 아니다. 그러므로 모든 그리스도인은 다른 형태로 금식을 실천해야 한다.

757 (3) 교회법과 신적 규범에 규정된 고행들 외에, 유혹이 매우 집요(執拗)한 특별한 경우에는 영적 지도자의 충고에 따라, 각자 스스로 실천해야 할 고행들이 있다. 이것은 나중에 우리가 보여 줄 고행의 실천들(제767항 이하) 가운데 논할 것이다.

제2절
완덕을 위한 고행의 필요성

758 고행의 필요성은 이미 우리가 말한 완덕의 본질(제2편, 제295항)에서 유래한다. 즉 이 고행의 필요성은 자기 자신을 희생 제물로 바치는 하느님의 사랑과 관계된다(제321항-제327항). 그러기에 고행의 결과는 「준주성범」(遵主聖範)의 가르침을 따르는 데 달려 있다. 이 말은 우리의 영적 성장의 척도는 자신에 대한 엄격함의 정도에 따라 다르다는 것이다. "당신이 힘을 쏟는 그

만큼 당신은 진보할 것이다"(tantum proficies quantum tibi ipsi vim intuleris).[142]

그러므로 우리는 고행의 의무에 대한 실천을 돕기 위해, 우리 의지 안에 작용할 수 있는 몇 가지 원인을 간단하게 되새길 필요가 있다. 이 고행의 의무는 우리의 개인적 성화와 예수님께로 우리를 끌어당기기 때문이다.[143]

(1) 하느님의 편에서

759 (가) 이미 말한 것처럼, 고행의 목표는 하느님과 일치하는 데 있다. 그러므로 피조물(被造物)에 대한 무질서한 애착을 버리지 않고서는 하느님과 일치할 수 없다.

십자가의 요한 성인은 이렇게 말하고 있다. "피조물에 집착하는 영혼들은 피조물과 닮아집니다. 왜냐하면 애착이 크면 클수록 동질성(同質性)이 분명해지기 때문입니다.

그러나 사랑은 사랑하는 사람과 사랑 받는 사람을 평등한 관계로 만들어 줍니다…. 그 대신 피조물을 사랑하는 사람은, 비록 그 피조물 위에 있더라도 그 수준마저 낮아집니다. 왜냐하면 피조물에 대한 사랑은 같아지는 것만으로 만족하지 않고, 노예로 삼기 때문입니다. 이러한 이유로 인해 피조물의 노예가 된 영혼은, 하느님 안에 변모(變貌, transformation)되는 순수한 일치가 불가능하게 됩니다. 피조물에 대한 애착은 창조주의 주권(主

---

142)「그리스도의 모방」 1. I, c. 25.
143) 제736항에서, 우리가 소개한 속죄의 원인들은 여기서 소개하는 것들에 대한 분석이었다. 왜냐하면 속죄는 지난 죄를 보속하는 것이니 만큼 사실상 고행이다.

權, souveraineté)에서 멀어지게 하기 때문입니다."

그러므로 고행을 하지 않는 영혼은 무질서한 행동을 통해 피조물에게 재빨리 집착한다. 원죄 이후, 피조물에게 매력을 느꼈던 영혼들은 그 매력에 사로잡혀, 피조물을 창조주께 가는 도구로 쓰는 대신, 피조물 자체를 목적으로 여기고 거기에 만족한다. 이러한 피조물에 대한 매력을 부숴 버리고 그 지배에서 벗어나기 위해, 우리는 하느님께 가는 방법이 아닌 모든 것을 완전히 버려야 할 필요가 있다.

그래서 올리에[144] 신부는 무죄(無罪)한 아담과 일반 영혼들의 신앙조건을 비교하면서, 둘 사이에는 커다란 차이가 있음을 말하고 있다. "아담은 피조물 안에서 하느님을 찬양하고, 하느님께 봉사하기 위해 그분을 찾았습니다. 그러나 그리스도인들은, 하느님을 찬미하고 봉사하기 위해 그분의 성성(聖性) 안에서, 자신과 모든 피조물로부터 이탈하는 믿음으로 하느님을 찾는 의무를 갖습니다." 이것은 세례(洗禮)의 은총을 통해 이루어진다.

760 (나) 세례성사를 받는 날 하느님과 우리 사이에는 진정한 계약(契約, contrat)이 이루어진다.

ㄱ) 하느님께서는 이 성사를 통해, 원죄의 흔적을 없애 버리고 당신 자녀로 입양(入養)시켜, 우리를 당신 생명에 참여시키신다. 그리고 하느님은 우리에게 당신 생명을 보존하고 성장시키는 데 필요한 모든 은총을 주신다. 이로써 우리는 하느님께서 어떤 은혜를 통해 당신의 약속을 지키셨는지 알게 된다.

ㄴ) 한편 세례성사는, 우리로 하여금 참으로 하느님의 자녀답

---

144) 「가톨릭 교리」 I. P., leç. IV.

게 살게 한다. 그리고 이 성사는 우리에게 초자연적 생명을 가꾸게 하면서, 하늘에 계신 아버지의 덕성에 접근할 약속을 하게 한다. 그렇게 함으로써 우리는 고행을 열심히 실천하는 그 만큼 세례 때의 약속을 실천할 수 있다. "세례 때 임(臨)한 성령은 우리를 영적인 가난과 고통과 멸시로 인도하는가 하면, 다른 편에서는 우리의 육체로 하여금 부귀・쾌락・명예를 원하게 하기 때문입니다."[145]

우리 안에는 선악에 대한 끊임없는 싸움과 분쟁이 있다. 우리는 세상 부귀와 명예, 쾌락에 대한 무질서한 애착을 포기(抛棄)해야만 하느님께 충실할 수 있다. 이런 이유로, 사제(司祭)는 예비자 입교 성사를 집전(執典)할 때 십자가를 두 번 긋는다. 한번은 십자가에 대한 사랑이 우리 안에 낙인(烙印) 되도록 가슴에 긋고, 다른 한번은 십자가를 질 수 있는 힘을 우리에게 주기 위해 양 어깨 위에 긋는다.

그러기에 우리는 겸손으로 세속 명예에 대한 욕구를 떨쳐 버리고, 고행을 통해 쾌락적 애착을 떨쳐 버려야 한다. 그리고 가난의 정신으로 재물의 부귀에 대한 갈증과 싸우면서 십자가를 지지 않으면, 우리는 세례 때 하느님과 한 약속을 어기는 것이 된다.

(2) 예수 그리스도의 편에서

761 (가) 우리는 세례를 통해 그리스도와 합체(合體, incorporés)

---

145) Olier, 「그리스도인 교리」, 1편 7과.

되었고, 그로 인하여 우리는 그분의 영감(靈感)과 활력(活力)을 받아들여야 하며, 그분과 일치해야 한다. 그래서「준주성범」에서는, "예수 그리스도의 온 생애는 순교(殉敎)의 길이었습니다." (Tota vita Christi crux fuit et martyrium)¹⁴⁶⁾라고 말한다.

우리의 삶은 결코 세속 명예와 쾌락적인 삶이 될 수 없으며, 오히려 영적 고행의 삶이 되어야 한다. 이에 대하여 예수님은 분명하게 우리에게 다음과 같이 말씀하신다. "나를 따르려는 사람은 누구든지 자기를 버리고, 매일 제 십자가를 지고 따라야 한다"(Si quis vult post me venire, abneget semetipsum, et tollat crucem suam quotidie et sequatur me).¹⁴⁷⁾

누가 예수님을 따르려 한다면, 그는 분명 완덕을 추구하는 영혼일 것이다. 그런데 만일 세속 명예나 부귀와 쾌락만을 좋아하면서, 하느님께서 직접 우리에게 보내시는 매일의 십자가를 지지 않는다면, 이 세상에 오셔서 십자가를 지시고 평생 굴욕과 고통으로 신음하신 예수님을 어떻게 따를 수 있겠는가?

이것은 성 베르나르도가 말하듯이, 신비체의 머리이신 예수님은 가시관을 쓰셨는데, 지체인 우리가 감미롭기만 하다면 정말 부끄러워해야 할 일이다(pudeat sub spinato capite membrum fieri delicatum).¹⁴⁸⁾

이제 예수 그리스도와 일치(一致)하고, 그분의 덕성(德性)에 가까이 가기 위해, 우리도 예수님처럼 자신의 십자가를 져야 한다.

---

146)「준주성범」2권 12장.
147) 루가 9, 23; 복자 L. Grignion de Montport 신부가 십자가의 친구에게 보내는 편지에 대한 훌륭한 해설을 읽어보기 바란다.
148) *Sermo V in festo omnium Sanctorum*, n. 9.

762 (나) 만일 우리가 선교(宣敎)를 열망한다면, 육체를 못박을 새로운 동기(動機)를 찾아야 할 것이다. 이것은 예수님이 세상 구원을 위해 십자가를 통해 하신 것과 같다. 그러므로 우리 또한 형제들을 구원하기 위해 십자가를 통해 예수님과 일치해야 한다. 이로써 우리가 구세주의 고통에 동참(同參)하면 할수록 그분께 대한 열성은 더욱 풍요로워질 것이다.

사도 바오로는 교회를 위하고 은총을 얻기 위해, 스승이신 예수님의 수난(受難)을 자기 자신의 몸으로 보충하였다.[149] 이 수난은 하느님께 영광을 드리고 영혼들을 구원하기 위해 희생에 동의(同意)하는, 과거와 현재의 수많은 영혼들을 지탱해 준다. 그러기에 이 고통은 무척이나 견디기 힘든 것이었다.

그러나 예수님이 우리와 형제들의 구원을 위해 십자가를 지신 것을 묵상할 때, 그분의 고뇌(苦惱)와 부당한 판결과 매맞으심, 가시관과 십자가에 못박히심을 묵상할 때, 또 그분이 묵묵히 비웃음과 모욕(侮辱)과 중상(中傷)을 당하신 것을 묵상할 때, 어떻게 우리는 고행에 대하여 불평할 수 있겠는가? 이처럼 우리 "스스로 피흘리기를 싫어하는 한"(nondum usque ad sanguinem restitistis), 우리는 구원에 동참할 수 없을 것이다.

그리고 만일 자기 자신과 다른 영혼들의 가치를 존중하고 그들을 구원하기 위해, 또 마지막 피 한 방울까지 흘리신 예수님과 일치하면서 그분의 끝없는 영광을 위한다면, 우리는 이러한 고행과 고통을 참고 견디어 낼 수 있을 것이다.

위와 같은 고행의 뜻에 대해, 고매(高邁)한 영혼들마저 회개한

---

149) 골로 1, 24.

후에야 그 가치를 이해할 수 있었다. 그래서 그 영혼들에게 제시(提示)된 고행은, 그들의 성화(sanctification)와 정화(purification)의 과업(課業)을 완수하는 데 있는 것이다.

(3) 고행을 통한 우리의 성화

763 (가) 고행은 우리로 하여금 인내를 굳건하게 하기 때문에, 우리 죄를 분명하게 감면(減免)시켜 주는 가장 좋은 방법 가운데 하나가 된다. 우리를 유혹에 떨어지게 하는 것은, 육체적 쾌락에 대한 애착과 고통과 싸우는 공포(恐怖)이다(horror difficultatis, labor certaminis). 그러므로 고행은 근본적으로 다음에서 말하는 두 가지 성향과의 싸움이다.

먼저, 고행은 약간의 정당한 기쁨을 우리로부터 빼앗아 가지만, 부도덕(不道德)한 쾌락에 대해서는 우리 의지를 무장(武裝)시켜 준다. 그리하여 고행은 이기적 사랑과 육체적 욕망에서 매우 쉽게 승리하게 한다고(agendo contra sensualitatem et amorem proprium) 성 이냐시오는 말한다.

그와 반대로 우리가 쾌락 앞에서 쉽게 굴복(屈服)한다면, 고행은 주어진 모든 기쁨을 남용하면서 위험하고 불법적이며, 쾌락을 갈망하는 육욕(肉慾)의 노예가 될 것이다. 그리고 욕망(慾望)의 강요에 습관적으로 굴복하는 순간, 우리는 그러한 쾌락에 대해 어떻게 저항할 수 있겠는가?

특히 고행에서 육욕(肉慾, sensualité)에 관한 유혹은, 영혼을 어지럽게 사로잡아 쾌락의 심연으로 떨어지기 쉽게 한다. 그리고 영성생활에서 교만이 문제가 될 때 이 육욕에 쉽게 굴복한다. 많은 영혼들은 순간의 굴욕감(屈辱感)을 피하고 변명하기 위해 가벼운 거짓말을 한다. 굴욕적인 고백이 두려워 솔직성(率直性)을 잃어 버리게 되는 것이다. 영성에서 이 솔직함은 육욕뿐만 아니라 탐욕의 이기심(利己心)을 반대하여 투쟁하게 한다.

764 (나) 완덕은 언제까지나 죄를 피하는 것만으로 충분하지 않고, 계속 정상(頂上)을 향해 정진하는 데 있다. 그렇지만 완덕의 삶에 큰 장애물이 있다면, 그것은 다름 아닌 십자가에 대한 두려움과 쾌락에 대한 애착일 것이다. 하느님께서 가장 친한 벗에게만 보내시는 시련과, 영적 진보를 위해 필요한 노력을 두려워한다면 과연 몇 사람이나 성성(聖性)을 지향하고 열망하겠는가?

그러므로 우리는 사도 바오로가 초대 그리스도인들에게 자주 되풀이했던 다음과 같은 말들을 되새겨야 할 것이다. 즉 고행의 삶이란 죄와의 싸움이다. 다시 말해서 고행은 현세적 보상(補償)을 위해 승리를 준비하게 하고, 허락된 많은 쾌락들을 절제하게 한다는 것이다.

"그들은 썩어 없어질 월계관을 얻으려고 그렇게 애쓰지만 우리는 불멸의 월계관을 얻으려고 애쓰는 것입니다"(et illi quidem ut corruptibilem coronam accipiant, nos autem incorruptam).[150]

우리는 고통을 겁낸다. 그렇다고 만일 우리를 만족시키는 모든 쾌락과 함께 방종(放縱, immortification)하게 산다면, 오랫동안 감내해야 할 연옥(煉獄, Purgatoire)의 무서운 고통을(제734항) 상상해 보아야 하지 않겠는가? 많은 영혼들은 가혹한 일을 자신에

---

150) 1고린 9, 25.

게 부과하면서, 명예로운 퇴직의 보장과 약간의 돈을 얻기 위해 굴욕적인 행동을 한다. 그렇다면 그리스도인들인 우리가 영원한 안식처를 보장받기 위해 고행을 마다해서는 안 될 것이다.

고행이 따르지 않는 덕행과 완덕은 없다. 위험한 쾌락과 악을 통해 우리를 강하게 이끄는 육욕(肉慾)을 억제하지 않고서는 어떻게 정결할 수 있겠는가? 과식(過食)을 억제하지 않는데 어떻게 절제할 수 있겠는가? 탐욕과 싸우지 않고서는 어떻게 가난과 정의를 실천할 수 있겠는가? 우리 마음 속 깊이 잠재(潛在)하는 교만 · 성냄 · 욕망 · 질투의 격정(激情)들을 다스리지 않고서는 어떻게 온화하고 겸손하며 인자(仁慈)할 수 있겠는가? 타락한 본성(本性)의 상태에서, 우리는 고행과 영적 싸움의 노력없이는 작은 덕행 하나도 실천할 수 없다.

그러므로 우리는 트롱송(Tronson)[151] 신부와 함께 다음과 같이 말할 수 있다. "방종(放縱)이 모든 악의 뿌리이며 원인인 것처럼, 고행은 모든 덕행들의 기초이며 행복의 원천입니다."

765 (다) 고행은 고통과 결핍(缺乏, privations)들을 요구하지만, 이 고행은 세상에서 가장 큰 행복의 원천이라고 말할 수 있다. 사실 고행을 실천하는 영혼들은, 모든 쾌락에 전념하는 세속 사람들보다 대개 영적으로 더 행복하다. 예수님을 따르기 위해 모든 것을 버린 영혼들은 이 세상에서도 백 배의 상급을 받을 것이라고 주님이 말씀하셨다.

"나를 따르려고 제 집이나 형제나 자매나 부모나 자식이나 토지를 버린 사람은 백 배의 상을 받을 것이며, 또 영원한 생명

---

[151] 특별 성찰, 첫 번째 수련, 고행에 관해서.

을 얻을 것이다"(Qui reliquerit domum vel fratres… centuplum acci-piet, et vitam aeternam possidebit).[152]

사도 바오로는, 겸손이란 절제(節制, modération)하는 것이라고 말한 다음, 다른 표현을 하지 않는다. 사도는 겸손을 실천하는 영혼은 "사람으로서는 감히 생각할 수도 없는 하느님의 평화가 여러분의 마음과 생각을 지켜 주실 것입니다."(pax Dei quae exsuperat omnem sensum custodiat corda vestra et intelligentias vestras.)[153]라고 말한다.

사도 바오로 자신의 삶이 바로 이 말에 대한 살아 있는 모범이었음을 알 수 있다. 사도는 아주 오랫동안 복음을 전파하면서 많은 고통을 당했던 끔찍한 시련(試鍊)들을, 자기 자신과의 싸움으로 표현하고 있다. 그러나 사도는 고난 가운데 오히려 기쁨이 차고 넘쳤다고 덧붙인다. "우리는 온갖 고난을 겪으면서도 큰 위안을 받고 기쁨에 넘쳐 있습니다"(superabundo gaudio in omni tribulatione nostrâ).[154]

이처럼 성인들 역시 길고 고통스러운 고행을 겪었을 것이다. 역사 속의 순교자들은 심한 고문(拷問)을 당했을 때 "다시는 이와 같은 축제를 가지지 못할 것"(nunquam tam jucunde epulati sumus)이라고 말했다고 한다.

그리고 모든 성인의 삶을 본받으려 할 때 다음 두 가지 내용이 우리를 감동시킨다. 한편은 성인들이 감내(堪耐)하였던 지독한 시련과, 자신들에게 스스로 강요했던 고행들이다. 그리고 다

---

152) 마태 19, 29 ; 마르 10, 29-30 ; "centies tantum nunc in tempore hoc".
153) 필립 4, 7.
154) 2고린 7, 4.

른 한편은 고통 가운데서도 성인들은 인내와 기쁨과 평온함을 간직했다는 사실이다. 그로 인해 성인들은 십자가를 사랑하는 것에 대해 의심하기를 그쳤으며, 십자가에서 숨쉬게 되었고, 고통없이 지나간 날은 잃어 버린 날이라고 생각했다. 바로 이러한 생각은 세상 영혼들을 놀라게 하는 심리적 현상(現象) 가운데 하나로, 이 현상은 좋은 의지(意志)를 갖고 있는 영혼들을 위로해 준다.

물론 완덕으로 나아가는 초보자에게 처음부터 십자가를 사랑하라고 요구할 수는 없다. 그러나 성인들의 모범(模範)을 인용하면서, 하느님의 사랑을 그들에게 이해시킨다면, 영혼들에게 적지 않은 고통과 금욕(禁慾)을 가볍게 할 수 있을 것이다. 그리고 만일 초보자들이 용기있게 작은 희생의 실천을 공감(共感)한다면, 그들에게도 십자가를 소망하고 사랑하는 날이 올 것이며, 십자가를 통해 진정한 영적 위로를 얻게 될 것이다.

766 이에 대하여「준주성범」의 작가는 고행의 장점들을 잘 요약해서 다음과 같이 지적한다. "십자가에는 구원이 있고, 십자가에는 생명이 있고, 십자가에는 원수의 공격을 막는 무기가 있고, 십자가에는 천상의 아름다운 맛이 흐르고, 십자가에는 마음의 용기가 있고, 십자가에는 영적 즐거움이 있으며, 십자가에는 덕의 극치가 있고, 십자가에는 성화의 원만함이 있습니다"(In cruce salus, in cruce vita, in cruce protectio ab hostibus, in cruce infusio supernae suavitatis, in cruce robur mentis, in cruce gaudium spiritûs, in cruce virtutis summa, in cruce perfectio sanctitatis).[155]

---

155)「준주성범」2권 12장 2.

십자가에 대한 사랑은 결과적으로 자기 희생에 이르게 하는 하느님의 사랑을 뜻한다. 그러므로 사랑은 모든 덕(德)을 요약(要約)하는 완덕의 본질이다. 이로써 사랑은 영적 원수에 대한 강력한 방패이며 위로와 힘의 원천이 된다. 그래서 우리는 사랑이란, 구원을 보장(保障)하고 영적 생명을 우리 안에 자라게 하는 가장 좋은 방법이라고 이미 말했다.

제3장 고행의 실천

767 고행의 일반 원칙

(1) 고행의 대상은 인간 전체, 즉 영(靈)과 육(肉) 모두를 포함한다. 만일 인간 전체가 잘 훈련되지 않는다면, 죄 앞에 무력해질 것이기 때문이다. 물론 현실적으로는 우리의 의지가 죄를 짓게 한다. 우리의 의지(意志)는 마음의 모든 능력(能力, facultés)과 외적 감각들과 함께 육체의 도구(道具)로서 죄를 짓게 하는 공범(共犯)이 된다. 그러므로 인간 전체가 고행으로 훈련되어야 한다.

768 (2) 고행은 부정적인 쾌락(快樂)을 공격한다. 물론 기분이 좋고 즐거운 만족 그 자체는 악이 아니다. 하느님께서 우리 안에 넣어 주신 고행의 의무를 완수할 때, 오히려 유쾌한 만족은 하나의 선(善)이 되기도 한다. 하느님께서는 우리가 고행의 의무를 완성하고 선의 실천을 쉽게 하기 위해, 몇 가지 만족에 집중하기를 원하신다. 그래서 우리는 먹고 마시며 일하는 생활 안에서 만족을 찾고 있다.

하느님의 계획에서 볼 때 만족은 목표가 아니라 방법이다. 고행의 의무를 잘 이행하기 위한 목적에서 만족을 맛보는 것은 금지(禁止)된 것이 아니다. 오히려 이 만족은 하느님께서 세워 놓으신 질서(秩序)이다.

그러나 하느님께 대한 고행의 의무와는 아무런 관계없이 쾌락만을 추구하는 것은 매우 위험하다. 왜냐하면 허락된 만족에서 금지된 쾌락 속으로 빠져들 수 있기 때문이다. 고행에 대한 의무를 실천하지 않으면서 쾌락을 추구하는 것은 그 쾌락이 크든 작든 중죄(重罪)이다. 그러한 쾌락은 하느님께서 원하시는 질서를 파괴하기 때문이다.

그러므로 고행은 섭리적(攝理的) 질서와 하느님의 율법에 반대되는 악한 쾌락을 스스로 금(禁)하게 한다. 고행은 죄에 노출되지 않는 위험한 쾌락조차 포기하게 한다. 그리고 고행은 우리 의지가 육욕(肉慾)에 사로잡히지 않도록 합법적인 만족마저 포기하게 한다.

하느님의 질서를 따르기 위해 우리는 자신의 어떤 쾌락만을 포기(抛棄)하는 것이 아니라, 긍정적인 고행마저 자기에게 부과한다. 경험에서 볼 때 쾌락에 이끌리지 않기 위해서는 몇 가지 실천적인 고행을 스스로 부과하거나 자기 의무보다 더 큰 고통을 당하는 것 이상 효과적인 방법은 없기 때문이다.

769 (3) 고행을 하기 위해서는 분별력(分別力, discrétion)과 신중성(愼重性, prudence)이 있어야 한다. 또 고행은 각자의 정신적이고 육체적인 능력과 직무를 완수하는 데 적합한 것이라야 한다.

① 먼저 고행은 육체가 튼튼해야 한다. 성 프란치스꼬 살레시오에[156] 따르면, "우리의 육체가 너무 비대하거나 지쳤을 때, 다음 두 상태의 큰 유혹에 노출된다는 사실을 알아야 합니다." 즉

---

156) 「신심생활 입문」 3편 23장.

육체가 너무 지친 후자의 경우에는 신경쇠약(neurasthénie)에 걸리기 쉽기 때문에, 육체의 세심한 관리가 요구된다.

② 고행은 정신적으로 강인해야 한다. 고행의 초기에 지속하기 힘든 절제를 지나치게 하는 것은 금물이다. 이러한 절제는 순간적인 태만(怠慢)으로 떨어지기 쉽기 때문이다.

③ 특히 고행은 자기 신원(身元)의 직무와 조화를 이루어야 한다. 왜냐하면 고행은 의무적인 것이므로 모든 것에 앞서 실천해야 하기 때문이다. 그러나 만일 한 가정의 어머니가 남편과 자녀에 대한 의무를 충실히 실천하는 데 방해가 되는 고행들을 자기 혼자 좋아서 우선적으로 실천하는 것은 좋지 않다.

770 (4) 고행에는 여러 등급이 있다. 언제나 그렇듯이 고행도 역시 외적인 것보다 내적인 것이 훨씬 가치롭다. 내적인 고행은 악의 뿌리를 직접 공격하기 때문이다. 그러나 반대로 외적 고행이 내적 고행의 실천을 보다 쉽게 도와 준다는 사실을 잊어서는 안 된다. 자기의 눈을 억제하면서 상상(想像)으로만 바라보려는 사람은 성공하지 못할 것이다. 고행의 양식(糧食)이 되는 감각적인 외적 형상이 내적으로 영양분을 제공해 주기 때문이다.

여러 세기를 통해 많은 그리스도인들은 내적 고행의 가치를 빈정거림으로써 현대화(modernisants)의 우(愚)를 범했다. 최근에 시성(諡聖)된 성인들과 모든 시대의 성인들을 보면, 영혼은 언제나 하느님께 전적으로 종속되어야 한다는 것이다. 그러기 위해서는 타락한 본성의 지위에 있는 모든 영혼은 고행의 필요성을 잘 이해하면서, 특히 외적 감각과 육체를 알맞게 체벌(體罰)해야 한다는 것이다.

그러므로 내적 고행에 도달하기 위해 먼저 외적 고행부터 시작해야 한다. 우리는 순서에 따라 모든 종류의 고행들을 살펴보기로 하겠다. 여기에는 논리적(logique)인 규범이 있다. 그러기에 고행의 실천 과정에서는 외적과 내적인 것을 잘 조화(調和)시켜야 할 것이다.

제1절
외적 감각과 육체의 고행

771 (1) 고행이 있는 이유

ㄱ) 예수님은 제자들에게 시각(視覺)과 촉각(觸覺)의 고행과 금식과 단식의 실천을 당부하셨다. 사도 바오로는 육체를 제압(制壓)시켜야 할 필요성을 잘 이해하고, 영벌(永罰, réprobation)과 죄로부터 이탈하기 위해 엄격하게 육체를 체벌(體罰)하였다. "나는 내 몸을 사정없이 단련하여 종으로 언제나 민첩하게 움직일 수 있게 합니다. 이것은 내가 남들에게 이기고자 외쳐 놓고 나 자신이 실격자가 되지 않게 하려는 것입니다"(Castigo corpus meum et in servitutem redigo, ne forte, cum aliis praedicaverim, ipse reprobus efficiar).[157] 교회는 금식과 단식의 날을 따로 정해서 그리스도인들에게 지키도록 명하고 있다.

ㄴ) 그렇다면 고행을 하는 참된 이유는 무엇일까? 잘 훈련된 육체는 영혼에게 매우 유용하고 필요한 심부름꾼이 된다. 따라

---

157) 1고린 9, 27.

서 육체는 영혼에게 봉사하기 위해 체력(體力)을 아껴야 한다. 그러나 타락한 본성의 상태에서, 육체는 허락되거나 금지된 것을 가리지 않고 감각적인 쾌락만을 찾는다. 뿐만 아니라 합법적인 만족에도 특별한 집착을 가지며, 쾌락을 금지시키는 상급자의 권한에도 가끔씩 대항한다. 이러한 반항은 식탁이나 침실에서 그리고 외출을 할 때 등, 어디를 가나 우리를 따라 다닌다. 그리고 자주 육욕과 쾌락을 자극하는 위험한 적(敵)인 감각을 만나게 된다.

결과적으로 감각(感覺)은 금지된 쾌락을 잘 스며들게 하고 독이 배이게 하는 열려진 문이 된다. 그러므로 우리는 감각을 잘 지키고 억제하며 영혼 안에 종속시키는 것이 완덕의 삶에 절대적으로 필요하다. 만일 그렇지 아니 하면 감각은 반드시 우리를 배반(背反)할 것이다.

772 (2) 육체의 절제(節制)

우리가 육체를 굴복(屈服, mater)시키기 위해서는, 먼저 절제와 바른 몸가짐의 규칙을 잘 지키는 것부터 시작해야 한다. 여기에는 고행의 풍요로운 소재(素材)가 있다. 우리가 규칙을 지켜야 할 원칙에 대하여 사도 바오로는 이렇게 말한다. "여러분의 몸이 그리스도의 지체라는 것을 알지 못합니까?… 여러분의 몸은 여러분이 하느님께로부터 받은 성령이 계시는 성전이라는 것을 모르십니까?"(Nescitis quoniam corpora vestra membra sunt Christi?… Membra vestra templum sunt Spiritûs Sancti).[158]

(가) 그러므로 성령의 성전(聖殿)이며 그리스도의 지체(肢體)인

---
158) 1고린 6, 15. 19.

우리의 육신을 존중해야 한다. 이러한 성전이고 지체인 육신이 입는 옷에는 호기심과 쾌락을 선동하는 유혹의 무례함이 있다. 이제 우리 각자는 겸손하고 단순하게, 그러나 항상 깨끗하고 품위 있게, 자기 분수에 맞는 겸손의 옷을 입어야 할 것이다.

이 복장(服裝)의 주제에 관해서는 성 프란치스꼬 살레시오의 충고보다 더 현명한 것은 없다. "필로테아여, 옷차림을 깔끔하게 하십시오. 그리고 단정치 않거나 추하게 차리지 마십시오…. 그러나 호기심과 장난, 외면치레, 허영 등을 조심하십시오. 가능한 한 절제와 단순함을 지니십시오. 그것이 추함에 대한 좋은 변명이 될 것이며, 아름다움의 훌륭한 장식이 될 것입니다…. 허영심이 많은 여자들은 순결을 의심스럽게 합니다. 허영심을 가지고 있다는 것만으로, 그녀들은 너절하고 하찮은 것들 속에 묻혀 보이지 않습니다."[159]

성 루도비꼬도 다음과 같이 말한다. "자신의 지위(地位)에 따라 옷을 입어야 합니다. 그러나 현명한 사람들과 선량한 사람들로부터 너무 사치하다는 말을 듣지 않고, 또 젊은이들에게서 너무 구차하다는 말을 듣지 않을 정도로 옷을 입어야 합니다."

그리고 수사들과 수녀들, 특히 성직자들은 공식 행사의 규범에 지정된 옷을 착용하는 것이 좋다.

773 (나) 성실한 태도는 모든 그리스도인이 지녀야 할 훌륭한 고행의 모습이다. 그 대신 무기력한 태도는 삼가는 것이 좋다. 즉 바른 몸가짐을 갖는 것은 올바른 신심생활에 큰 도움이 된다. 발과 다리를 꼬는 자세는 결코 기도하는 모습이 될 수 없

---
159) 「신심생활 입문」 3편 25장.

을 것이다. 올바른 자세는 건강생활 뿐만 아니라 신심생활에 큰 도움이 될 것이다. 이와 같이 우리 삶의 자세는 현실적으로 고행의 구체적인 실천이 될 수 있다.

774 (다) 그런가 하면 또 다른 긍정적인 고행이 있다. 용기있는 고행자는 순간적인 열정들을 평정(平靜)시키고, 신심(信心)의 소망을 격려하고, 자신의 육신을 다스리기 위해 스스로에게 고행의 의무를 부과한다. 예를 들어 옛날 은수자(隱修者)나 수도승(修道僧)들은 자신의 욕망에서 이탈하기 위해 채찍질이나 사슬로 된 허리띠를 고행의 방법으로 사용하였다.[160] 물론 이와 같은 고행은 특히 영적 지도자의 세심한 지도를 필요로 한다.

고행자는 언제나 허영심에 들뜨거나 기이한 느낌들을 모두 피하도록 노력해야 한다. 이 때 영적 지도자는 조심스럽게 영혼들이 청하는 고행을 지혜롭게 허락하도록 한다. 그리고 영적 지도자는 고행자들이 지속적(持續的)인 시도(試圖)를 통해 영혼에게 필요한 고행을 발견하도록 도와 주어야 한다.

775 (3) 눈의 절제

(가) 수치심(pudeur)뿐만 아니라, 정결(貞潔, chasteté) 그 자체로써 단죄받아야 할 시선이 있다. "누구든지 여자를 보고 음란한 생각을 품는 사람은 벌써 마음으로 그 여자를 범했다. 오른

---

160) 육체적인 고행의 실천을 통해 되돌아오는 기쁨과 열정은 고행의 가장 큰 효과 중의 하나이다. "육체적인 고행을 실천하자. 그러면 우리는 무엇보다 영적으로 행복할 것이다. 만일 성인들의 정신으로 이 기쁨을 맛보았다면, 수도자는 세상이 설명할 수 없는 솔직함과 유쾌함의 영감을 받은 피조물들이 될 것이다. 그것은 사도 바오로의 말처럼, 그들의 육신이 엄격한 규율에 복종하고 고행했기 때문이다." (Faber, 「성체」 t. 1, p 228-229).

눈이 죄를 짓게 하거든 그 눈을 빼어 던져 버려라."[161]

유혹을 일으킬 자질이 있는 사람이나 대상(對象)에 이유없이 시선(視線)을 고정시키는 것은 위험한 행동이다. 그래서 성서에서는 젊은 여인에게 시선을 고정시키지 말라고 경고한다. 그녀의 아름다움이 우리에게 추문(醜聞)의 대상이 되지 않기 위해서이다. "처녀에게 눈을 팔지 말아라. 여자와 함께 벌을 받을까 두렵다"(Virginem ne conspicias, ne forte scandaliseris in decore illius).[162]

난잡한 몸치장과 노출이 심한 의상과 불건전하고 추잡한 유흥업소들이 현존하는 오늘날, 우리는 죄의 위험에 빠지지 않기 위해 어떤 조심성으로 무장해야 할 것인가?

776 (나) 영혼을 구원하려는 경건한 그리스도인들은 어떤 대가(代價)를 치르더라도 고행을 멈춰서는 안 된다. 그리고 육욕(肉慾, sensualité)에 넘어가지 않기 위해, 특히 눈의 호기심을 억제해야 한다. 반면에 하느님과 성인들에 대한 사랑을 자극하기 위해서는 십자가·성상·신심 깊은 그림들을 즐겨 바라보도록 노력해야 한다.

777 **(4) 언어와 청각의 고행**

(가) 사랑과 순결과 겸손 그리고 그리스도적 덕목(德目)을 거스르는 말은 듣지도 말하지도 말라고 요구한다. 왜냐하면 사도 바오로가 말하듯이, 나쁜 대화는 좋은 품성(品性)을 부패시키기 때문이다. "나쁜 친구를 사귀면 품행이 나빠집니다"(corrumpunt

---

161) 마태 5, 28.
162) 집회 9, 5.

mores bonos colloquia prava).[163]

그로 인해 영혼들은 결국 애덕을 거스르고 정직하지 않은 대화를 통해 타락하였다. 음탕(淫蕩)한 말은 죄를 유발시키고, 욕망을 불사르고, 열정을 일으키고, 병적으로 호기심을 자극한다. 사랑이 없는 말들은 가족 사이에 불신·원한·반목·분열을 일으킨다. 그러므로 단순한 말에서도 빈축(嚬蹙)을 사지 않도록 조심해야 한다. 그리고 순결과 평화와 사랑을 불안하게 하는 모든 것에서 귀를 닫을 줄 알아야 한다.

778 (나) 더 나아가 대화에서 불필요하고 위험하며 수다스러운 잡담을 자제해야 한다. 뿐만 아니라 호기심어린 질문을 피하고 억제해야 한다. "말이 많으면 실수하게 마련이다"(in multiloquio non deerit peccatum).[164]

(다) 말에 대한 절제는 소극적인 방법만으로는 충분하지 않다. 오히려 우리는 건전한 대화를 자연적으로 유도하고 상대방이 거북해 하지 않도록 노력하면서, 건전하고 정직한 대화의 주제를 이끌어가야 한다.

779 (5) 다른 감각들의 고행

우리가 다루었던 시각과 청각과 언어의 절제를 통한 고행은 다른 감각의 기능(機能)들에게도 적용된다. 예를 들어 정결의 문제를 다루면서 우리는 감촉(感觸)적인 쾌락을 말하지 않을 수 없다. 그런가 하면 관능적인 쾌락의 무절제한 욕구를 충동시키고 자극하는 유혹을 뿌리쳐야 한다.

---

163) 1고린 15, 33.
164) 잠언 10, 19.

제2절
내적 감각들의 고행

우리가 고행에서 억제해야 할 두 가지 내적 감각을 구체적으로 표현한다면, 상상(想像, imagination)과 기억(記憶, mémoire)이다. 일반적으로 구체적인 이 작용은 감각적인 형상들이 동반된 기억의 작업이다.

780 (1) 고행의 원칙

내적 감각에 대한 고행에는 상상과 기억이라는 두 가지 값진 능력(facultés)들이 있다. 이 감각의 능력은 작업하기 위해 필요한 재료들을 지혜롭게 공급해 준다. 뿐만 아니라, 이 능력은 사물과 그림을 바르게 인식하게 하고 생생하게 느끼게 함으로써 그 중요함을 일깨워 준다. 그러므로 이와 같은 내적 감각에 대한 능력들은 무조건 위축시키는 것이 문제가 아니라, 의지(意志)와 이성(理性)의 지배 아래 그 활동을 종속시키고 훈련시키는 것이 더 중요하다.

달리 말해 이들 감각의 능력들을 내버려 둔다면, 수많은 영상(映像)과 추억들을 증식(增殖)시키고 영혼을 분산시켜 힘을 낭비하게 하고, 기도와 노동을 위한 소중한 시간을 잃어 버리게 할 것이다. 그리고 더 나아가, 내버려 둔 능력들은 순결·사랑·겸손, 그 밖의 모든 덕목(德目)에 대한 수많은 유혹을 창출할 것이다. 그러므로 우리는 고행을 통해 이 감각의 우월한 능력을 바르게 봉사하게 하고 훈련시키는 것이 필요하다.

781 (2) 감각의 능력을 따라야 할 규범

(가) 우리는 내적 감각에 대한 고행에서 상상과 기억의 탈선을 막아야 한다. 그러기 위해 먼저 씁쓸한 과거를 되새기고, 현재와 미래에 있을 유혹의 뿌리가 될 위험한 추억과 영상들을 발견하는 즉시, 처음부터 그 유혹을 무자비하게 끊어 버려야 한다. 그리고 이 유혹은 자주 헛되고 위험스러운 망상(妄想)으로 우리를 이끌어 주고, 우리의 귀한 시간을 잃어 버리게 한다. 그러기에 우리의 감각적 고행의 능력들이 다른 위험스러운 유혹의 길을 준비하지 않고 불필요한 생각을 떨치게 하여, 그 유혹의 악순환(惡循環)으로부터 보호받게 해야 한다. 성인들의 말씀에 따르면, 불필요한 생각을 억제하는 고행은 악한 생각들을 죽이는 것이다.

782 (나) 보다 긍정적인 방법으로 고행을 성공시키기 위해서는, 자신의 의무와 일상적인 일에 전적으로 마음을 집중시켜야 한다. 게다가 자신의 모든 활동에 마음을 집중시키면서 주어진 일에 노력을 다하는 것은 매우 훌륭한 고행의 방법이 된다. "네가 행할 것을 행하라"(age quod agis). 그리고 우리는 주어진 직무에 충실하기 위해, 감각적인 능력보다는 심사숙고된 지혜(知慧)에 더 많은 자리를 할애(割愛)해야 한다. 이렇게 함으로써 우리는 고행의 삶을 통해 자신의 미래를 보장하고 위험한 공상(쏘想)에서 벗어날 수 있게 된다.

783 (다) 끝으로 성서와 성무일도 그리고 영성 저자들의 훌륭한 글과 그림들 속에서, 신심을 키우기 위해 내적 감각의 상상과 기억을 사용하는 것은 매우 유익하다. 하느님 앞에 자기 자신을 봉헌하고, 예수님과 성모님의 신비를 자세히 재현(再現)하

기 위해 우리는 상상(想像)을 사용한다. 이 때 우리는 위험한 상상을 쫓아 버리고 신심 깊은 영상(映像)을 증가시켜, 성서의 여러 장면들을 그리스도인들에게 잘 설명하고 이해시킬 수 있다.

제3절
격정(激情)의 고행[165]

784 격정(passions)이란 철학적 단어의 뜻은 필연적이고 전적인 면에서 언제나 부정적인 것만은 아니다. 오히려 고귀한 목표를 향해 격정을 잘 이끌고 억제할 수 있다면, 그 격정은 선(善)을 위해 열렬하게 살아 있는 힘이 된다. 그러나 대중 언어로서 또 몇몇 영성 저자들에게, 이 격정이라는 단어가 때로는 나쁜 뜻을 표현하기 위한 부정적 의미로 사용되기도 한다.

그러므로 우리는,
Ⅰ. 격정에 대한 심리적 주요한 개념들을 상기하고
Ⅱ. 격정의 좋고 나쁜 결과들을 지적하고
Ⅲ. 격정을 바르게 사용하기 위한 규범들을 살펴보기로 한다.

Ⅰ. 격정에 대한 심리 분석

---

[165] 성 토마스 1부 2편, 22-48문; Suarez, disp. Ⅲ; Sénault, *De l'usage des passions*; Descuret, *La médecine des passions*; Belouino, 「격정」; Th. Ribot 「감정들의 심리」; 「감정들의 법칙」; Payot, 「의지의 교육」; P. Janvier, 「사순절」 1905; H. D. Noble, 「격정의 교육」; 그리고 고행에서 이미 인용한 저서들.

여기서는 주로 격정에 대한 심리적인 부분을 간단하게 제시하겠다.

785 (1) 격정(感情·情緒)의 개념

격정(激情)은 우리 마음 안에 다소간(多少間)의 느낌과 함께 감각적인 정(情)을 향한 욕망의 열렬한 움직임들이다.

ㄱ) 격정의 본질에는 선(善)을 거스르는 악(惡)이나, 적어도 행복을 추구하려는 감수성(感受性)에 대한 확실한 인식이 있다. 이 인식에서 감각적인 욕구의 감정이 솟아 나온다.

ㄴ) 이 감정(mouvement)은 매우 극성스럽지만 격정 안에 존재하는 마음의 충동(衝動)이 없을 때, 고요하고 평온하며 유쾌하거나 불쾌한 애정의 상태와 구분될 수 있다.

ㄷ) 정확히 말해 강렬한 격정(激情)이 감각적 욕망에 강하게 작용할 때, 영혼과 육체 사이에는 긴밀한 일치가 이루어져 신체적 구조에까지 그 여파(餘波)를 미친다. 그래서 화를 내는 것은 뇌(腦)에 피가 쏠리게 하여 신경을 곤두서게 하고, 무서움은 얼굴을 창백하게 하고, 사랑은 마음을 부풀게 하고, 두려움은 가슴을 조이게 한다. 그럼에도 불구하고, 격정에 대한 심리적 결과는 모든 사람에게 똑같은 양상(樣相)으로 나타나지 않는다. 왜냐하면 이 격정은 개인의 기질과 열정의 강도(強度)에 종속되듯이 자제력(自制力)과 관계되기 때문이다.

786 그러므로 격정은, 지적(知的) 인식을 강하게 전제로 하고 있지만, 난폭하지 않은 의지의 감정들과는 또 다르다. 이처럼 우리 안에는 정서적(情緒的)이고 격정적인 사랑과 격정적이고 지성적(知性的)인 두려움이 있다. 이에 덧붙여, 사람은 이성적인 동

물로서, 격정과 감성(感性)들이 동시에 매우 다양한 분량으로 뒤섞여 있다. 그러기에 우리는 은총의 도움으로 격정을 감성에 종속시키면서, 자신의 열렬한 격정의 감정을 의젓하게 바꿀 수 있다.

787 (2) 수많은 격정들

일반적으로 격정(激情)은 다음 열한가지로 분류한다. 물론 이 격정들은 모두 사랑에서 나온다. 여기에 대하여 보슈에(Bossuet)는 우리에게 다음과 같이 가르쳐 준다. "우리의 모든 격정들은, 다른 격정을 포함하거나 자극하는 사랑을 닮았습니다."[166]

① 사랑은 마음에 드는 물건을 갖거나 또는 좋아하는 사람과 일치하려는 격정이다. 즉 영혼들은 사랑을 원한다.

② 미움은 우리를 불쾌하게 하는 것들을 멀리하고자 하는 격정이다. 우리는 자기의 사랑에 반대되는 것을 미워한다는 뜻에서, 미움은 사랑에서 나온다고 한다. 예를 들어 우리는 건강을 좋아하기 때문에 병(病)을 싫어한다. 그리고 우리가 좋아하는 것을 소유하는 데 장애가 되는 사람이기 때문에 그를 싫어한다.

③ 욕망은 나에게 없는 행복을 찾는 것으로, 우리가 그 행복을 좋아하는 데서 나온다.

④ 반감(反感)은 우리에게 다가오는 악을 피하는 것이다.

⑤ 기쁨은 지금의 행복을 즐기는 것이다.

⑥ 반면에 슬픔은 현재의 악에서 멀어지려 하고, 몹시 슬퍼하는 것이다.

⑦ 용감함은 획득하기 어렵지만 좋아하는 대상과 하나됨을 위

---

166) 「자신과 하느님의 인식에 대하여」 1장 6번.

해 노력하는 것이다.

⑧ 두려움은 우리가 피해야 할 나쁜 악으로부터 멀어지게 한다.

⑨ 희망은 괴로울지라도 획득이 가능하고 좋아하는 대상을 향해 열정을 품게 한다.

⑩ 실망은 좋아하는 대상의 획득이 불가능해 보일 때 우리의 마음 안에 나타난다.

⑪ 성냄은 우리에게 악을 행한 영혼에게 복수할 열망을 갖게 한다.

소유욕(所有慾)에 뿌리를 두고 있는 처음 여섯 가지 격정은, 현대적인 격정이며 일반적으로 이것을 쾌락이라 부른다. 그리고 노여움의 격정에 가까운 나머지 다섯은 호전적(好戰的)인 격정이라 부른다.

II. 격정의 결과들

788 스토아(Stoïciens) 학파들은[167] 격정이란 근본적으로 악(惡)하기 때문에 없애 버려야 한다고 주장한다. 반면 에피쿠로스(Epicuriens) 학파들은[168] 격정을 정의하면서 오히려 거기에 따라

---

167) [역주] 스토아 철학에서 모든 탐구의 목표는 평온한 마음과 확실한 도덕을 낳는 행동양식을 인간에게 제시하는 것이라고 주장한다. 스토아 철학자들이 보기에 영원한 우주 질서와 불변적 가치의 근원을 드러내는 일은 이성만이 할 수 있기에 이성은 곧 인간 존재가 따라야 할 모범이었다. 그들에 따르면 이성의 빛이란 세계에 경이로운 질서를 부여하며, 인간이 스스로를 통제하여 질서 있게 살아 가게 하는 기준이다.

168) [역주] 에피쿠로스에게 철학은 생활양식이었으며 철학의 목적은 행복을 보장하고 이를 성취하는 수단을 제공하는 것이었다. 인간의 불행은 헛된 욕망과 세속적 위험에서 유래한다는 것이다. 에피쿠로스는 육체의 고통과 마음의 괴로움에서 벗어나는 것이 행복한 삶의 궁극 목표라고 하였다. 그런가 하면 에피쿠로스는 윤리학의 주요 목적이 쾌락이라고 결론지었다. 쾌락을 감각의 동적 쾌락과 고통의 부재인 정적 쾌

야 한다고 했다. 즉 현대 에피쿠로스 학파들이 말하는 "자기 삶을 살아야 한다."(vivre sa vie)는 것과 같은 말이다.

그리스도교의 주장은 위에서 말한 두 극단(極端)의 주장 사이에 가운데 위치한다. 하느님께서 인간 본성 안에 넣어 주신 것에는 어떤 것도 악한 것이 없다는 것이다.

예수님 자신도 잘 조절(調節)된 격정을 가지셨다. 예수님은 의지로서 뿐만 아니라 마음으로 사랑하셨다. 그래서 그분은 라자로의 죽음을 슬퍼했으며, 배은망덕한 예루살렘을 보며 눈물을 흘리셨다. 또 예수님은 죄가 되지 않는 성냄에 몸을 내어 맡기셨고, 두려움과 슬픔과 근심을 느끼기도 하셨다. 그러나 예수님은 이 격정들을 모두 성부께 종속시키면서 의지의 지배 아래 두셨다.

이와 반대로 격정(激情)이 매우 문란했을 때 그것은 영혼에게 해로운 결과를 가져다 준다. 그러므로 우리는 격정을 억제하고 잘 순화시켜야 한다.

789 난잡(亂雜)한 격정의 결과

격정(激情)의 욕망이 우리에게 금지된 감각적 만족으로 쏠리고, 또 격정이 하느님께 향하지 않고 너무 인간적인 열정으로만 쏠릴 때 우리는 이것을 타락(墮落)이라고 한다.

ㄱ) 난잡한 격정은 영혼을 눈멀게 한다. 이러한 격정을 이성(理性)에 비춰보지 않고, 애착과 쾌락에 이끌리도록 내버려 둘 때, 이 격정은 맹렬한 기세로 애착과 쾌락의 대상으로 쏠리게

락으로 구별했으며, 감각의 쾌락이 감각기관의 본성에 유익한 운동이기 때문에 좋다고 가르쳤다.

된다. 이와 같은 자세는 올바른 이성과 판단을 흐리게 하는 혼란의 요인이 된다.

그로 인해 감각적인 욕망은 본성(本性, nature)을 통해 눈멀게 된다. 만일 영혼 스스로 격정의 욕망에 이끌리도록 내버려 둔다면 그 영혼마저 눈멀게 될 것이다. 이 때 영혼은 본성의 의무에 의해 이끌리는 대신, 순간의 쾌락에 현혹되어 버린다. 이러한 현상은 마치 구름이 진리를 가려 버린 것과 같다.

격정의 욕망이 일으키는 먼지들 속에 눈먼 영혼은, 신적 의지와 자기 자신에게 부과되는 의무를 더 이상 분명하게 보지 못한다. 그 영혼은 더 이상 건전한 판단(判斷)을 할 수 없게 된다.

790 ㄴ) 난잡한 격정은 영혼을 피곤하게 하고 고통을 가져다 준다.

① 십자가의 성 요한이 말하기를, "격정은 가만 있지를 못하고 무엇을 못마땅해 하는 철부지 어린이와 같습니다. 그 철부지는 엄마를 항상 졸라대면서 언제 한 번 만족한 적이 없습니다. 보물이 탐나서 땅을 뒤지는 사람이 피로에 지치듯 욕심이 요구하는 바를 얻으려고 애쓰는 영혼은 지치게 됩니다. 욕망이 채워졌을 때 짓눌림과 갑갑증은 오히려 더하여 그 영혼 안에는 욕망의 열기가 차오르고, 온갖 번뇌가 그 사람 위에 덮치는 것입니다…. 자기 욕심을 채우려는 영혼은 지치고 피곤해져서, 마치 굶주린 사람이 바람으로 배를 채우려고 입을 벌리는 것과 같습니다."[169]

---

169) 「가르멜의 산길」 1. 1권. 6장; 이 책의 6-12장을 읽어 보라. 여기서 성인은 "욕망의 해로운 결과"와 격정의 결과를 훌륭하게 설명하고 있다. 우리는 성인의 생각을 간단하게 요약만 할 것이다.

② 이와 같이 격정이 강렬하면 할수록 고통의 강도가 더 짙어진다. 왜냐하면 격정의 욕망은 만족할 때까지 불쌍한 영혼을 괴롭히기 때문이다. 이 때 만일 양심(良心)이 반항하면 격정은 안절부절 못하고 불안해 한다. 그리고 격정은 끊임없이 되살아나는 욕망에 자리를 양보하도록 의지(意志)를 부추긴다. 이것은 영혼에게 말로 다 표현할 수 없는 고문(拷問, torture)을 가하는 것이 된다.

791 ㄷ) 난잡한 격정은 우리 의지를 약하게 한다. 반항하는 격정들에 의해 이끌려진 의지는 힘의 분산(分散)을 강요당하고 약해진다. 의지가 격정에 지배당할 때 격정의 모든 요구는 증가하고 의지는 약화된다. 이것은 마치 나무 줄기에 붙어 영양을 빨아먹는 곁가지와 같이, 자제하지 못한 욕망은 차츰 자라면서 영혼의 능력을 빼앗아 버린다. 이 때 연약해진 영혼은 모든 것과 타협(妥協)하게 되고, 그로 인해 미지근한 나태(懶怠)에 떨어지는 순간이 오게 된다.

792 ㄹ) 난잡한 격정은 영혼을 더럽힌다. 영혼이 격정에 자신을 내어 맡기고 피조물과 일치할 때, 그 영혼은 피조물의 수준에 이르게 되고, 피조물들의 악의(惡意)와 오점(汚點)을 만나게 된다. 이 때 영혼은 하느님의 충실한 모상(模相)이 되는 대신, 그가 집착하는 사물의 형상(形象)이 되어 버린다. 그래서 격정의 욕망은 먼지와 진흙으로 영혼의 아름다움을 손상시켜, 하느님과 참된 일치를 방해한다.

여기에 대하여 십자가의 성 요한은 이렇게 말한다. "단 한 번의 타락한 욕망은 비록 대죄(大罪)가 아니더라도, 영혼을 굴종(屈

從)시키고 더럽히고 추하게 만들기에 충분합니다. 그래서 이 욕망이 씻어지기까지는 영혼이 하느님과의 합일에 도달하기란 절대 불가능한 것입니다. 그렇다면 스스로의 욕망에 맡겨져 헝클어질 대로 헝클어진 그 영혼은 얼마나 추할 것입니까? 얼마나 하느님으로부터 동떨어져 있으며, 얼마나 하느님의 깨끗하심에서 멀 것입니까? 여러 가지 욕망이 마음 안에서 빚는 이 더러움은 말로 설명할 수도, 이치로 헤아릴 수도 없습니다…. 각 개인의 욕망은 영혼 안에서 각자 자기 방식대로 추함과 더러움을 갖고 있습니다."[170]

793 격정의 결과에 대한 결론

그러므로 하느님과 일치하려면, 아무리 작은 격정의 욕망일지라도, 그것이 무질서한 인간의 의지일 때는 억제하도록 해야 한다. 결국 하느님과의 완전한 일치는, 그분의 뜻에 반대되는 것과 피조물에 애착하는 어떤 것으로부터도 이탈(離脫)해야 함을 전제로 하고 있기 때문이다. 이 말은 자신의 영혼을 여러 격정의 욕망으로 타락(墮落)하도록 고의적으로 내버려 두는 순간, 하느님과 영혼의 완전한 일치는 사라지고 말게 된다. 이러한 현상은 일상적인 애착이나 격정의 욕망에서는 더욱 그러하다. 결론적으로 격정의 욕망은 그것이 아무리 가벼운 것이라 하더라도 영혼의 의지를 마비시켜 버린다.

이것은 십자가의 성 요한이 지적한 말이다. "다리에 실이 매여 있는 새는, 실의 굵기에 상관없이, 그 실을 끊어 버리지 않고서는 날 수가 없습니다."[171]

---

170) 「가르멜의 산길」 1, I권 9장.
171) 「가르멜의 산길」 1, I권 11장.

794 잘 조절(調節)된 격정의 유익성

욕망에 잘 조절된 격정(激情)이 선을 향해 의지에 복종하고 절제(節制)되었을 때, 이 격정은 우리 영혼에게 값진 유익함을 가져다 준다. 결과적으로 격정은 우리 지성(知性)과 의지(意志)의 활동을 자극하여 영혼으로 하여금 활동적이며 열정적인 힘을 갖게 한다.

ㄱ) 격정은, 노동에 대한 열정과 진리를 추구하게 하는 지성(知性)에 영향을 미친다.

예를 들어, 여기 열렬한 애국심에 도취한 사람이 있다고 하자. 그는 온 정성으로 조국에 공헌하기 위해 대단한 열정·끈기·통찰력으로 노동에 전념할 것이다. 그런가 하면 어떤 사람은 조국에 대한 봉사로서, 자신의 학문을 바치기 위해 더욱 값진 결과에 이르도록 노력을 다할 것이다.

이처럼 특히 예수 그리스도를 진심으로 사랑하는 영혼은 성서를 보다 깊게 이해하고 맛보기 위해 연구에 몰두할 것이다. 이러한 영혼에게 스승의 말씀은 찬란한 빛을 비추어 주는 하느님의 명령(神託, oracles)이 될 것이다.

795 ㄴ) 올바른 격정은 영혼에게 많은 힘을 북돋아 주고 또 훈련시키기 위해 의지(意志)에 그 영향을 미친다. 그래서 이 격정은 사랑으로 행하는 모든 일이 성공하도록 온 정성을 다해 끈기 있게 도와 준다. 이것은 마치 아이를 사랑하는 어머니가 그 자식을 구하기 위해서는 못할 일이 없는 것과 같다.

이와 같이 하느님과 영혼들을 위한 사랑에 빠져 버린 성인들은, 어떤 희생·굴욕·노력 앞에서도 영혼들을 구하기 위해 물러서지 않았다. 이처럼 우리의 의지가 보다 열정적인 행위를 요구하지만, 이 의지는 어디까지나 경건한 격정을 통해 지지되고 자극받으며 고무(鼓舞)되는 것이다. 그래서 감각적이며 지적인 두 욕망, 격정과 의지가 함께 힘을 합쳐 같은 지향으로 작용할 때, 그 결과는 매우 가치롭고 지속적이 될 것이다. 그러므로 영혼이 격정을 어떻게 사용할 것인가를 보는 것은 매우 중요하다.

Ⅲ. 격정을 바르게 사용하기 위한 규범들

이제 우리는 격정을 보다 쉽게 실천 할 수 있도록 먼저 심리적 원리들을 회상해 볼 것이다. 그 다음 나쁜 격정에 대항할 방법을 제시할 것이며, 이어서 선을 위한 격정을 절제할 수 있는 방법을 제시하겠다.

(1) 격정의 사용을 위한 심리적 원리[172]

796 격정(激情)의 욕망을 바르게 절제하기 위해서는 무엇보다 먼저, 하느님의 은총인 기도와 성사(聖事)에 의지하도록 노력해야 한다. 그리고 덧붙여 심리학에 기초를 둔 지혜로운 방법도 사용해야 한다.

ㄱ) 만일 위와 같은 격정의 절제에 더하여 생생한 감동을 동반할 경우, 이것은 격정에 관계되는 모든 행위를 자극할 것이다.

---

172) A. Eymieu, 「자신을 다스림」 t. I, 세 번째 원칙.

감각적인 쾌락의 공상(空想)은, 감각적인 행동과 욕구를 일으킨다. 반대로 건전한 상상은 행복한 결과를 맺게 할 열매를 생각하면서, 그 행위를 실천할 열망을 자극한다. 이것은 특히 추상적(抽象的)이며, 생기없는, 감각적인 상상들을 보다 구체적으로 생기있게 마음을 이끄는 생각으로 변하게 한다. 이런 뜻에서 올바른 생각은 격정을 절제하는 데 힘이 되고 시동(始動)을 걸게 하는 행위의 시작이 된다.

그러므로 나쁜 격정의 절제를 원한다면, 조심스럽게 부정적인 공상들을 버리고, 유혹과 악한 쾌락을 갖게 하는 모든 공상과 생각들을 버려야 한다. 그와 반대로 만일 좋은 격정이나 감정들을 키우려면, 자신의 의무와 덕행에 충실해야 한다. 그리고 이 격정과 감정들에 대하여 구체적으로 심사숙고를 할 수 있도록, 자신 안에 바른 생각을 유지해야 한다.

797 ㄴ) 격정의 절제에 대한 생각은 그 생각을 대체할 수 있는 보다 강한 생각에 의해 지워지지 않는 한, 절제에 대한 생각은 지속된다. 마찬가지로 감각적 욕망은 영혼을 사로잡는 더 고귀한 생각을 통해 그 욕망을 몰아내지 않는 한 계속 나타난다. 그러므로 만일 욕망이 가득찬 생각을 떨쳐 버리길 원한다면 재미있는 독서를 함으로써, 전혀 다르고 반대되는 생각을 하도록 해야 한다. 그 반대로 만일 올바른 소망이 자라나길 원한다면, 그 생각을 키울 수 있는 것에 대해 묵상하면서 이 소망을 지속시킨다.

ㄷ) 우리가 절제의 생각에 더하여 영혼을 더 풍요롭고 폭넓게 하는 다른 생각들을 겸비한다면, 격정의 절제에 대한 생각의 영

향은 증가할 것이다. 이것은 성 프란치스꼬 사베리오의 모범에서 볼 수 있는 것처럼, 자신의 영혼 구원에 대한 생각과 열망에 더하여, 형제들의 영혼 구원을 위한 노력을 겸비한다면 그것은 더욱 강렬해지고 효과적일 것이다.

798 ㄹ) 결과적으로, 모든 생각과 행동에 영감(靈感)을 주는 절제에 골몰할 때, 그 생각은 우리를 높은 능력에 이르게 한다. 그러나 우리가 이미 지적한 것처럼, 자연적 관점에서 볼 때 단순한 영혼들은 제한된 생각만을 하게 된다.

반면에 초자연적 관점에서 보면, 복음의 참된 가치를 매우 깊게 터득한 영혼들은 복음적 격언(格言)들을 그들 삶의 규범으로 삼는다.

예를 들어 다음과 같은 것들이다. "가서 가진 것을 다 팔아 가난한 사람들에게 나누어 주어라." 또는 "사람이 온 세상을 얻는다 해도 제 목숨을 잃으면 무슨 소용이 있겠는가?" 혹은 "나에게는 그리스도가 생의 전부입니다."[173]

그러므로 마음을 사로잡는 성서의 지침(指針)들을 생각하여, 자기 영혼 안에 깊숙이 뿌리 내리도록 해야 한다. 그 다음 그 생각들을 구체화시켜 끊임없이 그 지침들을 추구함으로써 성서의 금언(金言)들과 일치하도록 한다.

예를 들어 다음과 같은 성서의 금언들이 있다. "하느님은 저의 모든 것입니다. 그러기에 우리는 하느님의 큰 영광을 받들어야 합니다!"(Deus meus et omnia! Ad majorem Dei gloriam!). "우리는 오직 하느님만이 필요합니다. 예수님은 우리의 전부입

---

173) 마르 10, 21; 마태 16, 21; 필립 1, 21.

니다"(Dieu seul suffit! Qui a Jésus a tout!). "예수님과 함께 있는 감미로운 낙원이여!"(Esse cum Jesu dulcis paradisus!).

위와 같은 격정의 절제에 따른 생각은, 우리로 하여금 악한 격정을 쉽게 이기고 선한 격정을 유용하게 활용할 수 있게 할 것이다.

(2) 무질서한 격정과 싸우는 방법

799 무질서한 감정이 자신 안에 일어나는 것을 인식하는 즉시, 우리는 그 감정을 제압하고 저지하기 위해 초자연적이고 자연적인 모든 방법에 도움을 청해야 한다.

ㄱ) 격정(激情)은 그 시초부터 은총의 도움을 받는다면, 무질서한 감정을 저지(沮止)하고 그 의지(意志)를 억제할 수 있다.

그래서 우리는 격정을 강렬하게 하는 자극과 외적인 행위들을 피하도록 노력해야 한다. 화가 치밀어 오름을 느낄 때는, 고함을 지르지 않고 무질서한 행동을 피하면서, 마음의 평정이 되돌아 올 때까지 침묵하도록 한다. 또 너무 강렬한 애정을 느낀다면 좋아하는 사람과의 대화를 멈추고, 특히 간접적인 애정의 표현도 피해야 한다. 이렇게 할 때, 우리의 격정은 조금씩 약화될 것이다.

800 ㄴ) 만일 쾌락적인 격정이 문제될 때, 특히 이 격정의 대상(對象)을 잊어 버리도록 노력해야 한다.

이것을 성공하기 위해서는

① 좋아하는 사람을 잊어 버리게 하는 적절한 일에 정신과 생각을 집중한다. 그러기 위해서 공부와 건전한 놀이에 전념하거나 다른 사람들과 산책하면서 대화를 하는 것이 좋다.

② 마음의 격정으로부터 평정(平靜)을 되찾았을 때, 쾌락을 끊는 의지를 무장하여 윤리적 질서를 실천할 수 있도록 도움을 청한다. 그리고 너무 감각적인 우정, 위험한 관계, 현재와 미래에 장애(障碍)가 되는 생각을 멀리 해야 한다(제603항). 특히 구원을 위태롭게 하는 행동과 격정에 집착하는 한, 완덕에 이르기에 불가능하다는 것을 초자연적으로 고찰하도록 한다.

만일 성냄과 미움 같은 투쟁적인 격정들이 문제가 될 때, 그 격정을 줄이기 위해 얼마 동안 피하는 것이 좋다. 그리고 이성과 믿음으로 자신의 부당함을 이해하면서 격정을 가라앉힐 수 있다. 격정의 감정이 일어났을 때, 차분히 자제함으로써 평정을 유지하는 모습은 매우 성서적일 것이다.

801 ㄷ) 끝으로 격정에 반대되는 실질적인 행위를 실천하도록 노력해야 할 것이다.

만일 우리가 누구에게 반감(反感)을 갖는다면, 그의 호감을 살 수 있는 행동으로 그를 위해 봉사하도록 노력할 것이며, 다정하게 대하면서 특히 그를 위해 기도해야 할 것이다. 원수를 위해 기도하는 것보다 격정의 마음을 진정시키는 것은 없다. 이와 반대로, 어떤 사람에게 지나친 애착을 느낀다면, 만남을 피하거나 또 피할 수 없다면 당분간 무관심한 태도를 갖는 것이 좋다. 이와 같은 행위는 격정의 욕망을 사라지게 하고 약화시켜 우리 마음 안에 좋은 격정을 가꾸게 한다.

(3) 격정을 선으로 향하게 하는 방법

802 우리는 이미 격정 그 자체가 나쁜 것은 아니라고 말하였다. 그러므로 격정은 선(善)으로 향할 수 있으며 거기에 예외는 없다.

ㄱ) 참된 사랑과 기쁨은, 우리를 초자연적이고 건전한 우정이나 또는 합법적이고 순수한 애정으로 향하게 한다. 이처럼 올바른 격정은 매우 다정스럽고 너그러우며, 진정한 벗인 예수님께로 향하게 한다. 이제 우리는 많은 영혼에게 도움을 준 「준주성범」(遵主聖範, Imitation)의 아름다운 두 구절을 읽고 묵상하면서, 실천을 통해 우리 마음을 주님께 향하도록 해야 한다.

"예수님께 대한 사랑과, 예수님과의 친밀한 우정에 모든 것을"(De amore Jesu super omnia, De familiari amicitiâ Jesu).

ㄴ) 미움과 혐오(嫌惡)를 이용하여 "죄악을 미워하고 지겨워하게."(Iniquitatem odio habui)[174] 한다.

ㄷ) 격정의 욕망은 자기 가문(家門)과 고향에 집착하는 자연적 갈망에서, 사도(使徒)와 성인이 되고자 하는 초자연적 열망으로 변화된다.

ㄹ) 인간적인 슬픔이 때로는 우울(憂鬱)함이 되는 대신, 그리스도인들에게 영광의 씨앗이 되기도 한다. 이와 같은 시련들은 포기·모욕·고통을 당하신 예수님과 애통하는 영혼들에 대한 연민(憐憫)으로 바뀐다.

ㅁ) 소망은 하느님 안에 굳은 신뢰를 갖게 하고 선(善)을 위

---
174) 시편 118, 163.

해 의지를 굳게 하여 그리스도적 희망으로 변하게 한다.

ㅂ) 절망은 자신의 무능(無能)과 죄에 기초를 두고 있기 때문에 하느님께 대한 신뢰를 통하여 완화될 수 있다. 하지만 때로는 자기 자신에 대한 정확한 불신을 낳기도 한다.

ㅅ) 두려움은 영혼을 약화시켜 낙담(落膽)시키는 대신, 반대로 그리스도인에게는 선을 추구하는 힘의 원천이 된다. 그리스도인은 죄와 지옥을 두려워하지만, 오히려 이러한 영적 두려움은 영혼을 악에 대항하는 용기로 무장시킨다. 그러기에 영혼은 특히 하느님을 두려워해야 한다. 그리고 언제나 하느님을 거스려 남을 비평하게 되는 것을 두려워해야 한다.

ㅇ) 화를 내는 것은 우리의 자제력(自制力)을 빼앗기는 하지만, 그것이 올바른 분노일 때는 악에 대항해서 우리를 더욱 강하게 하고 건전하게 한다.

ㅈ) 대담성(audace)은 때때로 위험과 어려움에 직면했을 때 우리를 용감하게 한다.

803 이처럼 선을 향한 격정이 흐뭇한 결론에 도달하기 위해서는, 신심 깊은 정감(情感)과 용감한 결심이 동반된 묵상기도보다 더 좋은 방법은 없다. 이 말은 묵상기도를 통해 우리는 매일 선에 가까워질 수 있는 깊은 확신과 이상을 가질 수 있다는 것이다. 결론적으로 격정은, 실천하려는 덕목에 알맞은 감정과 생각들을 마음에 품고 그것을 바르게 자극하는 것이 중요하다. 그 대신 격정은 피하고 싶은 악에 해당하는 느낌과 생각들을 멀리 해야 한다.

이와 같이 격정을 선으로 향하게 하기 위해, 이미 제679항 이

하에서 보여 준 방법으로 매일 묵상하는 것보다 더 나은 방법은 없다. 그래서 묵상기도는 영원한 진리이시고 선(善) 자체이신 하느님을 체험하게 함으로써 매일 덕에 나아가게 한다. 그리고 신념을 통해 강해진 의지는, 악에 이끌려 다니지 않고 선으로 격정들을 단련한다.

(4) 격정을 억제하는 방법

804 ㄱ) 격정의 욕망이 선을 향하고 있을 때라 하더라도 영혼은 언제나 절제(modérer)할 줄 알아야 한다. 말하자면, 이성(理性)과 의지(意志)의 지시에 격정을 복종시키고, 은총과 믿음으로 그 격정들을 인도해야 한다. 이러한 절제가 되지 않을 때 격정의 욕망은 지나치게 된다. 격정의 본성은 매우 과격(excessives)하기 때문이다.

그래서 열정적인 기도가 예수님을 사랑하는 것이지만 때로는 영혼과 육체의 감성적인 노력으로 파악되어 영혼을 피곤하게 할 수도 있다. 즉 시기 적절하지 않은 격정은 과로가 되고, 분개는 성냄이 되고, 기쁨은 방심으로 변질될 수 있다. 특히 현세대는 열광적(fiévreuse)인 격정에 빠지기 쉬운 환경에 노출되어 있다. 그런데 이 과격한 격정은 선을 추구할 때에도 정신과 육체를 피로하게 하고 오래 지속할 수 없게 한다.

"과격함은 오래 지속하지 못한다"(violenta non durant). 그래서 선을 실천하는 영혼은 꾸준하게 노력을 계속하는 사람이다.

805 ㄴ) 그러므로 격정의 욕망을 억제하기 위해서는 현명한

지도자를 통해 행동을 조절하면서 그의 권고를 따라야 한다.

① 평소에도 우리는 격정과 욕망을 절제하면서 지속적인 긴장을 피하고 평상심을 갖도록 해야 한다. 그러므로 경주(競走)에서 끝까지 달리기 위해서는 말을 잘 준비해야 한다. 그리고 우리는 힘을 낭비할 과격한 열정은 피해야 한다. 만일 인간의 연약한 육체를 망가뜨릴 목적이 아니라면 끊임없이 육체를 억압해서는 안 된다.

② 해야 할 힘든 노력에 앞서, 또는 심한 체력소모를 한 직후, 격정의 욕망을 억제하도록 주의해야 한다. 그 때 우리는 격정을 억제하고, 보다 순수하고 강한 열정과 정당한 열망을 위해 평온하게 쉬어야만 한다. 여기에 대하여 예수님은 우리에게 좋은 본보기를 남겨 주셨다. 예수님은 피곤에 지친 제자들에게 쉬기를 당부하신다. "따로 한적한 곳으로 가서 함께 좀 쉬자" (Venite seorsum in desertum locum et requiescite pusillum).[175]

이와 같이 잘 지도되고 절제된 영혼의 격정은, 완덕으로 나아가는 데 장애물이 되기는커녕, 오히려 매일 완덕으로 나아가게 하는 효과적인 방법이 될 것이다. 격정의 욕망에서 얻은 승리는 우리의 보다 탁월한 능력들을 잘 억제하도록 도울 것이다.

제4절
탁월한 능력들의 고행

인간을 구성하고 있는 탁월한 능력들은 지성(知性, intelligence)

---

175) 마르 6, 31.

과 의지(意志, volonté)이다. 이 능력들은 원죄(原罪)에 의해 더럽혀졌기 때문에(제75항), 억제의 훈련을 필요로 한다.

I. 지성의 훈련 또는 고행

806 판단력(entendement)은 하느님과 진리에 관계되는 것을 우리에게 알려 주기 위해 주어졌다. 하느님은 정신적으로 우리의 참된 빛이시다. 그래서 하느님께서는 두 가지 빛, 즉 이성(理性)과 믿음(foi)의 빛으로 우리를 비추신다. 현재의 신원(身元)에서, 우리는 이 두 빛의 협력없이는 완전한 진리에 도달할 수 없다. 만일 이 둘 가운데 하나를 경멸한다면, 그것은 스스로 눈 먼 자가 되려는 행위일 것이다.

또 이성을 훈련하는 것은 매우 중요하다. 이성은 선을 지향할 지침을 정해 주고 의지를 밝혀 주기 때문이다. 그래서 양심(良心)의 이름으로 이성은 초자연적이고 정신적으로 우리의 삶을 조절한다. 그러나 이렇게 되기 위해 우리는 무지(無知)·호기심·경솔·교만·고집 등의 불완전한 성향들을 억제해야 한다.

807 (1) 무지(無知, ignorance)는, 우리가 하느님에 대해 연구하는 모든 것을 반대한다. 그리고 그분께 나아가는 방법들을 끈질기게 조직적으로 거부한다. 그래서 구원에 관계되는 학문을 소홀히 하면서, 다른 모든 학문을 연구한다는 것이 옳은 일이라고 주장한다.

물론 각자는 자신의 의무에서 오는 인문 과학(sciences humaines)들을 연구해야 할 것이다. 그러나 우리의 근본적인 의무는 하느님을 사랑하기 위해 그분을 바르게 인식하는 데 있다. 이러한 이유로 우리는 하느님께 대한 연구를 소홀히 하지 말아야 한다. 그럼에도 불구하고, 학문의 여러 분야에서 잘 교육된 그리스도인들마저 수덕·윤리·교의와 가톨릭 진리에 대해서는 매우 초보적인 지식만 갖고 있는 경우가 얼마나 많은가! 그러나 다행스럽게도 현대에 와서 많은 평신도들 사이에, 신앙적이고 성서적인 연구가 활발하고, 거기서 이해되는 영성 모임들이 점진적으로 나타나고 있다.[176]

808 (2) 호기심(好奇心)은 종교적인 무지(無知)를 증가시키는 일종의 정신질환이다. 왜냐하면 호기심은 영혼에게 유익한 것보다는 쾌락을 만족시키는 극성스러운 열정으로 이끌기 때문이다. 그 결과 호기심은 영혼으로 하여금 귀중한 시간을 잃어 버리게 한다. 따라서 자주 영혼을 충동하고 조급하고 열정적으로 몰두하게 하는 호기심에 대한 연구가 필요한 것은 당연한 일이라 하겠다.

이 호기심을 극복하기 위해

① 첫째, 호기심의 연구에 있어, 언제나 마음에 드는 것보다는 유익하고 특히 "더 필요한 것을 먼저 하십시오"(id prius quod est magis necessarium) 하는 성 베르나르도의 말을 기억할 필요가 있다. 그래서 호기심을 충족시키는 독서보다는 단순한 휴식의 형태로 시간을 보내는 것이 훨씬 좋다고 했다. 이러

---

[176] 여기서 평신도들의 모임을 특별히 제시한다. 또 젊은 학생들도 성서와 교리를 공부하면서, 「젊은이들의 잡지」 운동을 일으켰으며, 영성을 연구하기 위해 「생활 안에서의 성서」란 잡지를 만들어 연구한 팀들도 있다.

한 이유에서 우리는 대중적 소설, 상상을 증가시키는 책, 또는 여러 신문 잡지를 통해 어지럽고 잡다한 소식에 대한 호기심을 절제하면서 읽어야 한다.

② 독서에서 호기심을 북돋을 수 있는 열성은 피해야 한다. 특히 책 전체를 단숨에 읽어 치우는 독서의 자세는 피해야 한다. 그리고 좋은 책을 읽을 때에도 잘 이해하기 위해 천천히 읽으면서 맛보는 것이 중요하다(제582항).

③ 만일 호기심과 학문만을 위한 연구가 아니라, 초자연적 이유에서 자신과 이웃을 감화(感化)시키기 위한 연구라면, 그 연구는 쉬울 것이다. "감화시키려면 사랑이 있어야 하고… 감화받으려면 신중함이 있어야 한다"(ut aedificent, et caritas est… ut aedificentur, et prudentia est).[177]

성 아우구스티누스는 학문은 사랑을 위해 봉사해야 한다고 했다. "지식을 사용할 때는 사랑의 건물을 짓는 도구로 사용하십시오"(Sic adhibeatur scientia tanquam machina quaedam per q-u-am structura caritatis assurgat).[178]

이러한 사상은 영성문제를 연구할 때도 마찬가지다. 우리는 이 연구에서 호기심이나 교만을 만족시키는 것보다, 금욕(禁慾)을 실천하고 마음을 정화(淨化)하는 법을 연구해야 한다.[179]

809 (3) 우리는 철저하게 교만(驕慢)을 피하도록 노력해야 한다. 특히 정신적 교만은 의지적 교만보다 치유(治癒)되기가 더

---

177) S. Bernardus, *In Cant.*, serm. XXXVI, n. 3.
178) *Epist.* LV, C. 22, n. 39, *P. L.*, XXXIII, 223.
179) Scupoli, 「영적 전쟁」 9장 n. 8.

어렵고 위험하다고 스꾸뽈리(Scupoli)는 말한다.[180]

일반적으로 교만은 장상(長上)에 대한 신뢰와 순명을 어렵게 한다. 특히 자신의 신뢰에 집착하는 한, 신앙의 가르침을 받기 어렵고, 자기 판단에 대한 해석과 평가에 다른 영혼들이 복종하길 원한다. 또 교만은 자기 자신의 판단을 깊이 신뢰하고 있기 때문에, 다른 형제들과 의논하길 싫어하며, 특히 장상과는 더욱 그러하다.

이러한 마음가짐은 유감스럽게도 경솔함을 낳는다. 그리고 자신의 생각과 같지 않은 견해(見解)를 단정적으로 단죄(斷罪)해 버리는 고집(opiniâreté)이 생겨난다. 이러한 교만은 결과적으로 그리스도인들 사이에 가끔 일어나는 분열(分裂)의 씨앗이 된다.

성 아우구스티누스는 자기 세대에서 벌써 평화와 애덕과 화합을 깨뜨리는 불행한 분열에 대해 말했다. "일치를 파괴하는 분열자, 평화의 원수, 사랑의 문외한(門外漢), 허영으로 날뛰는 자, 자기 자신을 마음에 들어하고 자기 스스로를 위대하게 보는 자들이 있습니다"(sunt unitatis divisores, inimici pacis, caritatis expertes, vanitate tumentes, placentes sibi et magni in eculis suis).[181]

810 정신적 교만의 치유(治癒)를 위해

① 신앙의 가르침은 우리가 하느님께 어린이처럼 유순하게 순종해야함을 말한다. 물론 교부들과 신학자들, 특히 성 아우구스티누스와 성 토마스는 인내와 수고를 통한 순종의 교의(敎義)에

---

180) *L. cit.*, n. 10.
181) Sermo III Paschae, n. 4.

서 그 지혜를 얻도록 권장하고 있다. 그래서 성 안셀모는 잠언집(箴言集)에서, 교만은 열심한 신심과 절제를 통해 정화되어야 한다고 말한다. "믿음은 지혜를 통해 얻습니다"(fides quaerens intellectum).[182]

그러므로 순종의 교의를 설명한다는 빌미로 순종의 정신을 축소시키고 비평하는 것은 피해야 한다. 그리고 믿어야 할 진리뿐만 아니라, 교황의 권위에도 자신의 판단을 순명시켜야 한다. 또 자유롭게 논의된 문제들에 대해 각자의 견해(見解)를 말할 자유를 주고, 자신뿐만 아니라 다른 사람의 의견들도 멸시하지 않도록 할 것이다. 이렇게 함으로써 정신적 교만에 진정한 평화가 깃들 것이다.

② 또 이웃과 함께 하는 토론에서, 자신의 정신적 교만함과 생각의 우월감을 추구하지 말고 언제나 진리를 추구하도록 해야 한다. 그러기에 우리는 토론에서 정당하게 반대하는 사람들의 이유를 주의깊게 들어야 한다. 그리고 진리에 접근할 보다 나은 방법이 지적될 때는 지체없이 양보해야 할 것이다. 이렇게 함으로써 우리는 겸손과 사랑의 법을 지킬 수 있다.

요약한다면, 자신의 지성(知性)을 훈련하기 위해 가장 필요한 초자연적 정신과 인내심을 함께 연구해야 한다. 말하자면, 진리를 사랑하고 실천하면서 그 진리를 이해하려는 자세로 연구해야 한다.

II. 의지(意志)의 단련 또는 고행

---

182) Denzing., n. 1796.

811 (1) 의지를 단련해야 하는 필요성

인간 안에 존재하는 의지는 다른 능력(能力, faculté)들을 다스리는 여왕이며 주인이다. 의지는 자유롭기에 올바른 행위(élicites)뿐만 아니라, 다른 능력들의 자유와 재능과 단점까지도 지배(支配, impérés)한다. 따라서 의지를 조정(調整)한다는 것은 인간 전체를 조정하는 행위가 된다. 의지가 열등한 능력들을 충분히 조정할 수 있고, 하느님께 순종하는 데 매우 온순(溫順)하다면, 그 의지는 잘 조정되어 있는 것이다.

그러나 현실적으로 위에서 말한 의지의 두 역할을 수행하는 것이 매우 어렵다. 열등한 능력은 자주 의지에 대항하여 반항하기 때문이다. 그래서 우리가 의지에 대한 단호한 결심을 가질 때 능력은 의지에 복종하게 된다. 즉 의지는 감성적 능력에 절대적인 힘을 행사하지 못하지만, 의지가 이 능력을 순명으로 이끌기 위해서는 일종의 윤리적인 설득력을 가져야 한다(제56항).

그러므로 힘들지만 우리는 의지를 자주 쇄신하려고 노력해야 한다. 그렇게 함으로써 격정(激情, passions)과 감성(感性)의 능력들을 의지에 복종시킬 수 있다. 이 말은 우리가 하느님의 명(命)에 자신의 의지를 완전히 순종시켜야 한다는 것이다. 우리는 분명한 자율(自律, autonomie)을 갈망하지만, 순종의 길에서 자주 뒷걸음치고, 일시적인 기분에 따라 하느님의 거룩하신 뜻에 대항한다. 이와 같은 결과로 볼 때, 의지의 단련은 우리에게는 의무가 된다.

812 (2) 의지를 실천하는 방법

의지의 단련은 모든 것에서 하느님께 순종할 수 있도록 유연

해야 하며, 또 감성(感性)과 몸을 지배할 수 있도록 충분히 강해야 한다. 이 말은 의지를 단련하는 목표에 이르기 위해, 장애물들을 멀리하고 보다 실천적인 방법을 취하는 것이 필요하다는 것이다.

(가) 의지를 힘들게 하는 중요한 장애물들

ㄱ) 내적 장애물들

① 경 솔: 경솔함이란 행동하기 전에 먼저 생각하지 않는 것이며, 순간적인 충동・격정・습관・변덕을 따르는 행위이다. 그러므로 우리 의지는 행동하기 전에 생각해야 하며, 언제나 하느님께서 우리에게 요구하시는 것이 무엇인지를 자문(自問)해야 한다.

② 과도하고 강한 열정은 잘 통제되지 않은 긴장(緊張)을 낳고, 영혼과 육체를 피곤하게 하며, 자주 악으로 빗나가게 한다. 그러므로 우리는 의지에 대한 열정이 너무 지나치지 않도록, 선(善)을 실천할 때 절제(節制)와 침착함을 가져야 한다.

③ 무기력(無氣力, nonchalance), 우유부단(優柔不斷, indéision), 나태(懶怠), 윤리적 활력 부족 등은 의지의 힘을 위축시키거나 마비시켜 버린다. 그러므로 우리는 의지의 강인함과 신념(信念)을 강화시켜야 한다.

④ 실패에 대한 두려움, 신뢰 부족은 우리 의지의 힘을 약화시킨다. 그러기에 우리는 하느님의 도우심으로 장애물에서 벗어나 좋은 결과를 맺을 것이라고 확신해야 한다.

813 ㄴ) 자신의 외부에서 오는 의지(意志)에 대한 장애물들은 내적 장애물들과 합쳐진다.

① 이웃 사람들의 비평(批評)이나 비웃음을 두려워하는 인간적 체면은 우리 의지를 사람들의 종(從)이 되게 한다. 그러나 중요한 것은 언제나 불완전한 인간들의 비평이 아니다. 오히려 의지에서 오는 지혜는 하느님의 최후심판을 되새기면서 내적 또는 외적 장애물들과 대적(對敵)해야 함을 일깨워 준다.

② 또 본보기가 아닌 나쁜 성향들은 언제나 우리의 천성(天性)과 쉽게 교감(交感)되어 의지를 약화시킨다. 이 때 우리가 해야 할 일은, 으뜸이시며 스승이신 예수님을 기억하는 일이다(제136항 이하). 그리고 나아가 그리스도인들은 세속적이 아닌 신앙적인 의지의 삶을 살아야 한다(제214항).

814 (나) 의지를 실천하는 방법은 은총과 의지와 지성을 조화롭게 결합시키는 일이다.

ㄱ) 지성은 심오(深奧)한 신념(信念)을 제공해 줌으로써 우리 의지를 자극(stimulant)하고 이끌어 주는 작용을 한다. 이와 같은 신념들은 의지로 하여금 하느님의 뜻에 맞는 선택을 결정하게 한다.

이것을 우리는 다음과 같이 요약할 수 있다. 하느님은 우리 삶의 목표이며, 예수님은 우리가 하느님께 가기 위해 따라야 할 길이다. 우리는 예수 그리스도와 일치하면서, 하느님을 위해 모든 것을 실천해야 한다. 여기서 우리의 목표를 가로막는 유일한 장벽은 바로 죄이다.

우리는 있는 힘을 다해 죄를 피해야 하며, 불행하게도 죄를 지었을 때는 즉시 속죄(贖罪)하도록 해야 한다. 죄를 피하는 유일한 방법은 하느님의 뜻을 지속적으로 실천하는 것이다. 우리는 끊임없이 예수님을 알려고 노력하면서 우리 삶이 그분과 일치하도록 해야 한다. 이것을 이루기 위해 사도 바오로는 회개에 대한 말을 자주 되새긴다. "하느님, 제가 무엇을 하기를 바라십니까?"(Domine, quid me vis facere?).[183]

815 ㄴ) 지성(知性)에 의해 생겨난 신념은 의지(意志)에 강하게 작용할 것이다. 그렇기 때문에 의지 편에서는 굳은 결심과 확고하고 항구한 행동을 취해야 한다.

① 의지를 갖고 결심(décision)을 해야 한다.

실천해야 할 중요한 것을 숙고하고 기도했을 때, 때로는 망설임이 있더라도 즉시 결심을 하도록 한다. 심사숙고(深思熟考)를 오래 함으로써 귀중한 시간을 잃어 버리기에는 인생은 너무나 짧기 때문이다. 우리의 선한 행위를 보시고 축복하시는 하느님과, 그분의 뜻에 더 알맞은 결심을 해야 한다.

② 이 의지의 결심은 확고(ferme)해야 한다.

의지의 결심은 말하는 것만으로 충분하지 않다. 우리는 이 결심을 원하고 열망해야 한다. 어떤 값을 치르더라도 의지에 대한 결심만은 확고해야 한다. 그리고 이 결심을 미루면서 더 좋은 기회를 기다리지 말고, 즉시 실천하도록 하여야 한다.

③ 그러나 의지의 확고함은 난폭하지 않다.

의지의 확고함은 오히려 평온하다. 왜냐하면 의지는 항구(constante)하기를 원하고 또 실패했다고 낙심하지 않으며, 끊임없는 노력으로 의지를 쇄신(刷新)하기 때문이다. 즉 의지를 스스로 포기할 때 영혼은 패배하는 것이다.

---

183) 사도 9, 6.

그러기에 몇 몇 실패와 상처(傷處)에도 불구하고 우리는 승리자처럼 자기 자신을 바라보아야 한다. 하느님께 의지하면 실제로 그 영혼에게는 적(敵)이 없기 때문이다. 만일 우리에게 잠시 패배하는 불행이 오더라도 우리는 즉시 일어설 것이다. 우리가 영혼의 의사(醫師)인 하느님과 함께 한다면 치유(治癒)되지 못할 상처나 병(病)은 없다.

816 ㄷ) 그러므로 의지의 단련에 대한 마지막 분석은, 하느님의 은총 안에서 셈할 줄 알아야 한다. 만일 겸손과 신뢰로 의지의 단련을 하느님께 간청한다면, 그 간청은 거절되지 않을 것이며 이로써 우리는 적(敵)이 없게 될 것이다. 그러므로 우리는 절대적인 은총의 필요성에 대한 신념을 자주 확인해야 한다. 특히 중요한 행위를 시작할 때마다 이 의지를 쇄신할 것이다. 그리고 우리는 주님과 일치하는 순간 그분의 은총을 간청할 것이다.

예수님은 우리의 모범이실 뿐 아니라 협력자이시다. 그러기에 우리는 그분께 깊은 신뢰심으로 의지하며, 은총 안에서 구원이 시작되고 실현될 수 있다고 확신해야 한다. "나에게 능력을 주시는 분을 힘입어 나는 무슨 일이든지 할 수 있습니다"(Omnia possum in eo qui me confortat).[184] 이 때 우리 의지는 하느님의 권위에(Dominus fortitudo mea) 참여하기 때문에 강해진다. 그 결과 우리의 의지는 자유로워질 것이다. 진정한 자유는 우리를 속이는 격정(激情)이 아니라, 충동과 관능적 쾌락에 대한 의지(意志)와 이성(異性)의 승리를 보장하는 데 있다.

---

184) 필립 4, 13.

817 결 론

이렇게 함으로써 우리가 설정한 고행(苦行, mortification)의 목표를 실현할 수 있다. 하느님의 뜻에 의지는 순종하고, 우리의 의지는 열등한 능력들을 지배하게 된다.

이로써, 우리는 일곱 가지 악(惡)인 칠죄종(七罪宗, péchés capitaux)과 더욱 쉽게 싸우고 이 악들을 뿌리뽑을 수 있게 된다.

제IV부 칠죄종과의 투쟁[185]

818 영혼이 죄(罪)를 거슬러 싸운다는 것은 언제나 일종의 고행이다.

그래서 영혼을 정화시켜 죄에 다시 떨어지지 않도록 하기 위해, 우리 안에 있는 악의 뿌리인 세 가지 육체적 탐욕(육체·호기심과 인색·교만)을 공략해야만 한다. 이것에 대해 이미 제193항-제209항에서 일반적인 개념을 논하였다(역자: 제192항 끝에서 말하는 영혼의 세 가지 적들인 육체·세속·악마와는 구별할 것).

그러나 우리 안에 있는 이 세 가지 육체적 탐욕이 일곱 가지 죄(七罪宗: 교만·질투·분노·탐식·음란·게으름·인색)들의 뿌리이므로, 악한 성향들을 바르게 알고 싸우는 것이 중요하다. 사실 어쩌면 이와 같은 일곱 가지는 죄라기보다는 나쁜 성향들이다. 그럼에도 불구하고 죄라고 부르는 것은, 이 칠죄종이 다른 죄로 우리를 유혹하기 때문이며, 수많은 죄의 두목이고 뿌리이기 때문이다.

819 일곱 가지 죄(七罪宗)에 대항하여 싸우는 것은 언제나 그리스도적 영성과 깊은 관계를 가지고 있다. 그래서 까시아노(Cassienen)는 그의 강연(講演)과 교육장에서 이 영적 싸움에 대

---

185) Cassien, *De caenobiorum institutis*, 1 V, c. I, *P. L.*, XLIX, 202 sq.; *Collationes*, coll. V, c. X, ibid, 621 sq.; S. Jean Climaque, 「천국의 사다리」 grad. XXII, P. G., LXXXVIII, 948 sq.; S. Grégoire le Grand, 「윤리」 1. XXXI, c. XLV, *P. L.*, LXXVI, 620 sq.; S. Thomas. 1권 2절, 84문, 3-4항; *De malo*, q. 8, a. 1; S. Bonaventure, *In Il Sentent*, dist. XLII, dub. III; Melchior Cano, 「자신을 이김」 *M. Legendre* 번역 파리, 1923; Noel Alexandre, *De peccatis*(Theol. cursus *Migne*, XI, 707-1168); Alvarez de Paz, t. II, Lib. I, P. 2ª, De extinctione vitiorum; Phil. de la Ste Trinité, 1ª P., Tr. II, disc. II et III, De vitiorum eradicatione et passionum mortificatione; Card. Bona, *Manuductio ad caelum*, cap. III-IX; Alibert, 「정념의 심리」 1827; Descuret, 「정념의 의사」 파리, 1860; Paulhan, *Les Caractères*, 파리, 1902; J. Laumonier, 「주요 죄들의 치료」 파리, Alcan, 1922.

하여 길게 서술하고 있다.[186] 성 까시아노는 일곱 가지 죄에 하나를 더하여 여덟 가지 죄로 분류한다. 그는 헛된 영광과 교만을 따로 나누어 생각했기 때문이다.

성 대 그레고리오(S. Grégoire le Grand)는[187] 칠죄종을 모두 교만에서 나오는 것으로 분명하게 구분하고 있다. 그런가 하면 성 토마스 역시 교만에 칠죄종을 연결시키고, 인간들이 추구해야 할 특별한 목표를 설명하면서, 어떻게 일곱 가지 죄를 철학적으로 분류할 수 있는가를 보여 준다.

그래서 죄와 대항하는 우리의 의지(意志)는 다음 두 가지 움직임을 통해 승리를 얻을 수 있다. 다름 아닌 선(善)을 추구하고 악(惡)을 피하는 것이다.

⊙ 선(善)을 추구하기 위한 확고한 의지

① 참된 영적 행복·찬미·명예를 추구할 때, 확고한 의지가 필요하다. 이와 같은 선은 자만심이 많은 사람들의 특별한 목표가 되기 때문이다.

② 이기적인 육체적 행복, 즉 먹고 즐기는 것과 사치에 대한 욕망을 피하는 의지가 필요하다.

③ 부당한 방법으로 취하는 모든 재산은 우리를 인색(吝嗇)하게 만들기 때문에 우리에게는 확고한 의지가 필요하다.

⊙ 악(惡)을 피하기 위한 의지

① 선을 획득하기 위한 노력과 게으름을 피하기 위한 의지가

---

186) *De caenobiorum institutis*, 1. V, c. 1; *Collat*, col. V, c. X.
187) *Moral.*, 1. XXXI, c. 45. *P. L.*, LXXVI, 620-622.

필요하다.
② 존경할 만한 인격에 대한 질투와 분노를 피하고 악을 무서워할 줄 알아야 한다.

제1장 칠죄종(七罪宗)에 매어 있는 악과 교만

제1절
교 만

820 교만(驕慢)은 우리가 이웃에게 가져야 할 존경하는 감정에 대한 탈선(脫線)이다. 그러기에 우리는 하느님께서 모든 것의 첫 근원이시고 마지막 목표이심을 바르게 인식하면서, 그분께서 우리에게 주신 선(善)을 존중해야 한다. 이 선은 우리가 하느님을 찬미하고 우리 자신을 존중하게 하는 감정이다. 그리고 이 감정은 이웃의 장점을 존중하고 인식하게 한다. 그 결과 하느님께 대한 우리의 존경은 인간들 사이에 존재하는 좋은 관계로 유도된다.

그러나 하느님을 향한 우리의 마음이 교만으로 인해 왜곡될 수 있다. 그래서 우리는 가끔 은사(恩賜)의 창조주이신 하느님을 잊어 버리고 교만으로 그 은사를 자신의 것으로 착각한다.

이러한 교만은 우리로 하여금 하느님께서 첫 근원이시라는 사실을 무언 중(無言中)에 부인(否認)하게 하기 때문에, 첫 번째 무질서(無秩序, désordre)라 한다. 그로 인하여 우리는 자신이 이루는 모든 명예를 하느님께 드리고 그분을 위해 행동하기 보다는, 다른 사람들로부터 존경받기 위해 행동한다. 이러한 모습을 우리는 두 번째 무질서라 한다. 하느님은 우리의 마지막 목표임을 역시 무언 중에 부인하는 것이기 때문이다. 이것을 두고 악(惡) 안에는 두 형태의 무질서가 존재한다고 말한다.

그러므로 이제 우리는 악에 대한 정의(定義)를 다음과 같이 내릴 수 있다. 악이란 무언 중에 하느님이 아닌 자기 자신이 마치 첫 근원이자 마지막 목표인 것처럼 생각하고 스스로를 존경하는 자신에 대한 무질서한 사랑이다. 이러한 현상은 자신을 우상(偶像)처럼 대하기 때문에 일종의 우상숭배(偶像崇拜, idolâtrie)가 된다. 이것을 보슈에(Bossuet)는 이미 제204항에서 지적한 바 있다.

교만에 대항하여 잘 싸우기 위해서
   Ⅰ. 교만의 주요한 형태
   Ⅱ. 교만이 낳는 결점
   Ⅲ. 교만의 악의(惡意)
   Ⅳ. 교만에 대한 치료법 등을 알아보기로 하자.

Ⅰ. 교만의 주요한 형태

821 (1) 교만의 첫 모습은 무엇보다 먼저 무언(無言) 중에 자신이 모든 것의 첫 근원인 것처럼 스스로 착각한다는 사실이다.

(가) 교만한 인간은 자기 자신이 모든 것의 첫 근원이라 생각하면서도 자신을 사랑하지 않는다.

ㄱ) 이와 같은 교만은 하느님을 의식적으로 거부하는 무신론자(無神論者, athées)들의 죄와 같다. 무신론자들은 지배자를 원하

지 않기 때문이다. 무신론자들은 하느님도 지배자도 모두 거절한다. 이것을 시편에서는 다음과 같이 말한다. "어리석은 자 제 속으로 이르기를 '신이 없다.' 하도다"(Dixit insipiens in corde suo: non est Deus).[188]

ㄴ) 교만한 사람은 스스로 자립적(自立的) 존재이길 바라면서도, 하느님께 순종하기를 거부한다. 이러한 교만은 우리 원조(元祖)들이 신(神)이 되기를 원하면서, 스스로 선과 악을 알려고 한 것과 같다. 이것은 이성(理性)에 의한 교만으로, 믿음에 복종하지 않으려는 합리주의(合理主義, rationalistes)자들의 교만과 같은 것이다. 물론 이 교만은 교의(敎義)에 충실한 성전(聖傳) 해석을 받아들이지 않는다. 그래서 교만은 지능적인 영혼들의 요구에 어울리도록 고귀한 성전을 완화시키고 변형시킨다.

822 (나) 많은 사람들이, 하느님께서 거저 주신 초자연적이고 자연적인 은사들을 마치 자기 것처럼 여김으로써 교만의 죄에 빠진다. 물론 이론적으로는 하느님이 우리 모든 것의 첫 근원이라는 것을 인정한다. 그러나 실제적으로는, 우리 안에 있는 장점을 바로 자신이 이룩한 것처럼 생각하고 있다.

ㄱ) 교만한 자들은 자신이 바로 공로(功勞)와 자질(資質)의 장본인이라 생각하고 스스로 만족한다. 여기에 대하여 보슈에는 다음과 같이 말한다. "영혼도 언제나 자기 스스로를 아름답게 봅니다. 그래서 교만한 영혼은 자신의 우월감(優越感)에 도취(陶醉)되어 자기 안에서 즐거움을 누립니다.

이와 같이 교만한 영혼은 하느님께 나아가는 것을 한동안 그

---
188) 시편 13, 1.

쳐 버립니다. 그로 인해 교만한 영혼은 자신의 소속을 잊어 버리게 됩니다. 이처럼 영혼은 처음에는 활동을 멈추고, 다음에는 자기 안에 갇혀 버립니다. 영혼은 정의의 법과 하느님 안에 해방될 때까지 끊임없이 자유를 추구하면서도, 자기 안에서 죄의 노예로 살아갑니다."[189]

823 ㄴ) 심각한 교만은 모든 덕(德)의 실천을 자신의 공로로 생각하는 것이다. 그리고 하느님께서 주시는 무상(無償)의 은사들을 마치 자기의 공로로 맺어진 열매인양 생각하는 것이다. 그러나 우리가 실천하는 모든 좋은 과업들은 하느님께 그 공로를 돌려드려야 한다. 실제로 모든 공로는 하느님이 그 첫 근원이시기 때문이다. 그런데 교만한 영혼들은 그 공로들이 자기의 것으로 착각하고 만족한다.[190]

824 (다) 개인적 장점(長點)을 과대평가 하는 것도 교만에 속한다.

ㄱ) 영혼들은 자신의 결점에 대해서는 눈을 감고, 반대로 자기 장점은 확대경으로 본다. 그리고 자신들이 갖고 있지 않거나 또 눈에 보이는 덕행들을 마치 자기 것으로 생각한다. 남에게 보이기 위해 교만한 적선(積善)을 하면서도, 자신들은 애덕이 많은 사람이라고 스스로 믿는다. 그들은 굳은 각오와 훌륭한 생각을 가졌다고 생각하면서, 자신이 마치 성인(聖人)이나 된 듯 상상한다.

그러나 교만한 그들은 아직 완덕의 첫 단계에도 이르지 못한

---

189) *Tr, de la concupiscence*, 11장.
190) Ibid., 23장; J-J. Olier. 서론, 7장.

것이다. 그런가 하면 작은 규칙들은 무시하면서 큰 방법으로 성화하려고 노력했기 때문에, 자기 스스로 도량이 매우 넓다고 생각하는 교만한 영혼들도 있다.

ㄴ) 부당한 사고(思考) 방식에서 온 교만은 언제나 이웃보다 자신을 더 생각하는 이기적인 삶의 첫 걸음이 된다. 교만한 영혼은 이웃의 결점은 확대경으로 조사하지만, 자신의 결점은 아주 조금만 인정한다. 이웃의 눈에 있는 티끌은 보면서, 자신의 눈에 들어 있는 들보는 보지 못한다. 그래서 우리는 자주 바리사이파 사람들처럼 이웃을 경멸한다.[191]

그렇지만 우리가 이웃을 부당하게 낮추어 평가하고, 그들보다 낫다고 생각할 때, 실제로는 우리가 그들보다 더 못할 때가 많다. 이와 같은 교만 때문에 우리는 이웃을 다스리려 하고, 그들보다 뛰어나다고 주장한다.

ㄷ) 또 이 교만은 장상(長上)에 대해서도 비평(critique)과 불평(frondeur)의 정신으로 나타난다. 이러한 교만에 빠진 사람들은 책임자들을 비난(blâmer)하기 위해 책임자들의 작은 몸짓과 발걸음까지도 관찰한다. 교만한 사람은 모든 것을 판단(juger)하고 조절(調節)하기를 원한다.

이와 같은 교만은 순명을 더욱 어렵게 하기 때문에, 장상의 권위와 결정에 순명하고 허락을 청하는 것을 더욱 힘들게 한다. 교만한 사람은 책임자로부터 독립적이기를 바라는데, 이것은 자신이 모든 것의 첫 근원이 되고 싶다는 의미인 것이다.

825 (2) 교만의 두 번째 모습은, 분명히 또는 암암리에 하느님

---

191) 루가 18, 9-14.

을 배제한 채 자신을 모든 행위의 궁극 목표로 생각한다. 그리고 이런 교만한 행위들에 대해 전적으로 자기의 것인양 칭찬받기를 원한다. 이러한 두 번째 교만의 모습 역시 자신이 모든 것의 첫 근원이라는 첫 번째 교만에서 나온 것이라고 할 수 있다. 자신을 첫 근원으로 보는 사람은 또한 자신이 모든 행위의 궁극목표가 되기를 원하기 때문이다. 여기서 우리는 이미 구분했던 교만들을 정리할 필요가 있다.

(가) 무신론자나 믿지 않는 사람을 제외하고, 드러내놓고 자신을 궁극 목표로 여기는 사람은 드물다.

(나) 그러나 많은 영혼은 실제로 자신이 궁극 목표인 것처럼 교만스럽게 행동한다.

ㄱ) 교만한 사람은 자신을, 모든 훌륭한 사업의 장본인으로 생각한다. 그리고 자신들의 이익과 허영을 만족시키기 위해 행동할 권리가 있다고 생각한다. 그래서 교만한 사람은 하느님께 드려야 할 모든 명예와 권리를 자신의 것처럼 자랑하고 성공에 대한 치사(致辭)를 듣고 싶어 한다.

ㄴ) 교만한 영혼들은 하느님과 이웃의 영광을 위해 힘을 쓰는 것에는 매우 인색하면서, 자기 자신의 이익을 위해서는 이기적으로 행동한다. 이와 같은 자세는 이웃의 삶이 자신의 만족을 위해 있어야 한다는 극단적인 상상에 이르기까지 된다. 이렇게 함으로써, 교만한 영혼은 자신이 다른 사람들에게 중심이 되고 그 목표가 되길 바란다. 이러한 교만은 하느님의 권위(權威)를 무의식적으로 횡령하는 행위가 되는 것이다.

ㄷ) 경건한 영혼은 바른 신심에서 자기를 찾는다. 그러나 교만한 영혼은 위로를 듬뿍 내려 주지 않는다고 하느님께 불평한

다. 또 영혼이 건조한 상태에 이르면 비탄(悲嘆)에 잠긴다. 하느님의 영광이 신심 행위의 최종 목표가 되어야 함에도 불구하고, 교만한 사람의 신심 행위의 목표는 위로(慰勞)를 즐기는 것이라고 잘못 이해하고 있다.

826 교만은 여러 형태를 통해 완덕에 열중하는 영혼들에게 공통된 결점을 갖게 한다. 그리고 이 교만에서 생긴 결점은 영성생활의 모든 단계에 스며들어 있다. 물론 완덕에 나아가는 초보자들은 이 교만이 낳는 결점에 대해 충분히 심도 있게 연구하지 않았기 때문에 이것에 대한 인식이 전혀 없다. 이 점에 관해서는 초보자들의 관심을 끌게 하는 것이 중요하다. 더 나아가 초보자들에게 교만이 낳는 결점들을 알려 주면서, 특별한 양심성찰의 소재(素材)가 되도록 해야 한다.

II. 교만이 낳는 결점

교만이 낳는 중요한 결점들은 자만(自慢)·야망·허영 등이다.

827 (1) 자만(présomption)은 자기 능력 이상의 것을 추구하고 싶어하는 무절제한 희망에 대한 욕구이다. 자만은 자신이 매우 훌륭한 생각, 자연적인 능력들과 지식, 힘과 덕목들을 고루 갖추고 있다는 교만에서 나온다.

ㄱ) 지적(知的)인 면에서, 자만은 자신만이 가장 어렵고 까다로운 문제를 풀 수 있다고 믿게 한다. 그래서 자만은 자기의 재능에 맞지 않는 공부를 하게 한다. 그리고 자만은 판단력과 지혜를 충분히 가지고 있다고 스스로 믿게 하여, 물의를 일으키고 있는 논쟁을 의심없이 대담하게 결정해 버린다.

ㄴ) 윤리적인 면에서, 자만은 자신을 스스로 이끌기 위해 충분한 빛을 갖고 있다고 상상하게 하면서, 영적 지도자의 지도가 필요없다고 생각하게 한다. 자만은 과거의 잘못에도 불구하고 자기 자신을 너무 믿게 하여 다시 죄에 떨어질 두려움을 없애 버린다. 그리고 죄의 기회가 왔을 때 거침없이 경솔한 행동을 통해 죄에 빠져 버린다. 바로 여기서 자만으로 인한 새로운 타락의 원인이 되는 실망과 경멸이 생겨난다.

ㄷ) 영적인 면에서, 자만은 보이지 않는 덕행이나 육체에 고통을 주는 덕목(德目)에는 별 흥미가 없고, 소문이 자자한 덕목만을 좋아하게 한다. 그래서 자만은 굳건한 겸손의 기초 위에서 미래를 계획하게 하지 않는다. 그대신 자만은 성공에 대한 상상과 사도직 열성만으로 위대한 영혼이 되기를 꿈꾸게 한다. 그러나 자만의 첫 유혹에서 우리 의지가 얼마나 나약하고 쉽게 혼들리는가를 즉시 알게 될 것이다. 자만은 가끔 신심생활의 작은 실천들과 공동 기도를 소홀히 하게 한다. 자만한 사람은 영성생활의 초보 단계인데도 불구하고 특별한 은총을 열망한다.

828 (2) 자만이 커지면 야망(野望, ambition)을 낳는다. 야망은 명예와 존엄 그리고 다른 사람의 권위에 대한 무절제한 사랑이다. 야망은 자신의 힘을 과대평가하고, 다른 사람들보다 자신이 낫다고 판단하게 한다. 그래서 야망은 다른 영혼들을 다스리고 지도하며 그들에게 자기 생각을 강요하게 만든다.
성 토마스는 야망의 무절제를 다음 세 가지 방법으로 표현할 수 있다고 말한다.[192]

---

192) 「신학대전」 2부 2편, 131문, 1항.

첫째, 자신의 공로로 얻을 수 없고, 자기 능력을 능가하는 명예를 추구한다.

둘째, 하느님의 영광보다 자신의 명예와 영광을 추구한다.

셋째, 이웃의 선을 위한 봉사가 아닌, 자기의 명예를 즐긴다.

위와 같은 성 토마스가 말하는 야망은, 훌륭한 사람이 자기보다 못한 사람의 이익을 위해 일해야 한다는 하느님의 질서에 어긋난다는 것이다.

야망은 모든 분야에 그 영향을 미친다.

① 영혼들을 다스리고 싶어하는 정치적 분야에서 볼 때, 가끔 후보자들의 표를 얻기 위해 비열하고 야비한 행위를 하게 한다.

② 지성적(知性的) 분야에서는, 자유로운 논쟁의 대상이 되는 문제들까지도, 자기 자신의 생각을 이웃에게 끈덕지게 강요하게 한다.

③ 사회생활에서는, 화려한 직업과 많은 사람의 선망(羨望)이 되는 자리를 열렬하게 추구하게 한다.[193]

④ 이러한 야망은 성직자들의 삶에서도 마찬가지이다. 보슈에가 한 말을 참고할 필요가 있다. "성직자와 수도자들의 직분을 선출할 때, 야심과 음모, 술책과 압력, 부정한 약속과 실천 등에 대해 신중해야 합니다. 이런 종류의 무절제(無節制)를 막기 위해서는 엄중해야 합니다. 그리고 이와 같은 악들을 뿌리뽑기는 커녕 오히려 이 악들을 가리고 덮는 것을 절대로 자랑해서는 안

---

193) 이 결점은 부자들이나 지식층에서만 찾을 수 있는 것이 아니다. Bossuet는 (*Tr. de la Concupiscence*, 16장) 교회에 나오는 농부도, 그들을 만족시키지 않는다면, 교회에 나가지 않겠노라고 이야기할 정도로, 가장 명예로운 의자를 격렬히 쟁탈하려 한다고 말했다.

될 것입니다."[194]

성 그레고리오의 지적대로,[195] 성직자들에게도 야망이 있을 수 있다. 사람들로부터 박사라 불려지기를 바라며, 칭찬받기를 좋아하고 윗자리를 찾는 영혼들이 있다. 이와 같은 결점은 매우 보편적이지만 허영심과 연결된다.

829 (3) 허영(虛榮)은 다른 영혼들이 내리는 평가(評價)에 대한 무절제한 사랑이다. 허영은 자신의 우월감에 만족하는 자만과는 다르다. 그러나 일반적으로 허영은 자만에서 온다. 허영은 지나치게 자기 자신을 높게 평가함으로써, 자연적으로 다른 사람들로부터 존경받기를 원한다.

830 (가) 허영의 악의(惡意)

초자연적이고 자연적인 우리의 품성(品性)을 통해 하느님께 영광을 드리고 또 선을 실천하기 위해 노력한다면, 그것은 바람직한 일이다. 하느님은 창조주이시고, 찬양받아야 할 유일한 분이심을 바르게 인식하는 것은 올바른 일이다.[196] 그러나 허영의 욕

---

194) *Tr. de la Concup.*, 16장.
195) *Pastoral*, p. I, c. I, *P. L.*, LXXVII, 14; "Videri doctores appetunt, transcendere ceteros concupiscunt, atque attestante veritate primas salutationes in foro, primos in caenis recubitus, primas in conventibus cathedras quaerunt".
196) 이것은 성 토마스가 설명한 것이다.「신학대전」2부 2편 132문 1항: "Quod autem aliquis bonum suum cognoscat et approbet, non est peccatum. …Similiter etiam non est peccatum quod aliquis velit bona opera sua approbari: dicitur enim." 마태 5, 16; *Luccat lux vestra coram hominibus.* Et ideo appetitus gloriae de se non nominat aliquid vitiosum. … Potest autem gloria dici vana tripliciter: uno modo ex parte rei de quâ quis gloriam quaerit, puta cùm, quis quaerit gloriam de eo quod non est gloria dignum, sicut de aliquâ re fragili et caducâ; alio modo ex parte ejus a quo quis gloriam quaerit, puto hominis cujus judiriae suae non refert in debitum finem…."

망에 빠져 있는 것은 매우 위험하다고 말할 수 있다. 허영에 빠져 있는 영혼들은, 다른 영혼들이 존경해 주기를 바랄 위험이 있기 때문이다.

그러므로 무절제한 허영은 하느님께서 우리에게 주신 좋은 것들에 대해 그분께 영광을 돌리지 않고, 그 좋은 것으로 인해 자기 자신이 존경받게 되기를 원하게 한다. 뿐만 아니라 칭찬받지 못할 헛된 것으로부터 존경받기를 원하게 한다.

성 프란치스꼬 살레시오만큼 이 허영의 결점에 대해 잘 묘사한 사람은 없다. "허영은 우리 안에 없는 것과, 또는 우리 안에 있지만 우리 것이 아닌 것에 만족한다. 그리고 우리는 우리 안에 있고 우리 것이지만 자기에게만 그 영광을 돌리는 것을 허영, 즉 헛된 영광이라 부른다.

허영은 우리에게 없는 좋은 가문, 높은 사람들의 총애, 대중적인 명예를 탐하게 한다. 또 허영이 많은 어떤 영혼들은 너무 하찮고 웃음거리가 되는 것들에 대한 가치를 높이 평가하는 데 용감하다. 또 다른 영혼들은 보잘것없는 지식을 가지고 있으면서도, 세상에서 존경받고 명예롭게 되기를 원한다. 그래서 많은 사람은, 허영심이 많은 그들을 박식한 학자처럼 행세하는 영혼들이라 부른다. 어떤 사람은 자신의 외모를 너무 믿고, 모든 사람이 자기에게 환심을 사려한다고 믿는다.

이와 같은 극단적인 허영들은 하찮고 어리석으며 보잘것없는 주제 안에서 그들의 영광을 추구한다."

831 (나) 허영에서 나오는 오류들

허영은 특히 외적으로 표현되는 허풍・뽐냄・위선과 같은 여러 오류(誤謬)들을 낳는다.

① 허풍(vantardise) 또는 자랑이란, 다른 사람으로부터 존경받을 목적으로 자기 자신에게 유리하게 말하는 습관이다. 허풍에 빠진 영혼들은 가족 또는 자기 자신을 뽐냄으로써 듣는 사람들로 하여금 비웃음을 사게 된다. 그리고 이들은 자신들이 뽐낼 수 있는 주제로 대화를 미묘하게 유도한다. 또 이들 중에는 자기 결점을 말하는 척 하며 영혼들이 이 결점들을 덮어 주고 자신의 미덕을 칭찬해 주리라 생각하는 이들도 있다.[197]

② 뽐냄(ostentation)은 과시와 허영과 기발한 행동으로 자기에게 주의를 끄는 것을 말한다.

③ 위선(僞善, hypocrisie)은 매우 은밀하게 결점을 감추면서, 덕의 겉모양이나 밖에 나타난 것만을 과시한다.

Ⅲ. 교만의 악의(惡意)

교만의 악의를 바르게 판별(判別)하기 위해서는, 교만 그 자체와 결과를 통해 관찰할 수 있다.

832 (1) 교만에 대하여

(가) 교만(驕慢)을 글자 그대로 말하면, 하느님의 특권을 의식적으로 무언(無言) 중에 횡령하는 것이다. 성 토마스는 교만이란

---

197) 성 프란치스꼬 살레시오, 「정신」 c. XIX; "스스로를 비난하는 자는 간접적으로 칭찬을 찾는 자이다. 이런 자는 마치 자신이 온 힘을 바쳐 지향해야 할 곳에 등을 돌리고 노를 젓고 있는 자와 같다. 만일 영혼들이 그가 자신에 대해 말한 잘못을 믿는다면, 그는 매우 화를 낼 것이다. 그것은 교만이며, 겸손하게 보여서 존경받기를 원하는 것이다."

다른 어떤 죄보다 더 중죄(重罪)라고 말한다.[198] 왜냐하면 교만은 하느님의 최고 권위에 순종하지 않으려 하기 때문이다.

ㄱ) 자립적(自立的)인 존재가 되기 위해, 하느님과 합법적인 대리자에게 순명하기를 거부하는 교만은 큰 죄이다. 교만은 불순명(不順命)을 통해 우리의 합법적인 최고 권위자인, 하느님께 대항하는 것이기 때문이다.

ㄴ) 교만은 분명히 하느님께로부터 오는 특별한 은총과 은사들을 모두 자기의 것으로 주장하는 중죄(重罪)이다. 교만은 무언 중에 하느님께서 모든 선의 첫 근원이라는 것을 부정하기 때문에, 교만에 빠진 사람들은 자신이 바로 자기 사업의 주체라고 말한다.

ㄷ) 교만은 우리로 하여금 하느님을 배척하게 하고, 자신만을 위해 행동하는 죄를 짓게 한다. 이와 같은 교만은 결과적으로 하느님의 권위를 부정하게 된다.

833 (나) 어느 정도 완화된(atténué) 교만은, 하느님께서 모든 것의 첫 근원이시고 마침이시라는 것을 인정하면서도, 그분께 모두를 드리지 않고, 무언 중에 그분의 영광을 빼앗아 버린다. 이러한 행위는 명백한 소죄이다. 이러한 교만은 자신의 좋은 성향과 덕행을 자만하면서, 모든 것이 자기에게 속해 있다고 생각한다. 그래서 완화된 교만은 인간의 법이나 하느님 법을 크게 거스르지는 않지만, 여전히 야망·허영·거만함을 지니고 있다.

그러나 이러한 소죄라도 심하게 비난받아야 할 행위가 된다면 대죄가 될 수 있다. 이와 같이 완화된 교만은 자기 안에서

---
198)「신학대전」2부 2편, 162문, 5-6항.

는 소죄에 불과하지만, 다른 사람들 안에 무절제한 애착을 자극할 때는 대죄가 될 수 있다. 그러므로 우리는 교만에서 오는 결과들을 보면서 우리의 죄를 바르게 성찰해 보아야 한다.

834 (2) 교만의 결과들

(가) 억제되지 않은 교만은 가끔 참담한 결과를 초래한다. 얼마나 많은 전쟁들이 지도자의 교만과 인간들의 교만에 의해 일어났던가? 먼 곳에서 찾지 않더라도, 얼마나 많은 가족 간의 분쟁(紛爭), 개인 간의 증오(憎惡)가 이 교만의 탓으로 생겨났는가? 이러한 이유에서 교부(敎父)들은 교만이 모든 악의 뿌리임을 가르쳤다. 더 나아가 교만은 이기적인 의도로 덕성(德性)을 완성하려 하기 때문에 많은 덕행을 부패시켜 버린다.[199]

835 (나) 만일 우리가 집착하는 관점에서 완덕을 바라본다면, 교만은 완덕의 큰 적(敵)이라고 말할 수 있다. 교만은 우리 영혼 안에 비탄(悲嘆)의 열매를 낳고, 수많은 죄의 원천이 되기 때문이다.

ㄱ) 그리고 교만은 많은 은총(grâces)과 공로(mérites)를 우리에게서 빼앗아 버린다.

① 많은 은총을 빼앗김

"하느님께서는 교만한 자를 물리치시고 겸손한 사람에게 은총

---

199) 성 그레고리오,「정신」1. XXXIV, c. 33, n. 48, *P. L.*, LXXVI, 744.; "Alia vitia eas solum virtutes impetunt quibus ipsa destruuntur…; superbia autem, quam *vitiorum radicem* diximus, nequaquam unius virtutis exstinctione contenta, contra cuncta animae membra se erigit, et quasi generalis ac pestifer morbus corpus omne corrumpit, ut quidquid illâ invadente agitur, etiamsi esse virtus ostenditur, non per hoc Deo, sed soli vanae gloriae serviatur."

을 주신다"(Deus superbis resistit, humilibus autem dat gratiam).[200]

이제 우리는 사도 바오로의 이 말을 잘 새겨 보자. 하느님께서는 교만한 자를 물리치신다. 올리에는 다음과 같이 말한다. "교만한 사람은 야만을 갖고 하느님께 직접 도전함으로써, 거만스럽고 지독하게 자기 주장을 고집합니다. 그리고 교만은 거기에 반대하는 것들은 모두 파괴하고 쓰러뜨립니다."[201]

② 많은 공로를 빼앗김

공로(功勞)의 중요한 조건 가운데 하나는 선의(善意)가 있는 순수성(pureté)이다. 그런데 교만은 하느님을 위해 행동하는 대신, 자기와 다른 영혼들을 만족시키려 한다. 그래서 교만은 사람들에게 보이고 뽐내기 위해 선행을 실천하기 때문에, 바리사이파 사람들처럼 질책을 받아 마땅하다. 이런 이유로 교만한 영혼들은 하느님으로부터 보상을 받을 수 없다.

"너희는 일부러 남들이 보는 앞에서 선행을 하는 일이 없도록 하여라. 그렇지 않으면 하늘에 계신 아버지에게서 아무런 상도 받지 못한다…. 나는 분명히 말한다. 그들은 이미 받을 상을 다 받았다"(alioquin mercedem non habebitis apud Patrem vestrum qui in caelis est… amen, amen dico vobis, receperunt mercedem suam).[202]

836 ㄴ) 교만은 많은 죄의 뿌리이다.

① 개인적인 교만의 죄

교만으로 인해 영혼은 위험에 노출되고 죄 앞에 굴복한다. 또

---

200) 야고 4, 6.
201) *Introduction*, 6장 1절.
202) 마태 6, 1-2.

교만 때문에 영혼은 필요한 은총을 간청하지 못하고 죄에 떨어진다. 그리고 나서 영혼은 실망하면서 고백 때 자기의 죄를 감추게 된다.

② 이웃에 대한 교만의 죄

교만은 우리 자신이 잘못했을 때 그 잘못을 인정하게 하지 않는다. 교만은 대화할 때 매우 독설적(毒舌的)이고 격렬한 말로 불화와 반목(反目)을 낳게 한다. 이러한 대화는 상대편의 품위를 떨어뜨리기 위해 부당한 말까지 거침없이 하게 된다.

그리고 교만은 장상을 신랄하게 비평하며 그의 명령에 순명하기를 거부하게 한다.

837 ㄷ) 일상적으로 교만에 빠져 있는 영혼들은, 그 교만이 불행의 씨앗이 된다. 교만은 모든 면에서 다른 영혼들을 다스리고 높아지기를 원하므로, 그에게는 참된 평화와 휴식이 없다. 그러므로 교만한 영혼은 경쟁자를 이기지 않고서는 평화가 없고, 또 완벽에 도달할 수 없으므로 언제나 불행과 불안으로 혼란할 뿐이다. 그러므로 우리는 이 위험한 악에서 구제책(救濟策)을 찾아야 한다.

Ⅳ. 교만에 대한 치료

838 우리는 이미 제207항에서 교만에 대한 치료를 말한 바 있다. 교만을 치료하기 위해서는, 하느님을 모든 선의 창조자임을 인정하고, 그 결과 모든 영광과 명예가 그분께 속해 있다는 것을 인정해야 한다. 그리고 자신이 무가치(無價値)한 존재이며 죄

인이기에 우리는 잊혀지고 경멸(輕蔑)당해야 마땅함을 인정해야 한다(제208항).

839 (1) 우리 자신은 무가치한 존재일 뿐이다. 그러기에 초심자들은 묵상 중에 천천히 이 사실을 되새기면서, 하느님의 빛으로 생각을 가다듬어야 한다. 하느님을 떠난 나는 아무런 존재도 아니며, 아무것도 할 수 없고, 아무런 가치도 없다.

(가) 우리는 아무런 존재도 아니다.

하느님은 우리에게 불멸하는 영적 생명을 주시고, 우리를 선택하시어 신적 선성(善性)에 순응하게 하셨기 때문에, 우리는 매일 그분을 찬양해야 한다.

ㄱ) 우리는 무(無)에서 나왔기에 스스로 허무(虛無)를 지향한다. 만일 창조주께서 우리를 끊임없이 당신의 은총으로 지탱해 주지 않으신다면 우리는 영락없이 허무에 떨어질 것이다. 그러므로 우리 존재는 우리에게 속해 있지 않고, 전적으로 하느님께 속해 있다. 그러기에 우리는 하느님께 모든 찬양을 드려야 한다.

ㄴ) 하느님께서 우리에게 주신 생명은 살아 있는 실제(réalité)이며 무한한 은혜이다. 그러므로 그분께 대한 우리의 감사는 끝이 없을 것이다. 그러나 아무리 우리 존재가 감탄할만 하더라도, 하느님의 실체(實體)와 비교한다면 허무와 같다. 우리 목숨은 "당신 앞에서는 아무것도 아닙니다"(Tanquam nihilum ante te).[203] 그만큼 인간은 불완전하다.

① 우리는 세상에서 언제라도 사라져 버릴 수 있는 우발적인

---

203) 시편 39, 5.

존재이다.

② 우리는 하느님의 통치권 아래에서 주어진 차용(借用)된 존재이다.

③ 우리는 스스로 존재할 수 없고, 창조주에 의해 매 순간마다 떠받쳐져야 할 깨어지기 쉬운 존재이다.

그러므로 우리는 하느님께 본질적으로 종속된 존재이며, 창조주께 영광을 돌리기 위해 존재한다. 우리가 하느님과의 관계를 잊고, 우리의 품성(品性)이 자기의 것인양 행동하고 자만한다면, 이러한 행위는 불의(不義)한 것이고 상상할 수 없는 큰 착각이다.

840 위대하고 고귀한 신적 생명에 우리를 참여케 하는 것은 본질적으로 무상(無償)의 은사이다. 이 은사는 성부와 예수 그리스도를 닮게 한다. 하느님의 초자연적 협력(제126항-제128항) 안에서 자라는 은총없이 우리는, 이 생명을 오랫동안 간직할 수 없다. 그러므로 우리는 이렇게 말할 수 있다. "말로 다할 수 없는 선물을 주시는 하느님께 감사드립니다"(gratias Deo super inenarrabili dono ejus).[204]

본질적으로 하느님의 것인 이 은사를 마치 자기 것처럼 주장하는 영혼은 얼마나 불의하고 은혜를 모르는 일인가? "여러분이 가지고 있는 것은 모두 하느님께로부터 받은 것이 아닙니까? 이렇게 다 받은 것인데 왜 받은 것이 아니고 자기의 것인양 자랑합니까?"(Quid autem habes quod non accepisti. Si autem accepisti, quid gloriaris quasi non acceperis?).[205]

---

204) 2고린 9, 15.
205) 1고린 4, 7.

841 (나) 우리는 아무것도 할 수 없다.

물론 우리는 선(善)과 진리를 사랑하고 인식하는 값진 능력들을 하느님으로부터 받았다.

그리고 이 능력들은 성령의 은총과 초자연적 덕으로 인해 완성되었다. 그러기에 우리는 잘 조화되고 서로 보완되는 은총과 자연적 은사에 대하여 아무리 감탄해도 지나치지 않을 것이다.

그러나 우리 자신만의 결단력으로는, 아무것도 시작하거나 완전하게 할 수 없다. 우리는 하느님의 도움없이는 자연적 질서 안에서 아무것도 할 수 없다. 더구나 도움의 은총이 없는 초자연적 질서에서, 우리는 좋은 소망과 유익한 생각을 할 수 없다. 이러한 상황에서도, 우리는 초자연적이고 자연적인 능력들이 전적으로 자신의 것인양 오만해질 수 있겠는가? 만일 그렇다면 아직도 우리에게는 불의와 망상(妄想)과 배은망덕이 있을 뿐이다.

842 (다) 우리는 아무런 가치도 없다.

하느님께서 우리에게 주신 능력과 은총의 작용을 감안할 때, 우리는 매우 고귀하고 값진 존재이다. "하느님께서는 값을 치르고 여러분의 몸을 사셨습니다"(empti enim estis pretio magno… tanti vales quanti Deus).[206] 우리는 하느님께서 값을 치르신 그만큼 가치로운 존재이며, 하느님께서 흘리신 피의 값이다. 그렇다면 나의 성화(聖化)와 구원의 영예(榮譽)는 하느님께로부터 오는가 아니면 나 자신에게서 오는가? 이 물음에 대한 대답은 의심할 여지없이 하느님으로부터 온다는 것이다.

우리에게는 하느님의 은총에 끊임없이 협력하는 자유가 있다.

---

206) 1고린 6, 20.

물론 우리는 그 자유를 가지고 있지만 그 자유의 원천은 우리가 아니다. 우리가 동의하는 이 자유는 하느님께서 무상으로 우리에게 주신 능력들을 실천할 뿐이다. 우리가 자유를 실천하는 그 순간마저, 하느님께서는 우리 안에서 자유의 중요한 원인으로 작용하신다. "당신의 뜻에 맞는 일을 하고자 하는 마음을 일으켜 주시고 그 일을 실천할 힘을 주시는 분이시다"(operatur in vobis et velle et perficere).[207]

우리가 은총을 따르도록 결단하기까지 몇 번이나 은총에 저항하면서 불완전하게 동의하는가? 참으로 우리의 자세는 자랑할 만한 것이 하나도 없다. 다만 겸손하게 하느님께서 주시는 은총을 묵묵히 받아들일 뿐이다.

위대한 예술가가 걸작품을 완성했을 때, 화가는 칭찬과 영광을 받는다. 이와 같이 성 아우구스티누스와 함께 교회가 노래하는 것은, 우리 존재의 첫 근원이며 마지막이신 하느님께 우리의 공로(功勞)를 드려야 한다는 것이다. 하느님께서 우리의 공로를 갚아 주실 때, 주님의 은총은 빛난다. "공덕에 화관을 씌우는 것은 당신이 받은 선물에 화관을 씌우는 것이다"(coronando merita coronas dona tua).[208]

그러므로 이와 같이 몇 가지 측면에서 살펴볼 때, 우리는 우리 안에 있는 은사들의 가치와 우리의 공로를 자랑할 권리가 없음을 알게 될 것이다. 다만 우리에게는 하느님께 영광을 드릴 의무와, 진심으로 은총에 감사해야 할 의무만이 있을 뿐이다. 그리고 우리는 은사들을 바르게 사용하지 못한 데 대하여 하느

---

207) 필립 2, 13.
208) 모든 성인의 날, 감사송.

님께 그 잘못의 용서를 구해야 한다.

843 (2) 나는 죄인이기에, 하느님을 기쁘게 해 드릴 나의 모든 공로가 무시당해도 당연하다. 이것을 납득하기 위해서는, 이미 앞에서 다룬 대죄와 소죄를 다시 회상해 보면 될 것이다.

(가) 만일 내가 대죄를 한 번이라도 짖는 불행이 닥친다면, 나는 지옥에 가야 하므로 영원히 경멸받아 마땅하다. 물론 하느님께서 나를 용서해 주실 것이라는 깊은 신뢰를 가지고 있다. 그러나 불경죄(不敬罪, lèsemajesté)를 범했다면, 이러한 행위는 일종의 신을 죽이는(déicide) 행위이며 영적 자살(自殺)이다(제719항). 그래서 신권(神權) 모독(冒瀆)을 속죄하기 위해서는 가능한 모든 굴욕 · 비방 · 중상 · 모욕 · 경멸을 받아들일 준비가 되어 있어야 한다.

이와 같이 우리는 하느님의 무한하신 존엄성(尊嚴性)을 단 한 번이라도 모독하지 않도록 노력해야 한다.

844 (나) 우리 모두는 하느님의 영광과 그분의 뜻보다 자신의 쾌락과 뜻을 위해 소죄를 범한다. 이러한 자세는 이미 제715항에서 보았듯이, 신권(神權)에 대한 모독이기에, 영혼은 모든 굴욕을 받을 만하다. 비록 겸손하게 지난 삶을 살았다 하더라도, 우리 죄로 인해 훼손된 하느님의 영광을 우리 스스로는 되돌릴 수 없다. 만일 이와 같은 표현이 과격하게 느껴진다면, 소죄만을 짓고 통회한 성인들의 아픈 눈물을 상기할 필요가 있다.

성인들은 하느님의 권위를 훼손시킨 모독을 속죄하고 영혼을 정화하기 위해 언제나 충분히 보속(補贖)하지 못했다고 믿고 있었다. 만일 우리가 성인들과 다르게 생각한다면, 그것은 교만이 우리를 눈 멀게 했기 때문이다.

　그러므로 죄인인 우리는 이웃으로부터 존경을 찾지 않고, 자기를 멸시하며, 하느님 마음에 들기 위해 모든 굴욕을 참아 받아야 한다.

제2절
질 투[209]

845 질투는 격정(激情)인 동시에 치명적인 악이다. 질투는 이웃의 행복을 보면서 감성(感性)으로 느끼는 일종의 슬픔이다. 이 질투의 느낌은 자신의 활동을 무기력하게 하는 아픈 느낌을 동반하며, 더 나아가 불안한 감정을 낳는다.

　여기서 우리는 특히 치명적인 악으로서의 질투를 살펴보기로 한다.
　(1) 질투의 본질
　(2) 질투의 악의
　(3) 질투에 대한 치료법 등이다.

846 (1) 질투의 본질
　(가) 질투는 우리의 우월감에 손상(損傷)을 주면서, 다른 사람

---

209) S. Cyprien, *De zelo et livore*, *P, L*., IV, 637-652; 성 그레고리오, 「정신」 1. V, c. 46, *P. L*., LXXV, 727-730; 「성 토마스」 2부 2편, 36문; *De Malo*, q. 10; Alibert, op. cit., t. I, p. 331-340; Descuret, t. II, p. 241-274; Laumonier, *op, cit*., 5장.

의 행복을 기뻐하지 않는 성향이 있다. 이 질투의 성향에는 우리를 불쾌하게 하는 이웃이 행복하지 않기를 바라는 욕망이 동반한다.

이 질투의 악은, 윗사람이나 경쟁자가 자기보다 잘 되는 것을 참을 수 없어 하는 교만에서 온다. 그리고 질투는 자신의 우월감(優越感)을 믿고, 자신이 이웃보다 훨씬 낫다고 생각한다. 또 질투는 다른 영혼들이 자기보다 더 성공하는 것을 슬퍼한다. 특히 훌륭한 품성을 가진 영혼들이 질투의 대상이 된다. 그럼에도 불구하고 성실한 영혼들에게는, 이 질투가 건실한 품성(品性)과 덕행을 이끌어 내는 원인이 되기도 한다.

이와 같이 질투는 이웃에 대한 칭찬을 들으면서 고통을 느끼게 한다. 그리고 질투는 이웃이 칭찬받는 것을 비판하면서, 그 찬사를 경감(輕減)하려고 애를 쓰게 한다.

847 (나) 우리는 가끔 질투(jalousie)와 부러움(envie)을 혼돈하기도 한다. 질투는 이웃에 의해 자신의 행복이 빼앗기지 않을까 하는 내적 두려움에 대한 지나친 애정이라 정의할 수 있다. 예를 들어, 1등으로 달리는 사람이 경쟁자가 빠르게 달리는 것을 보면서, 자신의 첫 자리를 빼앗기지 않을까 하는 두려움 때문에 경쟁자를 질투한다.

비슷한 예로 한 친구의 우정을 다른 친구에게 빼앗길까 두려워하며 경쟁자인 친구를 질투한다. 또 경쟁자에 의해 많은 고객이 줄어들지 않을까 두려워 하는 경우이다. 이런 이유에서 질투는 사업가, 예술가, 문학가, 사제 등 많은 사람 사이에 만연되어 있다. 결론적으로 말해 부러움은 이웃의 행복을 시샘하는 것이고, 질투는 자신의 고유한 행복에만 집착하는 것이다.

(다) 물론 질투와 경쟁심(émulation) 사이에는 차이점이 있다. 경쟁심은 가능하다면 정당한 방법으로 경쟁자의 품성을 능가하려 한다. 그렇기 때문에 때때로 경쟁심은 모범과 평등을 가져다주는 칭찬받을 감정이기도 하다.

848 (2) 질투의 악의(惡意)

먼저 질투로 인한 악의 결과들을 살펴보자.

(가) 질투는 본질적으로 대죄이다.

질투는 이웃의 행복을 기뻐하는 애덕에 직접적으로 대항하기 때문이다. 그래서 우리가 질투하는 이웃의 행복이 크면 클수록 그 죄는 더욱 심각하다. 이에 대하여는 성 토마스 아퀴나스도 같은 주장이다.[210]

이웃의 영적 재산을 탐내고, 그들 사도직(使徒職)의 성공과 발전을 슬퍼하는 것은 큰 죄이다. 그리고 마음에 일어나는 질투에 완전히 동의를 할 때, 그것은 분명한 죄가 된다. 그러나 흔히 질투에 가까운 느낌이나 심사숙고되지 않은 감정 또는 아주 단순한 생각에서 생겨난 질투는 소죄에 지나지 않는다.

849 (나) 질투로 일어나는 결과는 비난받아 마땅하다.

ㄱ) 질투는 미움(haine)의 감정을 자극한다. 탐욕과 질투하는 영혼들은 미움에 노출되어 있다. 이런 미움 때문에, 다른 사람

---

210) 「신학대전」 2부 2편, 36문 4항 2; "Est tamen invidia quae inter *gravissima peccata* computatur, scilicet *invidentia fraternae* gratiae, secundum quod aliquis dolet de ipso augmento gratiae."

에 대하여 좋지 않게 이야기하게 되고, 이웃이 불행하게 되기를 바라고 험담하며 중상모략(中傷謀略)을 한다.

ㄴ) 질투는 꼭 낯선 사람들 사이에만 있는 것이 아니다. 오히려 가족들과 친지들 사이에서 분열을 일으킨다. 질투를 통한 분열은 멀리 갈 수 있고, 추문(醜聞)과 원한(怨恨, inimitiés)을 초래할 수 있다.

ㄷ) 질투는 명예와 부귀를 과도하게 추구하도록 부추긴다. 우리가 탐하는 것을 얻기 위해 과도하게 일에 열중하고, 정직하고 올바르지 않은 술책(術策)과 쉽게 타협한다.

ㄹ) 질투는 시샘하는 영혼을 혼란에 빠뜨린다. 질투는 경쟁자를 이기고 압도하는 데 성공하지 않는 한, 휴식도 평화도 없다. 그리고 질투는 만족에 이르지 못하기 때문에 항상 고통만이 있을 뿐이다.

850 (3) 질투에 대한 치료법

질투를 치료하기 위해서는 부정적이고 긍정적인 방법이 있다.

(가) 질투의 부정적인 치료 방법

ㄱ) 먼저 마음에 일어나는 질투의 감정을 무시하고, 독사(毒蛇)의 머리를 바수듯 끔찍하게 괴멸시켜 버린다.

ㄴ) 잠시나마 질투를 잊기 위해 다른 일에 전념한다. 그리고 마음의 평정이 되돌아 왔을 때, 이웃의 품성(品性)이 우리의 품성을 감소시키지 않고, 오히려 본받게 하는 자극을 준다는 것을 알게 된다.

(나) 질투의 긍정적인 두 가지 치료 방법

851 ㄱ) 첫 번째 치료 방법은, 그리스도와 합체(合體, incorporation)하는 것이다. 이 교의(敎義)로 인해 우리 모두는 형제이고, 머리이신 그리스도 신비체(神秘體)의 구성원이 된다. 이 구성원의 품성은 바로 모든 구성원의 기쁨이 된다. 그러므로 우리는 사도 바오로의 훌륭한 교의처럼[211] 형제의 탁월(卓越)함을 질투할 것이 아니라 오히려 기뻐해야 한다. 이와 같은 구성원의 품성들은 공동선(共同善)과 우리 개인의 선에 이바지한다.

만일 우리가 이웃의 덕(德)을 부러워한다면, "이기적인 애정과 악마의 충동에 따라 이웃의 덕을 탐하거나 시기하지 말아야 합니다. 오히려 성체 안에 계시는 예수 그리스도의 거룩한 영(靈)과 일치하여, 모든 덕의 원천이신 하느님을 경외하고, 이 덕행에 참여하고 공감(共感, communier)할 은총을 달라고 간청해야 합니다. 그렇게 할 때 비로소 우리의 실천이 얼마나 많은 유익과 이득을 가져오는가를 알게 될 것입니다."[212]

852 ㄴ) 두 번째 치료 방법은, 경쟁심(競爭心)을 키우는 것이다. 이 경쟁심은 하느님의 은총과 이웃의 덕에 의지하면서 그 모범을 따르려 한다.

질투와 구분하기 위해 경쟁심은 다음과 같아야 한다.

① 질투의 치료 방법인 경쟁심은 그 목표가 정직해야 한다. 말하자면 경쟁심은 다른 영혼들의 덕행을 본받기 위한 것이어야

---

211) 로마 12, 15-16.
212) Olier, 「가톨릭 교리서」 2편 13과.

한다.

② 경쟁심은 그 의향(意向)이 고귀해야 한다. 경쟁자를 이겨 굴복시키고 지배하기 위해서가 아니라, 더 잘 치료하기 위해서이다. 그리고 가능하다면, 하느님께서 더 많은 공경을 받으시도록 해야 한다.

③ 경쟁심은 그 행위에 충실해야 한다. 즉 음모나 계략적인 다른 부정한 방법을 이용해서는 안 된다. 오히려 노력이나 노동 그리고 신적 은사를 통해서 질투를 치료하는 목표에 도달하도록 해야 한다.

경쟁심은, 애덕을 손상하지 않고 오히려 신선한 자극을 주기 때문에 질투에서 벗어나기 위한 매우 효과적인 방법이다. 그리고 경쟁심은 훌륭한 영혼을 모범으로 삼아 닮게 한다. 이것은 우리의 불완전함을 인정하는 것이며, 우리를 둘러싸고 있는 모범들을 통해 질투를 고치려는 것이다.

사실 이러한 자세는 사도 바오로가 그리스도를 본받았던 것처럼, 제자들도 그분을 본받아야 한다. "내가 그리스도를 본받는 것처럼 여러분도 나를 본받으십시오"(Imitatores mei estote sicut et ego Christi).[213]

사도 바오로는 그리스도인들이 서로 사랑하도록 권고하면서, 좋은 일을 많이 하도록 강조한다. "서로 격려해서 사랑과 좋은 일을 하도록 마음을 씁시다"(consideremus invicem in provocationem caritatis et bonorum operum).[214]

바오로는 성인들을 우리에게 모범으로 제시하면서, 우리로 하

---

213) 1고린 11, 1.
214) 히브 10, 24.

여금 고귀한 경쟁심을 유발시켜 교회의 정신을 따르게 한다. 그러나 질투는 다만 우리에게 덕목을 키우는 기회가 될 뿐이다.

제3절
분 노[215]

분노(忿怒)는 우리가 공격을 당했을 때 자신을 보호하기 위해, 힘으로 대항하는 인간의 본능적인 감정의 탈선(脫線)이다.

이제 우리는,

Ⅰ. 분노의 본질
Ⅱ. 분노의 악의
Ⅲ. 분노에 대한 치료법을 살펴보자.

Ⅰ. 분노의 본질

853 분노에는, 격정의 분노(colère-passion)와 감정의 분노(colère-sentiment) 두 가지가 있다.

(1) 격정(激情)으로 간주되는 분노는 정신적 또는 육체적으로 상반되는 고통에 의해 결정되는 행동의 격렬함이다. 이 때 정신과 육체의 충돌은 어려움을 극복하려는 격심한 감정을 일으킨다. 이로 인하여 분노는 사람이나 짐승 또는 어떤 물체에게 화

---

215) 성 그레고리오, 「정신」 1. V, c. 45, *P. L.*, LXXV, 727-730; 「성 토마스」 2부 2편, 158문; *De Malo*, q. 12; Descuret, *op. cit.*, t. II, 1-57; 토마스, *op. cit.*, 9장, P. 94-103; Laumonier, *op. cit.*, 6장.

를 내게 된다.

우리는 분노를 다음 두 가지 모습으로 나눌 수 있다. 감정을 드러내면서 얼굴 붉히는 강자들의 분노와, 경련을 일으키면서 얼굴이 창백해지는 약자들의 분노이다.

강자들의 분노는 가슴이 격렬하게 뛰고 숨결이 거칠어지고, 얼굴이 달아오르며, 목덜미가 부어 혈관이 팽창된 모습을 드러낸다. 그리고 고함을 지르면서 으르렁거리게 된다. 몸은 싸울 태세를 취하고, 억제할 수 없는 행동을 나타낸다. 그러나 약자들의 분노는 가슴이 조여들고 숨 쉬기가 어려워진다. 얼굴이 극도로 창백해지고 식은 땀이 이마에 흐르며, 이를 꽉 물고 무서운 표정으로 침묵을 지킨다. 그렇지만 흥분은 내적으로 계속 되며, 급작스럽게 감정이 폭발하기도 한다.

854 (2) 분노는 공격자를 징벌하고 내쫓기 위한 열정적 욕구이다.

(가) 먼저 정당한 분노가 있다. 대체적으로 분노는 맹렬한 욕구지만, 때로는 이성적이며 죄인들을 올바르게 징벌하는 고결한 분노가 되기도 한다. 이러한 분노는 주님께서 아버지의 집을 장사하는 집으로 더럽힌 장사꾼들에게 하신 정당한 분노가 그 한 예이다.[216]

분노가 정당하기 위해서는

ㄱ) 분노는 그 목적에서 정당성을 가져야 한다. 분노는 그만한 이유가 있을 때만 인정될 수 있기 때문이다.

ㄴ) 분노는 단련으로 절제되어야 한다. 그래서 정의가 요구하

---

216) 요한 2, 13-17.

는 정해진 규범 이상으로 분노해서는 안 된다.

ㄷ) 분노는 그 의도(意圖)에서부터 인자해야 한다. 분노는 미움의 감정까지 가서는 안 되고, 죄인의 회개와 질서 회복만을 찾아야 한다. 만일 이 조건에서 하나만이라도 빠진다면, 분노는 비난받을 폭력이 될 것이다. 정당한 분노는 특히 부모나 책임자의 것이다. 그러나 일반 시민들도 악인들에 대항하여 사회의 유익한 보호를 위해 정당한 분노에 대한 의무와 권리를 가질 필요가 있다. 악인들은 온유(溫柔)함에는 감동하지 않지만, 처벌은 두려워하는 자들이기 때문이다.

855 (나) 악인의 분노는, 위에서 말한 세 가지 조건들(정당성·절제·인자)을 고려해야 한다. 그렇지 않을 때, 분노는 이웃을 처벌하려는 격렬하고 절제되지 못한 욕구가 된다. 분노는 대개 미움을 동반한다. 이 때 분노는 공격만을 행하는 것이 아니라 복수하고 싶은 마음을 동반한다. 이와 같이 분노는 곰곰히 생각한 지속적인 감정이며, 이로 인해 매우 심각한 결과를 낳는다.

856 (3) 분노는 대개 다음과 같은 단계를 갖는다.

ㄱ) 처음에는 단순히 성급하게 동요할 뿐이다. 그리고 첫 실패와 불만에서 언짢아 한다.

ㄴ) 그 다음에는 격앙된다. 무절제한 행동으로 불쾌함을 나타내고 화를 낸다.

ㄷ) 가끔 폭력까지 행사한다. 말뿐만 아니라 몸으로써 행동한다.

ㄹ) 분노는 광기(狂氣)와 발작에까지 이른다. 성질 급한 사람은 자기 스스로가 주인이 되지 못하고, 부조리한 말을 하고, 광

인(狂人) 같은 무절제한 행동을 한다.

ㅁ) 끝으로 복수(復讐)만을 생각하고, 이웃이 죽기를 바라는 집요한 미움으로 악화된다.

이처럼 분노가 가져다 주는 악한 의도를 식별하기 위해, 위와 같은 분노의 단계를 식별하는 것이 매우 중요하다.

Ⅱ. 분노의 악의(惡意)

분노 그 자체는 결과에 따라 관찰할 수 있다.

857 (1) 분노에 대해 다시 구분한다면

(가) 분노가 단순하게 일시적인 격정의 움직임일 때, 그 분노는 근본적으로 소죄가 된다. 이 때 분노는 일상적인 정도를 넘어선다는 뜻에서 과격(過激)함이 있다. 그러나 분노가 애덕과 정의의 큰 덕목들을 거스르지 않았을 때는 큰 죄가 안 된다. 그럼에도 불구하고 분노가 너무 과격하여, 자제력(自制力)을 잃고 이웃에 대해 심각한 모욕을 했을 경우가 있다. 만일 분노가 격정의 행위로써 고의적이고 폭력적이라면 말할 필요없이 대죄에 속하게 된다. 그러나 대부분의 분노는 가볍고 자발적인 의지일 뿐이다.

858 (나) 미움과 원한을 낳는 분노가 의식적이고 단호할 때 그 분노는 근본적으로 대죄가 된다. 이 때 분노는 애덕과 정의를 심각하게 침해하기 때문이다. 이런 의미에서 주님은 말씀하신다. "자기 형제에게 성을 내는 사람은 누구나 재판을 받아야 하며, 자기 형제를 가리켜 바보라고 욕하는 사람은 중앙법정에 넘

겨질 것이다. 또 자기 형제더러 미친 놈이라고 하는 사람은 불붙는 지옥에 던져질 것이다."[217] 그러나 분노에 의한 미움이 고의적이지 않고 불완전하다는 것이 인정된다면 이 잘못은 가벼울 것이다.

859 (2) 감정이 억제되지 않았을 때, 분노의 결과는 때로 매우 끔찍스러울 수 있다.

(가) 세네크(Senèque)에 의하면, 분노는 배반·살인·독살·가족 간의 내적 분열 등 모든 치명적인 것들을 포함하고 있다고 한다.[218] 그러므로 분노는 수많은 실책(失策)의 뿌리가 된다. 왜냐하면 분노는 자제력을 잃게 하고, 특히 가족의 평화를 뒤흔들며, 무서운 반감(反感)을 갖게 하기 때문이다.

860 (나) 성 그레고리오는,[219] 완덕의 관점에서 볼 때 영적 진보에 있어 가장 큰 장애물이 분노라고 한다. 분노를 없애 버리지 않으면, 그 분노는 우리를 타락하게 만들기 때문이다. 그래서 분노를 억누르기 위해서는

① 지혜롭고 침착해야 한다.

② 이웃 관계에서 따뜻한 친절을 갖는다.

③ 정의로워야 한다. 격정은 이웃의 권리를 인정하는 것을 방해하기 때문이다.

④ 하느님과의 일치와 영혼의 평화 그리고 은총의 영감(靈感)

---

217) 마태 5, 22.
218) *De irâ*, 1. I, n. 2; "Videbis caedes ac venena, et reorum mutuas sordes, et urbium clades, et totarum exitia gentium… Aspice tot memoriae proditos duces…."
219) *Moral.*, 1. c., *P. L.* LXXV, 724.

과 온유(溫柔)함에 필요한 마음의 평정(平靜)을 통해 분노에 대한 치료법을 찾아야 한다.

III. 분노에 대한 치료법

분노를 치료하기 위해서는 격정(激情)과 이를 실천하려는 미움의 감정과 싸워야 한다.

861 (1) 격정에서 승리하기 위해서는 분노에 대한 어떤 치료방법도 무시해서는 안 된다.

(가) 분노를 절제하기 위해 위생적(衛生的, hygiéniques)이고 건전한 방법들이 있다. 이 방법은 주로 절제된 음식조절을 통한 육체적인 것들이다. 물론 정신적인 것도 있다. 인간은 영(靈)과 육(肉) 사이에 이어진 내적 끈 때문에, 육체를 조절할 줄 알아야 한다. 그러나 여기에서는 개인의 체질과 건강 상태를 고려해야 하므로, 신중하게 의사(醫師)의 진단을 따르도록 해야 할 것이다.[220]

862 (나) 분노를 절제하기 위해 정신적 치료를 한다면 더욱 효과적이다.

ㄱ) 분노를 예견(豫見)하고, 격정의 침해(侵害)를 받지 않기 위해서, 언제나 행동하기 전에 생각하는 습관을 기르는 것이 좋다. 이러한 분노의 절제를 위한 자세는 많은 시일을 요하는 작업이지만 매우 효과적이다.

---

220) Cf. Descuret, 「격정의 처방」; J. Laumonier, 임상학… p. 167-174.

ㄴ) 어떤 일이 있더라도, 이 격정이 우리 마음을 습격할 때, "절대로 분노와 타협하려 하지 말고, 즉시 쫓아 버리는 것이 낫습니다. 분노는 조금만 여유를 주면, 마음 전체를 장악해 버리기 때문입니다. 마치 머리만 넣으면 몸 전체가 충분히 들어갈 수 있는 뱀과 같습니다…. 그러므로 분노의 첫 느낌이 왔을 때, 재빨리 온 힘을 다하여 그러나 거칠지 않고 온유하게 밀어내어야 합니다."[221] 그렇지 않고, 성급하게 분노를 없애다가는, 더 흔들리게 될 것이다.

ㄷ) 분노를 쉽게 억누르기 위해서는 잠심(潛心)하는 것이 매우 좋다. 달리 말하자면, 분노의 자극을 피할 수 있는 방법은 다른 일에 신경을 쓰는 것이다. 그러기 위해 우리는 받은 모욕의 기억을 없애 버리고 의심을 멀리 하도록 노력한다.

ㄹ) "마음 안에 분노가 일어날 때, 호수(湖水)에서 폭풍을 만났던 사도들처럼 하느님께 도움을 청해야 합니다. 왜냐하면, 하느님은 우리의 격정들이 잠잠해지도록 명령할 것이며, 이로써 우리들은 평온해질 것이기 때문입니다."[222]

863 (2) 우리 마음 안에 미움과 원한(怨恨)과 복수(復讐)의 감정을 불러 일으키는 분노는 하느님 사랑에 기초한 애덕에 의해서만 근본적으로 치료될 수 있다. 우리는 모두 하늘에 계신 아버지의 자녀들이며, 그리스도를 통해 육화(肉化)되었고, 같은 영복(永福)에 불림을 받았기 때문이다. 이와 같은 위대한 진리는 증오의 어떤 감정과도 비교될 수 없다.

---

221) 성 프란치스꼬 살레시오, 「신심생활」 3편 8장.
222) 성 프란치스꼬 살레시오, 위와 동일.

그러므로

ㄱ) 주님의 기도를 암송(暗誦)하면서, "저희에게 잘못한 이를 저희가 용서하듯이, 저희 죄를 용서하소서."라고 기도한다. 우리는 하느님의 용서를 간절하게 원하기 때문에, 원수를 기꺼이 용서해 주어야 한다.

ㄴ) 우리는 주님의 모범(模範)을 잊어서는 안 된다. 주님은 유다가 당신을 배반하는 그 순간에도 그를 친구라 불렀고, 당신을 처형(處刑)하는 자들을 위해 십자가 위에서 기도를 하셨다. 그러기에 우리는 예수님께 참된 용서를 간청해야 한다.

ㄷ) 우리는 이웃 사람들로부터 들은 욕설들을 잊어 버리고, 그 아픔에서 벗어나도록 노력해야 한다. 나무랄 데 없는 영혼들은 자신에게 상처 준 사람의 회개(悔改)를 위해 기도한다. 그리고 그는 기도 안에서 자기 영혼의 상처가 크게 아물었음을 알게 될 것이다.

지금까지 우리는 칠죄종(七罪宗) 가운데 세 가지 악인 교만·질투·분노를 살펴보았다. 이어서 우리는 육체의 탐욕 또는 감각적인 쾌락을 다루기로 한다. 즉 탐식과 음란과 게으름이다.

제2장 감각적인 죄들

제1절
탐　식(貪食)[223]

탐식은, 하느님께서 개인의 건강 유지를 위해 주신 음식을 합법적인 쾌락으로 남용(濫用)하는 것이다.
(1) 탐식의 본질
(2) 탐식의 악의
(3) 탐식의 치료법 등이다.

864 (1) 탐식의 본질

탐식은 식탁에서 먹고 마시는 즐거움에 대한 무분별(無分別)한 애착이다. 이 무분별은 의식적이든 무의식적이든 마치 음식이 궁극 목적인 것처럼 생각하게 한다. 그래서 탐식은 자신을 위해 음식의 쾌락을 찾게 하여 자신의 배를 우상화하는 사람들의 본보기가 된다. "그들은 자기네 뱃속을 하느님으로 삼고"(quorum deus venter est).[224] 또 탐식은 절제를 명하는 규칙에 대한 고려도 없이, 가끔 건강을 해치면서까지 음식을 과하게 찾는다.

---
223) 성 토마스, 2부 2편, 148문; *de Malo*, q. 14; Jaugey, *De quatuor virtut. cardin.* 1876, p. 569-574; Laumonier, *op. cit.*, 2장.
224) 필립 3, 19.

865 일반적으로 다음 네 가지로 탐식을 구분한다.

① 급 식(急食, Praepropere): 식사시간도 아니고 배가 고프지 않는 데도 급하게 먹는 것이다. 이것은 특별한 이유도 없이 자기를 만족시키기 위해 성급하게 탐식하는 것이다.

② 진수성찬(Laute)과 미각(味覺, studiose): 더 많이 즐기기 위해서, 진미의 요리를 찾거나 식단(食單) 차림에 많은 공을 쏟는다. 이것은 미식가나 식도락가(食道樂家)들의 탐식이다.

③ 과 식(過食, Nimis): 필요한 식욕의 한계를 넘어서 음식이나 음료를 병이 날 정도로 잔뜩 먹는 것을 말한다. 세상에서 폭음(暴飮)과 폭식(暴食)이라 부르는 이 탐식을 설명할 수 있는 것은 무절제한 쾌락 단 하나 뿐이다.

④ 걸신(乞神)들림(Ardenter): 동물들처럼 게걸스럽고 탐욕스럽게 먹는 것을 말한다. 음식에 대한 탐식은 대개 교양 없는 사람들로 치부된다.

866 (2) 탐식의 악의(惡意)는 인간을 물질화하고, 영혼으로 하여금 육체를 섬기게 하며, 지적(知的)이고 정신적인 생명을 약화시킨다. 그리고 탐식의 악의는 영혼을 무감각의 비탈로 몰아내어 같은 종류인, 관능적 쾌락을 준비시킨다. 그래서 우리는 탐식의 악의가 유죄인가를 분명하게 구분할 필요가 있다.

(가) 탐식은 중대한 죄이다.

ㄱ) 탐식이 과하여, 교회가 지정한 기간 동안, 그 의무를 다하는 것이 불가능할 때 죄가 된다. 예를 들어 탐식이 건강을 해치거나, 가족의 유익을 해치는 과도한 소비의 원천이 되어 소재(小齋)나 금식의 법을 어기게 할 때이다.

ㄴ) 탐식이 대죄의 원인이 될 때가 있다.

쟝비에(P. Janvier) 신부는 몇 가지 예를 들어 말한다. "탐식은 방탕을 준비시킵니다. 눈과 귀의 방탕은 난잡한 유희(遊戱)나 건강에 해로운 음식을 요구합니다. 그리고 상상의 무절제는 혼란에 빠지게 하고, 기억의 무절제는 정욕을 자극하는 과거의 기억들을 찾습니다. 또 생각의 무절제는 정신을 혼란시키면서 부도덕한 대상을 생각합니다.

마음의 무질서는 육체적 애착을 갈구하고, 의지의 무질서는 성욕에 매달리게 합니다. 그리고 식탁에서의 탐식은 혀를 무절제하게 합니다. 또 호화로운 식사 중에 얼마나 많은 실언(失言)을 하고, 지키기로 약속했던 비밀을 어기면서 가족의 명예를 악의에 팔아 넘기게 됩니까! 이러한 행위는 애덕과 정의에 배반되는 죄로서, 중상·비방·험담 등 더 이상 용서할 수 없는 형태로 자유롭게 표현됩니다…. 탐식은 우리로 하여금 신중함을 거스르게 하는 죄를 짓게 합니다…." [225]

867 (나) 무절제한 방법이지만, 심각한 과함에 빠지지 않고, 중요한 계명들을 어기지 않고, 식탁에서 약간의 쾌락을 즐겼을 때, 이러한 탐식은 소죄에 불과하다. 이와 같이 현저하게 탐식의 지나침을 범하지 않고, 많이 먹고 마실 때는 소죄에 불과하다.

868 (다) 완덕의 관점에서 볼 때, 탐식은 심각한 장애물이다.

① 탐식은 의지를 약하게 한다. 그리고 탐식은 위험한 타협을 통해 영혼을 감각적 쾌락의 애착으로 발전시키는 방종(放縱)을

---

225) 사순 1921, 부활 피정, 식탁에서의 탐식.

거느리고 있다.

② 탐식은 과오(過誤)를 범하게 한다. 주위의 산만함과 수다스러움으로 인하여 영혼은 악마의 공격을 받게 된다. 그러므로 영혼은 탐식에 대항하여 싸워야 한다.

869 (3) 탐식의 치료법

탐식에 대항하여 싸워야 할 원리는, 목표가 아니라 방법이라는 것을 이미 제193항에서 설명하였다. 탐식은 믿음에 따른 이성에 종속되어야 한다는 것이다. 그런데 이 때 믿음은 우리에게 순수한 의향과 절제와 고행으로 식탁의 쾌락을 정화시켜야 한다고 말하고 있다.

① 무엇보다 먼저, 탐식에서 벗어나기 위해서는 바르고 초연한 마음으로 식사를 해야 한다. 절대로 마치 동물처럼 쾌락만을 추구하는 탐식이 되어서는 안 된다. 적어도 그리스도인은 하느님께 영광을 드릴 일을 더 잘 하기 위한 의도로 음식을 먹어야 한다. 그리고 우리에게 매일 일용할 양식을 주시는 하느님께 감사하는 마음으로 먹어야 한다.

성 바오로의 빈첸시오처럼, 우리가 먹는 빵을 먹을 자격이 없음을 생각하며 겸손한 마음으로 먹어야 한다. 그래서 우리는 하느님과 이웃에게 봉사하기 위한 힘을 얻기 위해, 사랑하는 마음으로 음식을 먹어야 한다. 이렇게 함으로써 우리는 사도 바오로의 권고를 따르게 된다.

우리는 식사 전에 다음과 같이 기억해야 한다. "여러분은 먹든지 마시든지 그리고 무슨 일을 하든지 모든 일을 오직 하느님의 영광을 위해서 하십시오"(sive ergo manducatis, sive bibitis…

omnia in gloriam Dei facite).[226]

870 ② 이와 같이 식사에 대한 올바른 지향은 우리에게 필요한 절제를 갖게 한다. 각자의 신원(身元)에 따른 의무에 충실하고 필요한 힘을 얻기 위해 먹으면서, 건강을 해칠 수 있는 탐식을 피한다.

위생 전문가들은 말하기를, "탐식에 대한 절제는 정신적이고 육체적인 힘을 조화시키는 중요한 조건입니다. 우리는 살기 위해 먹고, 건강하기 위해서 먹어야 하기 때문입니다. 그러나 탐욕적으로 너무 마시거나 먹어서는 안 됩니다…. 즉 맛있는 음식을 탐식하여 둔해지는 것을 피하고, 알맞은 상태에서 식탁을 떠나는 것이 지혜로운 결단입니다."[227]

그러나 식사는 모든 사람에게 똑 같은 조건이 될 수 없다는 것을 바르게 인식할 필요가 있다. 왜냐하면 각자의 건강 상태에 따라, 어떤 사람은 결핵을 치료하기 위해 푸짐한 식사를 필요로 하기 때문이다.

반대로 관절염이나 다른 질병과 싸우기 위해 음식을 절제해야 하는 사람도 있다. 그러므로 현명한 의사의 처방에 따라 음식을 조절해야 할 것이다.

871 ③ 그리스도인의 절제는 다음 몇 가지 고행적(苦行的, mortifications)인 실천과 만난다.

(가) 우리는 육체적인 감각에 쉽게 기울어지므로, 가끔 좋아하는 음식을 절제하는 것은 매우 유용하고 필수적이다. 이처럼 탐

---

226) 1고린 10, 31.
227) E. Caustier, 「건강과 생활」 p. 115.

식의 절제를 통해 만족을 포기함으로써, 육감(肉感)에 대한 자제력을 얻게 된다. 탐식의 절제는 감각에 의존하는 정신을 제거하고, 기도를 통해 위험한 유혹을 피하게 한다.

(나) 탐식의 절제는 오히려 건강을 해치지 않고 의지를 더욱 강하게 한다. 그리고 이와 같은 영혼들의 금욕 정신은 절제의 실천에 애덕의 동기를 합친 것과 같다. 어떤 영혼들은 배고픈 사람들과, 가난한 이들 안에 계시는 예수님을 생각하면서 음식을 절제한다.

성 빈첸시오 페리에(S. Vincent Ferrier)가[228] 지적하듯이, 아무리 음식이 많다 하더라도 정도에 맞게 먹고 찌꺼기를 남겨서는 안 된다. 때로는 자기가 좋아하는 음식을 조금만 먹는 습관도 절제(abstinence)의 정신을 위해서 매우 좋은 실천이다.

872 (다) 중요한 고행 중에서, 우리는 술(alcooliques)에 관계되는 것을 정리해 볼 필요가 있다.

ㄱ) 술 그 자체는 음료로써 절제 있게 사용할 때 악이 아니다. 그러므로 무조건 술을 마신다고 욕해서는 안 된다.

ㄴ) 그러나 이성을 잃을 정도나 스스로를 가누지 못할 정도의 폭음(暴飮)은 결코 고행적인 모범을 보여 준다고 할 수 없다. 술은 적당히 마실 때 마음에 기쁨을 가져다 준다고 시편은 말한다.

ㄷ) 절제는 과음(過飮)을 피하기 위해 윤리적으로 필요하다.

① 음주는 유전적인 어떤 성향을 물려받는다고 한다. 특히 과음에 불이 붙기 시작하면 이 불길은 걷잡을 수 없게 된다. 그로 인하여 폭음은 거의 저항할 수 없는 추락을 가져 온다.

---

228)「영성생활」Bernadot 역, 2편 3장.

② 술을 상습적으로 마시는 불행한 습관에 빠졌을 때, 단 한 가지 효과적인 방법은 그래도 자주 엄격하게 절제를 지키도록 하는 것이다.

제2절
음　란(淫亂)[229]

873　(1) 음란(luxure)의 본질

하느님께서는 음식에 애착하는 감각적 쾌락을 통해 인간이 생명을 보존할 수 있도록 도와 주신 것 같이, 인류의 번식을 위한 행위에 특별한 쾌감을 주신다.

그러므로 이 쾌감은 결혼을 통해 전달되는 생명의 고귀한 목표를 위해 사용되도록 결혼한 사람들에게 허락된 것이다. 그러나 이 특별한 쾌감은 그 목적 이외에는 엄격하게 금지(禁止)되어 있다. 이와 같은 금지에도 불구하고, 사춘기와 합법적인 결혼 외에 있는 사람들조차 이 쾌락을 강렬하게 경험하고 싶어 한다.

우리는 이 무절제한 성향(性向)을 음란이라고 부르고, 십계명 가운데 두 가지 계명에서 이를 단죄(斷罪)한다. "육체적인 음란한 관계는 절대로 승낙해서는 안 되며, 육체적인 관계는 결혼

---

[229] 성 토마스, 2부 2편, 153-154문; S. Alphonsus, 1. III, n. 412-485; Capelman, *Medicina pastoralis*; Antonelli, *Medicina pastoralis*, Romae, 1905; Surbled,「소년의 삶」파리, 1900;「소녀의 삶」파리, 1903; Fonssagrives,「순결 교육에 대하여 교사와 부모에게 하는 권고」; J. Guibert,「순결」파리. 1910; M. Dubourg,「여섯 번째, 아홉 번째 계명」.

안에서만 원해야 한다."

그러므로 음란은 금지된 외적 행동일 뿐 아니라, 상상·사고 방식·욕구 등, 내적으로 허락이 금지된 행위이다. 그 이유는, 만일 파렴치한 상상이나 나쁜 욕구에 고의로 집착하게 되면 성욕이 일어나 마음이 흔들린다. 그리고 육체적 충동은 순결에 반대되는 행위의 시작을 일깨워 줄 것이다. 그러므로 음란한 행위를 피하려면, 먼저 위험한 상상이나 생각과의 싸움이 절대적으로 필요하다.

874 (2) 음란한 죄의 중대성

(가) 부정직하고 관능적인 쾌락을 직접 원하고 찾는다면, 그 행위는 대죄가 된다. 이러한 결과로, 음란은 인류의 번식과 보존을 매우 위태롭게 하는 심각한 무질서가 된다. 그런데 만일 합법적인 결혼 밖에서 말과 행동으로 관능적 쾌락을 찾는다고 한다면 이것은 매우 위험한 생각이다. 그로 인하여 허락되는 음란에 대한 열정적인 격정에 제동을 걸기가 불가능하기 때문이다.

결국 창조주의 인류 창조에 대한 목표는 헛된 것이 되고 말 것이다. 특히 현대 사회에서, 얼마나 많은 젊은이들이 생명의 존엄성을 망각하고 있는가.

(나) 때로는 음란을 직접 찾지 않지만, 좋은 일을 한 후 쾌락을 심하게 느끼는 경우가 가끔 있다. 만일 이 때 쾌락에 동의하지 않았고, 또 이 쾌락을 느끼게 한 행위에 충분한 이유가 있었다면, 그것은 죄가 아니며 걱정하지 않아도 된다. 그러나 음란한 독서나 연극, 경박한 대화나 관능적인 춤 같은 행위는 무질서한 경우에 따라 심각한 죄에 빠질 수 있다.0

875 (다) 완덕의 관점에서 볼 때, 음란한 죄는 교만 다음으로 영적 진보에 큰 장애를 가져다 준다.

ㄱ) 혼자서 또는 다른 사람들과 함께 범한 죄라도, 음란은 완덕의 모든 목표를 마비시키는 불가항력적(不可抗力的, tyranniques)인 습관을 낳는다. 그리고 이 음란은 상스러운 기쁨으로 그 의지마저 기울어지게 한다. 이러한 이유에서 영혼은 기도와 덕(德)의 맛을 더 엄격히 들여 고결하고 용감한 영감(靈感)을 받도록 해야 한다.

ㄴ) 음란은 이기심을 통하여 영혼을 장악한다. 그리고 음란은 부모와 친구에 대한 사랑을 거의 완전히 사라지게 한다. 그 결과 음란에서 남는 것은, 어떤 대가를 치르더라도 악한 쾌락을 즐기고 싶어 하는 욕구만 남는다. 이러한 음란은 영혼에게 참된 집념을 낳게 한다.

ㄷ) 음란은 인간 능력의 균형을 깨어 버린다. 이로 인해 영혼은 육체와 관능적 쾌락의 명령을 받는다. 그 결과 의지는 부끄러운 욕망의 노예가 되어 버린다. 더 나아가 의지는 악한 쾌락을 금하고 벌하시는 하느님께 반항하게 된다.

ㄹ) 음란은 영혼에게 의지의 단념을 설득하며, 지성(知性)을 무디어지고 약하게 한다. 생활이 머리에서 감각으로 내려갔기 때문이다. 그 결과 상상은 저속적(低俗的)인 것밖에 할 수 없다. 음란은 마음의 풍요로움을 차츰 시들고 말라버리게 함으로써 육체적인 쾌락만을 찾게 한다.

ㅁ) 음란으로 인해 육체는 자주 깊이 타격을 입는다. 이 음란의 남용(濫用)은 과다하게 자극된 신경을 격화시키고 약하게 하여, 음란의 "방어와 조절(調節)에 대한 사명을 다하지 못한다."[230]

음란으로 인해 육체의 여러 기능은 불완전하게 작용할 뿐이다. 즉 영양 섭취는 열악하게 되고 힘이 약해지며 결국 육체는 쇠약하게 된다.

이와 같이 허약한 육체로 인해 불균형하게 된 영혼이 완덕을 더 이상 지향하지 않는 것은 당연한 결과이다. 이로써 영혼은 매일 조금씩 완덕에서 더 멀어진다.

그러므로 우리에게 육체적인 악에서 벗어날 수 있는 몇 가지 방법이 필요하다.

876 (3) 음란의 치료법

이처럼 위험한 격정(激情)과 대항하기 위해서는, 음란을 능가할 깊은 확신과, 위험한 기회를 피하도록 고행과 기도를 해야 한다.

(가) 음란을 쳐 이길 수 있다는 깊은 확신은 악과 싸울 필요성과 가능성을 동시에 내포하고 있다.

ㄱ) 음란한 죄의 중대성은 영벌(永罰)을 받지 않도록 모면해야 할 필요성을 보여 준다.

사도 바오로는 다음 두 가지 이유를 설명한다.

① 우리는 신적 생명에 참여함으로써 거룩하신 하느님께서 현존하시는, 성삼위의 살아 있는 성전(聖殿)이다(제97항-제106항). 그런데 세례를 받은 우리의 영(靈)과 육(肉)의 성전을 동시에 더럽히는 음란의 악보다 더 큰 것은 없다.

② 우리는 세례성사를 통하여 하느님과 합체(合體)된, 그리스도의 지체(肢體)들이다. 그러기에 우리는 자기 몸을 그리스도의

---

230) Laumonier, *op. cit.*, p. III.

몸처럼 존중해야 한다. 그럼에도 불구하고 우리가 순결(純潔)에 반대되는 음란한 행위로 몸을 더럽혀서야 되겠는가! 만일 그렇다면 이 음란한 행위는 일종의 가증(可憎)스러운 신성모독(神聖冒瀆)이며, 우리를 짐승으로 격하(格下)시키는 육체적 쾌락을 얻기 위함이 아닌가.

877 ㄴ) 많은 영혼들은 음란한 행위의 절제(節制)가 불가능하다고 말한다. 성 아우구스티누스도 회개하기 전에는 절제가 불가능하다고 생각했었다. 그러나 성인은 하느님께 돌아온 후, 성사(聖事)의 은총과 성인들의 모범을 본받아 기도하면서, 음란과 싸울 때 불가능이 없음을 깨달았다. 이것이 바로 성 아우구스티누스가 체험한 진리였다. 특히 음란에 대한 우리의 절제는 언제나 매우 나약하다. 그리고 음란은 언제나 육체적으로 매우 매력적이기에 우리는 결국 그 쾌락에 넘어가고 만다.

우리가 은총에 의지하면서 절제하려고 꾸준히 노력을 한다면, 가장 어려운 유혹도 이길 수 있을 것이다. 그리고 젊은이들에게 절제가 결코 그들의 건강에 장애가 된다고 말해서는 안 된다.

브룩셀(Bruxelles, 벨지움)의 세계 학술회의에서 어느 의사(醫師)는 이렇게 대답한다. "특히 어린 남자아이에게 순결과 절제가 건강에 해롭지 않다는 것을 말해야 합니다. 오히려 순결과 절제가 순수 의학과 위생 관점에서 권할 만한 덕목이라는 것을 가르쳐야 합니다."[231] 우리는 절제로 인해 오는 질병은 알지 못하지만, 음란한 쾌락에서 오는 질병은 많이 알고 있다.

---

231) 제2회 세계 학술회의, 1902. F. Esclande, 1919, p 122-136. 학문적 입장에서 본 순결의 문제에 대하여 수많은 증거들을 볼 수 있다.

878 (나) 음란한 기회를 피함

영적인 순결은 특히 음란한 기회를 피함으로써 지켜진다. 자신의 나약함을 인식했을 때, 불필요한 위험에 자신을 노출시켜서는 안 된다. 음란한 기회가 아닐 때라도 위험에 빠질 가능성이 있을 때는, 조심성 있게 이 기회를 피해야 한다. 음란한 위험에 노출된 사람은 누구나 망하게 되기 때문이다. "모험을 좋아하는 자는 모험으로 망할 것이다"(qui amat periculum, in illo peribit).[232]

그러므로 위험한 독서나 영상들을 피할 수 있을 때는 서슴없이 피해야 한다. 특히 이러한 음란은 절대로 의식적으로 찾아서는 안 되고 마치 위험한 뱀을 피하듯 멀리 해야 한다. 만일 피할 수 없는 경우라면, 닥쳐올 위험에 대비할 수 있도록 자신의 의지를 강화시켜야 할 것이다.

성 프란치스꼬 살레시오가 말했듯이, 난잡하고 위험한 유희(遊戱)나 모임은 그 기회를 멀리 해야 한다. 그리고 나쁜 감정을 불러 일으키는 음란한 기회는 되도록 피해야 한다. 특히 부정한 결과를 낳는 위험한 춤들은 조심성과 절제가 필요하다. 건전하지 못한 춤 때문에 범한 죄로 인해 많은 영혼들이 망하고 있음을 상기할 필요가 있다.[233]

879 (다) 현대는 피할 수 없는 음란과 향락적인 죄를 지을 기회에 너무 많이 노출되어 있다. 우리는 매 순간마다 안팎으로 음란한 순간을 만나기에 금욕적인 고행을 실천하지 않고서는 이

---

232) 집회 3, 27.
233) 「신심생활」 3편 33장.

악을 이길 수 없다. 그래서 우리는 음란에서 절제할 수 있는 덕이 무엇이며, 또 실천방법이 어떤 것인가를 제754항-제815항에서 이미 말했다. 이제 우리는 여기서 정결의 덕에 보다 직접적으로 접근하면서 몇 가지 가르침을 되새길 것이다.

ㄱ) 우리는 시선(視線)을 특별히 주의해야 한다. 유혹적인 시선은 욕망을 부채질하고 의지(意志)를 약화시키기 때문이다. 그래서 예수님은, 여자를 음흉한 눈으로 바라보는 사람은 이미 마음으로 간음했다고 말씀하신다. "누구든지 여자를 보고 음란한 생각을 품는 사람은 벌써 마음으로 그 여자를 범했다"(qui viderit mulierem ad concupiscendam eam, jam maechatus est in corde suo).[234]

또 "오른 눈이 죄를 짓게 하거든 그 눈을 빼어 던져 버려라."고 말씀하신다.[235] 말하자면 우리를 죄짓게 하는 대상에 쏠리고 있는 눈길에서 미련 없이 떠나라는 것이다. 이 시선에 대한 절제는 유혹을 유발시킬 수 있는 대상이나 물건을 어디서나 만날 수 있는 현대에서 더욱 필요하다.

ㄴ) 촉감(觸感)은 유혹적인 시선보다 더욱 위험하다. 왜냐하면 촉감은 악한 쾌감을 쉽게 유혹하는 감각적인 자극을 촉진(促進)시키기 때문이다. 그러므로 격정을 자극할 수 있는 애무(愛撫)나 육체적인 접촉을 피해야 한다.

ㄷ) 상상력과 기억에 대해서는, 이미 말한 제781항의 규칙을 상기하면 된다. 그리고 의지에 관계되는 것은 제811항-제816항에서 소개한 원리에 따라 엄격한 교육으로 의지를 강하게 만들

---

234) 마태 5, 28.
235) 마태 5, 29.

어야 한다.

880 ㄹ) 그리고 위험하고 감정적인 우정(友情)에 반대되는 음란과 싸우면서 유혹을 억제해야 한다(제600항-제604항). 물론 결혼을 준비하는 영혼들은 합법적인 사랑으로 맺어지는 순간이 올 때까지 순결을 지켜야 한다. 그러므로 예의(禮儀)에 어긋나는 애정적 표현을 삼가해야 하고, 결혼을 통해 이루어지는 하나됨이 하느님 찬미를 위해 존재하므로 몸과 마음이 순결하도록 해야 한다.

특히 청소년들은 몸과 마음을 약하게 하는, 감각적이고 감정적인 애정과 위험한 관계를 조심해야 한다. 특히 순결에 관계되는 불장난을 해서는 안 된다. 만일 자신이 결혼하고 싶은 대상에게 깨끗한 마음을 요구한다면, 자신 또한 깨끗해야 하지 않겠는가?

881 ㅁ) 끝으로, 음란에 대한 가장 좋은 고행의 한 방법은, 각자의 신원(身元)에 따른 직무에 적응하면서 인내하는 것이다. 대개 나태(懶怠)한 사람은 이 음란을 충고하기에 자격이 없는 자들이다. 그래서 우리는 주어진 직무에 충실하고 상상력을 통한 몸과 마음을 음란한 위험의 대상에서 멀어지게 할 수 있다. 이에 대해서는 제887항에서 다시 다루겠다.

882 (라) 기 도

ㄱ) 트리엔트 공의회는, 하느님은 우리에게 절대로 불가능한 것을 명령하시는 분이 아니라고 하였다. 오히려 우리가 할 수 있는 것을 명령하신다고 하면서, 그분이 주실 은총을 얻기 위해

기도하라고 충고한다.[236] 이 가르침은 대부분의 그리스도인들이 거룩한 혼인상태에서, 특별한 어려움을 겪을 때 주어지는 은총으로써 정결에 적용된다. 우리는 음란의 욕망이 가져다 주는 어려움에서 승리하기 위해, 자주 기도하고 탁월한 진리들을 묵상해야 한다. 하느님을 향해 마음을 들어 높이는 것은 우리를 거룩하고 순수한 기쁨으로 향하도록 하기 위해, 조금씩 감각적 만족에서 멀어지게 한다.

ㄴ) 음란에 떨어지지 않기 위한 기도는 잦은 성사(聖事)를 실천하게 한다.

① 잦은 고백은 정결을 거슬러 범하는 경솔한 언행과 죄를 고발하게 한다. 그리고 성사를 통해 받는 권고와 사죄(赦罪)의 은총은 유혹에 대항하는 의지를 특별히 강화시킨다.

② 이 은총은 또한 잦은 영성체(領聖體)를 통해 확고해진다. 영성체는 거룩하신 하느님과의 내적 일치를 이루게 한다. 그리고 이 일치는 육체적 욕망을 약화시키고 영혼으로 하여금 마음의 행복에 더 관심을 두게 하여 추잡한 쾌락으로부터 멀어지게 한다.

성 필립보 네리(S. Philippe de Néri)는, 고해성사와 잦은 영성체로 부도덕(不道德)한 악에 빠진 많은 젊은이들을 건져내었다. 오늘에도 역시 성덕(聖德)을 강화하고 유지시키기 위해서는 고해성사보다 더 효과적인 방법은 없다. 만일 수많은 청소년들이 악의 전염에서 피할 수 있는 길을 찾는다면, 그것은 유혹에 대항하는 종교적 실천에서 찾아야 할 것이다. 물론 이와 같은 악에

---

236) Sess. VI, De justificatione, c. XI.

서 벗어나기 위해서는 끊임없는 쇄신의 노력·용기·열정이 요구된다. 그러나 언제나 기도와 성사 실천의 강한 의지를 통해 우리는 모든 악의 장애물에서 승리할 수 있다.

제3절
게으름[237]

883 게으름은 관능(官能, sensualité)에 얽매여 있다. 게으름은 희생이나 고통을 피하게 하는 쾌락에 대한 애착에서 오기 때문이다. 우리 안에는 우리의 활동을 약화시키고 마비시켜 조금이라도 희생을 적게 하려는 성향(性向)이 있다.

이제 우리는
(1) 게으름의 본질
(2) 게으름의 악의
(3) 게으름의 치료법을 설명하고자 한다.

884 (1) 게으름의 본질
(가) 게으름은 활동 안에서 나태(懶怠)나 또는 적어도 무기력과 태만한 성향을 가지고 있다. 게으름은 가끔 건강하지 않은 상태에서 오는 병(病)적인 기질(氣質)이다. 그러나 대개의 경우, 게으름은 노력을 거부하고 두려워하는 나약한 의지(意志)의 병이

---

237) 성 토마스, 2부 2편, 35문; *de Malo*, q. II; 노엘 알렉산드르, *op. cit.*, p, 1148-1170; Melchior Cano, 「자신에 대한 승리」 10장; W. Faber, 「진보」 14장, Laumonier, *op. cit.*, 3장; Vuillermet, 「인간이 되자」 파리, 1908, XI, p. 185.

다. 게으름뱅이는 자신의 휴식을 방해하고 피곤하게 하는 모든 노고(勞苦)를 피하고 싶어 한다.

참으로 게으른 사람은 그가 실천할 수 있는 한도에서, 이웃의 희생 대가로 살아간다. 그리고 게으름을 방해하지 않을 때는 온순하게 체념하고 있지만, 그를 무기력(無氣力)함에서 빼내려고 하면 매우 심술궂고 잔혹하게 변한다.

(나) 게으름에는 여러 단계가 있다.

ㄱ) 무사태평(無事泰平)하거나 무기력(無氣力)한 사람은, 자기 일에 무관심하고 안일(安逸)하며 우둔하다. 이처럼 게으른 사람은 어떤 일이든 잘 하지 못한다.

ㄴ) 게으른 사람은 전적으로 일을 거부하지는 않지만, 그가 맡은 일을 언제까지나 미루고 빈둥거리며 지체한다.

ㄷ) 게으른 사람은 피곤한 일이란 절대 하지 않으려 한다. 그리고 정신적이고 육체적인 모든 일에 대해서 명백하게 혐오감(嫌惡感)을 나타내 보인다.

(다) 신심생활의 게으름을 태만(怠慢, acédie)이라 부른다. 이 태만은 영적인 것들을 모두 전적으로 혐오(嫌惡)한다. 그래서 이 태만은 신심생활을 적당히 건성으로 하게 하고, 가끔 쓸데없는 변명을 늘어놓게 한다. 이와 같이 미지근한 게으름은 다음 제4편, 「빛의 길」에서 말하게 될 것이다.

885 (2) 게으름의 악의(惡意)

(가) 게으름의 악의를 이해하기 위해서는, 사람은 일하기 위해 창조되었다는 것을 기억해야 한다. 하느님께서는 우리 원조(元祖)를 창조하셨을 때, 일하도록 "데려다가 동산을 돌보게 하셨

다"(ut operaretur et custodiret illum).[238]

결국 사람은 하느님처럼, 완전한 존재가 아니라는 것이다. 이 말은 사람이 완전하게 되기 위해서는 일해야 할 필요성과 또 능력이 있어야 한다는 것이다. 목표를 향해 지향하고, 영혼과 육체의 필요에 따른 능력들을 키우기 위해 일하는 것이 창조의 본질이다.

그러므로 노동법은 원죄보다 앞선다. 그러나 죄지은 사람에게, 노동은 자연법일 뿐만 아니라 징벌이 된다. 이런 뜻에서 죄를 속죄하기 위한 방법은 매우 힘들게 되었다. 그것은 육체를 먹여 살리는 빵일 뿐만 아니라, 지혜의 빵을 먹기 위해 이마에 땀을 흘려야 하는 것이다. "이마에 땀을 흘려야 낟알을 얻어먹으리라"(in sudore tuo vesceris pane).[239]

그러기에 게으름은 의무를 소홀히 하는 중대성에 따라 무거운 죄를 범하게 된다.

ㄱ) 게으름은 성화(聖化)와 구원에 필요한 종교적 의무마저 포기할 때 그 행위는 중죄가 된다. 또 자기의 직무를 의지적으로 소홀히 할 때도 마찬가지다.

ㄴ) 게으름의 무감각 상태가 종교적인 의무를 소홀히 할 때 소죄가 된다. 그러나 만일 무기력함과 대항하여 싸우지 않는다면, 게으름은 영혼을 해롭게 하고 더욱 사악(邪惡)하게 악화시킬 것이다.

886 (나) 완덕의 관점에서 보면, 영적 게으름은 그 해로운 결

---

238) 창세 2, 15.
239) 창세 3, 19.

과로 인해 영혼에게 매우 심각한 장애물이 된다.

ㄱ) 게으름은 우리 삶의 열매를 맺지 못하게 한다. 우리는 게으른 자의 밭에 대해 성서가 말한 것을 영혼에게 적용시킬 수 있다.

"내가 지나가다가 게으름뱅이의 밭과
생각 없는 사람의 포도원을 보니,
가시덤불이 우거지고 엉겅퀴가 덮이고
돌담이 무너져 있었다….

'조금만 더 자야지, 조금만 더 눈을 붙여야지,
조금만 더 일손을 쉬어야지.' 하였더니
가난이 불량배처럼 들이닥치고
빈곤이 거지처럼 달려들었다."[240]

이러한 생각은 게으른 영혼에게서 찾을 수 있다. 즉 게으른 영혼 안에는 덕(德) 대신에 악이 자라고, 덕을 위한 고행의 벽이 점차 무너지고, 악이 침략할 수 있도록 죄의 길을 터 준다.

887 ㄴ) 결국 머지않아 게으름의 유혹은 더욱 집요하고 끊임없이 마음을 괴롭힌다. "게으름은 온갖 나쁜 짓을 하게 하는 선생"(multam malitiam docuit otiositas)[241]이기 때문이다. 게으름이 교만과 합쳐서 소돔을 잃게 하였다. "네 아우 소돔의 죄가 무엇

---

240) 잠언 24, 30-34.
241) 집회 33, 29.

인지 아느냐? 거만을 떨고 실컷 먹고 마시면서 태평세월을 즐기면서 천하고 가난한 자들의 손을 붙잡아 주지 않은 것이 바로 소돔과 그 딸들의 죄였다."[242]

게으른 사람의 마음과 정신은 결국 활동적이지 못할 수밖에 없다. 만일 게으른 사람이 연구나 다른 일에 전념하지 않는다면, 그는 머지않아 많은 상상·생각·욕구·애정 등에 휩싸이게 될 것이다. 그런데 타락한 본성의 상태에서 게으름과 싸우지 않는다면, 우리를 지배하게 되는 것은 다음과 같은 욕구들이다. 즉 관능적인 생각·야망·교만·이기심·계산적인 우정 등이 영혼을 습격하여 죄를 짓게 할 것이다.[243]

888 (다) 그러므로 게으름은 영혼이 완덕에 이르는 데 대한 문제만 아니라, 영원한 구원과도 관련된다. 우리를 게으르게 하는 죄가 아니라도, 게으름은 우리 의무를 다하지 못하게 하므로, 영벌(永罰)을 받을 충분한 원인이 되기 때문이다. 우리는 하느님을 섬기고, 우리의 본분(本分)을 완성하기 위해 창조되었다. 우리는 하느님의 포도밭에서 일하도록 하느님으로부터 파견된 일꾼들이다. 그러기에 주인은 일꾼들의 잘못만을 나무라지 않고, 그들이 열심히 일하기를 원한다.

그러므로 하느님의 법을 실제적으로 어기지는 않지만 팔짱만 끼고 있다고 해서, 어떻게 주인이 일꾼에게 게으름을 질책하지 않겠는가? "어찌하여 하루 종일 한가롭게 서 있느냐?"(quid statis totâ die otiosi?).

---

242) 에제 16, 49.
243) Melchior Cano, 「자신에 대한 승리」 10장.

게으름으로 열매를 맺지 못하는 나무는 그 사실 하나만으로도, 잘라져서 불 속에 던져지게 된다. "도끼가 이미 나무뿌리에 닿았으니 좋은 열매를 맺지 않는 나무는 다 찍혀 불 속에 던져질 것이다"(omnis ergo arbor, quae non facit fructum bonum, excidetur et in ignem mittetur).[244]

889 (3) 게으름의 치료법

(가) 게으름을 치료하기 위해서는, 제일 먼저 노동의 필요성에 대한 깊은 확신을 주입시켜야 한다. 그리고 부유(富裕)하거나 가난한 사람 할 것 없이, 누구든 이 법률에 복종하도록 해야 한다. 그리고 이 법을 어기는 것만으로도 영벌을 받기에 충분하다는 것을 납득시켜야 한다. 이것은 주님께서 열매를 맺지 않은 무화과나무의 비유를 통해 우리에게 주신 가르침이다. 3년 동안 주인이 와서 열매를 찾아보았지만, 아무것도 찾을 수 없었기에, 주인은 일꾼에게 그 나무를 베어 버리라고 명한다. "아예 잘라 버려라. 쓸데없이 땅만 썩일 필요가 어디 있겠느냐?"(succide illam, ut quid terram occupat?).[245]

나는 부자(富者)이기 때문에 일할 필요가 절대로 없다고 말해서는 안 된다. 만일 우리 자신을 위해서 일할 필요가 없다면, 다른 형제들을 위해 일해야 한다. 주인이신 하느님께서는 우리에게 이렇게 명하신다. 하느님이 우리에게 손과 머리와 지식의 재산을 주셨다면, 그것은 주님의 영광과 형제들의 행복을 위해 쓰라고 주신 것이다.

---

244) 마태 3, 10.
245) 루가 13, 7.

그렇기 때문에 우리가 할 일은 언제나 부족하지 않다. 고통을 덜어 주어야 할 가난한 형제들이 얼마나 많고, 가르쳐야 할 무지한 사람이 얼마나 많은가. 또 위로해야 할 고통받는 마음이 얼마나 많은가. 이제 우리는 게으름이 영혼에게 얼마나 해롭다는 것을 그리스도인들에게 일깨워 주어야 할 것이다.

890 (나) 우리는 제812항에서 말한, 의지에 대한 교육에 확신을 갖고, 관련된 규범들을 적용시키면서, 조직적으로 이 교육에 충실하도록 해야 한다. 그리고 게으름은 노력 앞에서 본능적으로 뒷걸음질치므로, 우리에게 게으름보다 더 불행한 것은 없다고 가르쳐야 한다.

게으름은 우리에게 주어진 귀중한 시간을 허비하고 지루하게 하며, 모든 것에 싫증을 느껴, 삶에 대한 혐오감(嫌惡感)을 갖게 한다. 이러한 영혼이 되기보다 자신과 주위를 행복하게 만들려고 노력한다면 더 가치로운 삶이 되지 않을까?

게으른 삶 가운데는, 나름대로 어떤 일을 하는 사람이 있는가 하면, 단순하게 놀이나 운동과 행사만을 위해 움직이는 사람이 있다. 이러한 게으른 사람에게는 노동의 가치와, 각 영혼의 의무와 삶의 진실함을 바르게 되새겨 주어야 한다.

그리고 게으른 사람에게는 끊임없이 삶의 목적을 기억시키도록 해야 한다.[246] 우리는 이 세상에서 식객으로 살기 위해서가 아니라, 덕행과 노동을 통해 하늘나라를 획득하기 위해 존재한다. 하느님은 우리에게 끊임없이 말씀하신다. "왜 당신들은 하루종일 이렇게 빈둥거리며 서 있기만 하오?… 당신들도 내 포

---

246) Ollé-Laprune, 「인생의 가치」.

도원으로 가서 일하시오"(Quid hic statis totâ die otiosi?… Ite et vos in vineam meam).[247]

---

247) 마태 20, 6-8.

제3장 인 색[248]

인색(吝嗇)함은 이미 제199항에서 말한 것처럼, 시각(視覺)의 탐욕에 매여 있다. 이 시각의 탐욕에는 건전하지 못한 호기심과 재물에 대한 절제 없는 애착이 있다. 여기서는 주로 재물에 대한 욕심을 살펴본다.

이제 우리는
(1) 인색의 본질
(2) 인색의 악의
(3) 인색의 치료법을 알아보자.

891 (1) 인색의 본질

인색함은 세상 재물에 대한 무절제한 애착이다. 이러한 인색의 무절제를 가르치기 위해서, 먼저 하느님께서 잠시 인간에게 재산을 맡겨 주신 그 뜻을 상기해야 한다.

(가) 하느님께서 우리에게 제시한 인색에 대한 교육 목표는 두 가지이다.

ㄱ) 하느님께서 세상의 재물을 우리에게 주신 것은 우리들의

---

248) 성 토마스, 2부 2편, 118문; *de Malo*, q. 113; Melchior Cano, *op. cit.*, 12-13장; Massillon, *Discours synodaux*, 「사제들의 인색」; Monsabré, 「부활 피정」 1892-1894: 「우상들, 부귀」; Laumonier, *op. cit.*, 8장.

영혼과 육체의 생명을 보존하기 위해서였다. 그리고 이 재물은 우리의 지성과 능력들을 성장시킬 방법으로, 인간의 물질적 필요성을 보존하기 위해서였다.

이 재물은

① 첫째, 현재와 미래를 위해 필요한 재물이다. 정당한 노동에 의해 이 재물을 획득해야 하는 의무가 있다.

② 둘째, 이 재물은 우리의 능력을 점차 발전시키는 데 매우 유용하다. 그리고 이 재물은 우리와 이웃의 행복을 굳건하게 하고, 공적(公的) 이익에 공헌하게 한다. 그리고 노동과 가난한 사람들의 몫을 위해 재물을 열망하는 것은 금지되지 않았다.

ㄴ) 재물은 가난한 형제들과 나누기 위해 우리에게 주어졌다. 그러므로 우리는 어떤 면에서 볼 때, 섭리(攝理, Providence)의 보물창고이며, 가난한 사람들의 고통을 덜어 주고 그들에게 필요한 것을 나누어 주어야 한다.

892 (나) 이제 우리는 세상 재물에 대한 애착에 무질서한 인색이 있음을 제시하기가 더욱 쉬워졌다.

ㄱ) 인색함은 가끔 마음의 지향(指向, intention) 속에 존재한다. 영혼들은 부귀(富貴)를 마치 삶의 목적인 것처럼 생각한다. 그리고 최종 목표로 삼은 쾌락이나 명예를 얻기 위해 재물을 탐한다. 만일 여기서 재물을, 최상의 선(善)을 추구하는 방법으로 생각하지 않는다면, 인색은 재물에 대한 일종의 우상숭배가 된다. 이와 같이 인색한 사람은 돈을 위해서만 산다.

ㄴ) 인색함은 돈을 획득하는 방법에서도 나타난다. 즉 인색함은 이웃의 권리를 파괴하고, 자신의 건강과 고용인들의 건강을

해치면서까지 돈을 모은다. 그리고 저축금을 잃어 버릴 위험 속에서도 대담한 투기를 하면서, 온갖 방법으로 돈을 격렬하게 뒤쫓는다.

ㄷ) 인색함은 돈을 쓰는 방법에서 나타난다.

① 돈이 주는 만족을 즐기고 더 큰 안정감을 갖기 위해, 영혼들은 돈의 축적(蓄積)을 간절히 원한다. 그리고 그 돈을 아까워하면서 인색하게 쓴다.

② 인색한 사람은 좋은 일에나 가난한 사람들을 돕는 일에 절대로 돈을 주지 않는다. 인색은 자본화(資本化)의 추구를 최고의 목표로 삼는다.

③ 어떤 영혼들은 돈을 애호(愛好)하고 만지면서, 우상(偶像)처럼 자기 돈을 사랑한다. 이러한 모습은 구두쇠의 전통적인 형태로 나타난다.

893 (다) 이와 같은 인색한 모습은 다행히 젊은이들에게는 많지 않다. 그러나 시간이 흐르면서 불행하게도 돈에 대한 집착과 매우 계산적인 인간 관계가 형성되고 있다. 중년이나 노년층에서 나타나는 돈에 대한 욕심은 말할 필요가 없다.

특히 노년에 이르면 질병에 대한 두려움과 생각지 않은 사고에 대한 두려움이 커지게 된다. 이러한 결과로 노년에 도와 줄 사람이 없는 사람들의 돈에 대한 집착은 처절하기까지 하다.

894 (라) 현대 사회는 금권정치와 사회 부조리 속에서 어떤 형태로든 엄청난 부자가 되고 싶어 하는 인색한 영혼들이 많다. 그로 인하여 자신과 자녀들의 장래를 보장받기 위해서가 아닌, 돈이 주는 부(富)와 권력을 획득하기 위해 돈에 목숨을 건다.

막대한 돈을 갖게 되면, 인색함은 통치자보다 더 효과적인 권력을 행사한다. 인색은 강철의 왕, 석유의 왕, 금융계의 왕이 될 때, 국민들에게 명령하게 된다. 인색함이 가져다 주는 황금(黃金)의 지배는 참을 수 없는 폭정(暴政)으로 타락하는 경우가 자주 있다.

895 (2) 인색의 악의(惡意)

(가) 인색은, 어버이 같은 사랑으로 우리를 지켜 주시고, 당신을 신뢰하는 우리에게 필요한 것을 부족함 없이 주시는 하느님에 대한 불신(不信)의 표시이다. 하느님은 우리에게 심지도 거두지도 않는 하늘의 새를 보게 하시고, 일하지도 천을 짜지도 않는 들판의 백합을 보게 하셨다. 이것은 하느님께서 우리의 게으름을 부추기려는 것이 아니라, 우리 삶을 안정되게 하도록 하기 위해, 하늘에 계신 아버지를 신뢰하라고 우리를 초대하신 것이다.[249]

그런데 인색은 하느님을 신뢰하기보다 우리 재산을 늘리는 데 더 신뢰를 둔다. 그 결과 인색함은 하느님을 불신하면서 그분을 모욕하게 된다. "네 집의 수송아지와 네 우리의 숫염소를 나는 받지 않겠노라"(Ecce homo qui non posuit Deum adjutorem suum, sed speravit in multitudine divitiarum suarum et praevaluit in vanitate suâ).[250]

인색은 자신과 자기가 하는 일에 대해 과다한 신뢰를 동반한다. 인색은 자신이 섭리자(攝理者)가 되기를 원하고, 돈을 신(神)

---

249) 마태 7, 24-34.
250) 시편 51, 9.

으로 삼으면서 우상숭배에 빠진다. 그러나 분명한 사실은 아무도 하느님과 부(富), 두 주인을 동시에 섬길 수 없다는 사실이다.

"너희는 하느님과 재물을 아울러 섬길 수 없다"(non potestis Deo servire et mammonae).[251]

이 인색의 죄는 앞에서 우리가 제시한 이유들로 인해 본질적으로 재물에 대한 무절제한 애착이다. 그리고 재산을 모으고 소유하려는 부정한 방법들 때문에 정의(正義)의 의무를 심각하게 거스르게 된다. 인색함은 필요한 자선(慈善)을 베풀지 않아 애덕을 거스르게 한다. 이것은 마치 일에만 열중하여 종교적인 의무를 밀어놓고, 경신(敬神)의 의무를 심각하게 거스르는 것과 같다.

896 (나) 완덕의 관점에서 볼 때, 재물에 대한 무절제한 애착은 영혼이 덕에 나아가는 데 매우 심각한 장애물이 된다.

ㄱ) 격정(激情)은 우리 마음 안에서 하느님을 밀어낸다. 하느님의 성전인 우리 마음은 근심과 세상의 것들로 인해 온갖 종류의 열정에 사로잡힌다. 그래서 하느님과 일치하기 위해서는, 모든 피조물(被造物)과 세상의 근심들을 마음에서 비워야 한다. 그 이유는 하느님께서 "나약한 피조물들이 온 힘과 정성으로 마음을 다하기를"[252] 원하시기 때문이다. 특히 인색을 통한 교만을 버리도록 해야 한다. 그 결과 인색으로 인한 재물에 대한 집착은 교만을 더욱 확장시킬 뿐이다. 왜냐하면 인색함은 하느

---

251) 마태 6, 24.
252) J. J. Olier, *Introd. aux vertus*, ch. II, Ire Sect.

님보다 자신의 재물을 더 신뢰하게 만들기 때문이다.

자기 마음을 재물에 집착하게 하는 것은, 하느님의 사랑에 장애물을 놓는 것이 된다. 왜냐하면 "재물이 있는 곳에 마음이 있기 때문이다"(ubi thesaurus vester, ibi et cor vestrum erit). 재물을 멀리 하는 것은 우리 마음을 하느님께 여는 것이다. 부귀(富貴)를 벗어 버린 영혼은 "하느님으로 풍성해진다"(toto Deo dives est).

ㄴ) 인색은 우리를 관능(官能)과 방종(放縱, immortification)으로 이끈다. 영혼은 재물이 있고 돈을 좋아할 때, 많은 쾌락을 얻고 즐기고 싶어 한다. 그러나 쾌락을 억제하면, 마음이 재물에 얽매이게 된다. 어쨌든 두 가지 경우 모두, 하느님으로부터 우리를 등지게 하는 우상(偶像)들이다. 그러므로 우리는 인색과 끊임없이 싸워야 한다.

897 (3) 인색의 치료법

(가) 인색의 가장 좋은 치료법은, 우리 삶의 목적이 재물이 아니라 믿음과 이성이라는 것을 인식하는 데 있다. 그리고 하느님의 섭리가 우리에게 필요한 것들을 제공해 주신다는 깊은 확신을 갖는 것이다. 하느님이 최고 주권자이시고 관리자이시기에, 마지막 날 그 심판자에게 재물에 대한 셈을 바쳐야 한다는 것을 깊이 묵상함으로써 인색을 치료할 수 있다. 우리가 인색하게 움켜쥐고 있는 재물은 저 세상으로 갈 때, 아무것도 가지고 갈 수 없는 것이다.

우리가 정말 지혜롭다면, 지나가는 이 세상을 위해서가 아니라 하늘나라를 위해 재물을 쌓아야 할 것이다. "재물을 땅에 쌓아 두지 말아라. 땅에서는 좀먹거나 녹이 슬어 못쓰게 되며 도둑이 뚫고 들어와 훔쳐간다. 그러므로 재물을 하늘에 쌓아 두어라. 거기서는 좀먹거나 녹슬어 못쓰게 되는 일도 없고 도둑이 뚫고 들어 와 훔쳐가지도 못한다."[253]

(나) 마음에서 인색함을 떼어 버리기 위해, 가난한 영혼들을 도와 하늘의 창고에 재물을 쌓는 것보다 더 효과적인 방법은 없다. 가난한 이들에게 베푸는 사랑은 마치 하느님께 돈을 빌려 드리는 것과 같다. 이와 같은 자선(慈善)은 인색한 그들에게 백 배의 상으로 되돌아올 것이다.

예수님은 가장 작은 사람에게 해 준 것이 곧 당신께 해 준 것으로 생각하신다. 그러므로 우리가 예수님께 바친 재물을 썩지 않는 재물로 회복시켜 주실 것이다. 이처럼 지혜로운 사람은 인색함에서 벗어나 이 세상의 재물을 하늘나라의 재물과 바꾼다.

이와 같은 행위는 하느님과 성스러움을 찾는 그리스도인적 현명함이다. "너희는 먼저 하느님의 나라와 하느님께서 의롭게 여기시는 것을 구하라. 그러면 이 모든 것도 곁들여 받게 될 것이다"(Quaerite primum regnum Dei et justitiam ejus; et haec omnia adjicientur vobis).[254]

898 (다) 완전한 자는 재물에 대한 인색에서 벗어나 더 멀리 간다. 그들은 있는 것을 모두 팔아 가난한 사람들에게 나누어 주거나, 또는 공동체에 들어가면서 모두 내어놓는다. 또 자신의

---

253) 마태 6, 19-20.
254) 마태 6, 33.

재물을 모두 가지고 있지만 인색함에서 떠나, 지혜로운 책임자의 지도에 따라서만 재물을 사용한다. 이와 같은 사람은 하느님의 섭리(攝理) 안에서, 몸과 마음이 재물(財物)로부터 이탈하게 될 것이다.

결 론

899 지금까지 말한 일곱 가지 악(七罪宗, 교만·질투·분노·탐식·음란·게으름·인색)에 반대한 싸움은, 다음 세 가지 육체적 탐욕(제818항 - 육체·호기심과 인색·교만)을 낳게 하는 악한 성향을 우리 안에서 근절시키는 것으로 끝난다. 물론 항상 몇 가지 악에 대한 성향은 남아 있지만, 이것은 인내를 실천하게 하고 자신을 불신하도록 상기시키기 위한 것이다.

그러나 하느님의 은총에 의지할 때, 우리는 악의 유혹에서 벗어나 쉽게 승리하게 될 것이다. 물론 우리의 노력에도 불구하고 유혹은 언제나 영혼 안에서 일어날 것이다. 그렇지만 유혹은 우리에게 새로운 승리를 안겨 줄 것이다.

제 V 부

유혹에 대한 싸움

900 우리는 악을 뽑아 버리려는 노력과 함께 언제나 유혹을 예상해야 한다. 그래서 우리는 영혼에게 계속 함정을 파는, 영적인 적(敵)들인, 육체·세속·악마(제193항-제227항)와 싸워야 한다. 그러므로 우리는 평범한 유혹이든, 또는 초보자들이 갖는 유혹이든, 모든 유혹에 마음을 써야 한다.

제1장 평범한 유혹[255]

901 유혹(誘惑)은 우리의 영(靈)적인 적(敵)들이 하는 악의 권유(勸誘)이다.

우리는 다음에서
 I. 유혹의 섭리적 결과
 II. 유혹의 심리학
 III. 유혹에 대한 우리의 자세를 제시한다.

I. 유혹의 섭리적 결과

902 하느님께서는 우리를 직접 시험하지 않으신다. "유혹을 당할 때 아무도, '하느님께서 나를 유혹하신다'는 말을 해서는 안 됩니다. 하느님께서는 악의 유혹을 받으실 분도 아니시지만 악을 행하도록 사람을 유혹하실 분도 아니십니다."[256]

그러나 하느님께서는 우리로 하여금 유혹에 저항할 모든 은

---

255) Rodriguez, 「완덕의 실천」 2편, III° Tr.; 성 프란치스꼬 살레시오, 「신심생활」 IV° P., 3-10장; Scaramelli, 「수덕 안내」 t. 11, art. X: Schram, *Instit. theol, myst.*, § CXXXVII-CXLIX; W. Faber, *Progrès*, ch. XVI; P. De Smedt, 「초자연적 생명」 III° P., ch. III; Ribet, *L'Ascétique*, 10장; Mgr Gay, 「그리스도 덕행과 생명」 t. I, tr. VIII; L'ehen, 「내적 평화의 길」 III° P., 4장; Dom. Lehodey, 「거룩한 포기」 p. 332-343; Bruneteau, 「젊은이의 유혹들」 1912.
256) 야고 1, 13.

총을 주시면서, 영적인 적(敵)에 의해 유혹 당하는 것을 허락하신다. "하느님은 신의가 있는 분이십니다. 하느님께서는 여러분에게 힘에 겨운 시련을 겪게 하지는 않으십니다. 시련을 주시더라도 그것을 극복하고 벗어날 수 있는 길을 마련해 주실 것입니다"(Fidelis est Deus qui non patietur vos tentari supra id quod potestis, sed faciet etiam cum tentatione proventum).[257]

여기에 대한 분명한 이유는 다음과 같다.

(1) 하느님께서는 우리 모두가 하늘나라에 들어갈 자격이 있기를 바라신다. 물론 은사(恩賜)를 통해 우리에게 하늘나라를 주실 수도 있다. 그러나 하느님께서는 우리가 슬기롭게 받을 가치가 있는 상급(賞給)으로서 은사를 주시길 원하신다. 즉 하느님께서는 우리가 어려움을 이기는 공로에 비례하여 상급을 주신다.

그런데 가장 큰 어려움 가운데 하나는, 우리의 덕을 잃게 하는 유혹이다. 그래서 우리는 하느님의 은총으로 이 유혹을 이겼을 때, 사도 바오로와 함께 다음과 같이 말할 수 있어야 한다. "나는 훌륭하게 싸웠고 달릴 길을 다 달렸으며 믿음을 지켰습니다. 이제는 정의의 월계관이 나를 기다리고 있을 뿐입니다."[258] 월계관을 받을 공로를 세운 것만큼 월계관을 받는 우리의 영예와 기쁨은 클 것이다.

903 (2) 유혹은 우리 영혼을 정화시키는 한 방법이다.
① 유혹은 단호함과 조심성의 결핍을 상기하게 함으로써, 영

---

257) 1고린 10, 13.
258) 2디모 4, 7-8.

혼의 정화와 관련된 회개를 새롭게 할 기회를 마련해 준다.

② 유혹은 다시 유혹에 빠지지 않도록 끈기 있는 노력을 요구한다. 이렇게 함으로써 유혹적 행동의 비열함을 속죄하게 하며, 그럼으로써 우리 영혼을 더욱 정결하게 만든다.

하느님께서는 한 영혼을 관상(觀想)으로 들어올리기 위해, 더욱 완전하게 영혼의 정화를 원하신다. 영혼의 정화는 우리가 「일치의 길」에서 다룰 무서운 유혹을 감내하도록 한다.

904 (3) 끝으로 유혹은 영적 진보의 한 방법이다.

ㄱ) 유혹은 마치 채찍질처럼 우리 영혼이 느슨해지고 잠자려 할 순간에 우리를 깨워 준다. 그리고 유혹은 중도에서 멈추지 않고 더 높은 곳을 겨냥하게 함으로써, 모든 위험에서 안전하게 멀어져야 한다는 필요성을 깨우쳐 준다.

ㄴ) 유혹은 자신을 불신(不信)하는 겸손을 훈련하는 학교이다. 유혹으로 인해 자신의 나약함과 무능력함을 스스로 더 잘 이해하게 된다. 그리고 유혹은 은총의 필요성을 절감하게 하여 더욱 열렬하게 기도하게 한다. 또 영혼은 유혹의 뿌리인 쾌락에 대한 애착에서 이탈해야 할 필요성을 느끼게 된다. 유혹은 매일 작은 십자가를 용감히 지게 함으로써, 탐욕의 열정을 끄게 한다.

ㄷ) 유혹은 하느님 사랑을 실천하는 학교이다. 왜냐하면 신중하게 유혹에 저항하고 힘과 보호를 얻기 위해, 영혼을 하느님의 품안으로 뛰어들게 하기 때문이다. 유혹은 우리에게 언제나 거절하지 않으시는 하느님의 은총을 감사드리게 한다. 유혹은 어떤 어려움에서도 사랑하는 아버지의 도움을 받는 아들처럼 행동하게 한다.

그러므로 유혹은 영혼에게 많은 영적 유익함의 기회를 가져다 준다. 이러한 이유 때문에 하느님께서는 영혼들이 시련(試鍊) 받는 것을 허락하신다. 라파엘은 토비아에게 다음과 같이 말했다. "당신이 하느님의 마음에 들었기 때문에, 천사가 당신을 시험해야 했습니다"(quia acceptus eras Deo, necesse fuit ut tentatio probaret te).[259]

Ⅱ. 유혹의 심리학

우리는 여기에서,
(1) 유혹의 빈번함
(2) 유혹의 다양한 단계
(3) 유혹을 승낙하는 징표를 알아본다.

905 (1) 유혹의 빈번함

유혹의 빈번(頻繁)함과 난폭함은 매우 다양하다. 이러한 유혹을 매우 자주 그리고 강렬하게 받는 영혼들이 있다. 그러나 반면에 유혹을 드물게 그것도 깊이 타격을 받지 않는 영혼들도 있다. 이와 같은 여러 원인들을 통해 유혹의 다양함을 알 수 있다.

ㄱ) 먼저 유혹은 성격(性格)이나 기질(氣質)과 관계를 갖고 있다. 어떤 영혼들은 흔들리는 유혹을 자주 받아, 극도로 열정적이 되고 동시에 의지가 약하게 된다. 또 어떤 영혼들은 드물게 유혹 받지만 균형(均衡)을 유지하며, 유혹 가운데서도 평온(平穩)

---

259) 토비 12, 13.

함을 지닌다.

ㄴ) 유혹에 대한 교육은 여러 형태로 다양하다. 어떤 영혼은 하느님을 사랑하고 공경하는 분위기에서 자랐다. 그래서 이러한 영혼들은 엄격한 의무를 실천하는 좋은 본보기만을 보아 왔다. 반면에 다른 영혼들은 쾌락에 대한 애착과 고통에 대한 두려움 속에서 자랐다. 그들은 감정적이며 세속적인 삶의 본보기들을 많이 보았다. 그 결과 나중 사람이 먼저 사람보다 유혹을 더 심하게 받는 것은 명백한 사실이다.

ㄷ) 이처럼 유혹에서도 하느님의 섭리적(攝理的) 계획을 이해해야 한다. 특별한 성소(聖召)에 불림을 받은 영혼에게 하느님께서는 엄격하게 순결의 보존을 원하신다. 그리고 이 성소자들이 덕에 나아가도록 하기 위해, 하느님께서는 매우 거친 유혹의 시련을 갖도록 원하신다. 끝으로 어떤 영혼들은 하느님의 특별한 소명(召命)으로 부르지 않아, 자주 유혹에 빠지지만, 그들의 능력을 넘어서지는 않는다.

906 (2) 유혹의 세 단계

성 아우구스티누스에 의해 제시된 성전(聖傳)에 의하면, 유혹에는 암시·쾌락·승낙이라는 세 단계가 있다고 한다.

ㄱ) 유혹으로 암시(暗示, suggestion)된 제안(提案)들은 몇 가지 악과 관계된다. 암시는 금지된 열매의 유혹처럼 상상력과 정신 안에 다소 예민하게 나타난다. 가끔 암시된 표현은 매우 매력적이고 완강하게 강요되어 일종의 강박관념(强拍觀念)처럼 되어 버린다. 그러나 이 암시된 제안이 아무리 위험하다 하더라도, 그 암시를 자의적으로 승낙하지 않는다면 죄가 되지 않는다. 그러

나 의식적으로 이 유혹의 암시를 승낙할 때는 죄가 된다.

ㄴ) 유혹으로 암시된 제안들은 쾌락(délectation)을 만난다. 본능적으로 영혼의 열등함은 암시된 악에 이끌리며 상당한 쾌락을 느낀다. 성 프란치스꼬 살레시오는 이에 대해 다음과 같이 말한다. "훌륭한 영혼도 암시된 유혹에 동의 없이, 육체의 열등한 부분에 가해진 유혹을 즐길 때가 수 없이 많다고 했습니다. 그리고 사도 바오로는 육체가 정신을 거스려 탐할 때, 이것을 전쟁이라고 표현하였습니다."[260]

육체의 열등한 부분이 겪는 쾌락은 의지가 승낙하지 않는 한, 그것은 죄가 아니다. 그러나 이 쾌락은 매우 위험하다. 의지가 쾌락을 승낙할 수 있기 때문이다. 바로 이 때 영혼은 진퇴양난(進退兩難, alternative)에 빠진다. 즉 의지가 쾌락을 승낙할 것인가 말 것인가 하는 문제이다.

ㄷ) 만일 의지가 쾌락을 승낙(承諾, consentement)하기를 거부한다면, 영혼은 유혹과 싸워 이길 것이다. 이 때 의지는 쾌락에 대해 승리하고, 매우 칭찬 받을 행위가 된다. 그러나 만일 그와 반대로, 의지가 쾌락을 즐기고 승낙한다면 죄를 범하는 것이다.

그러므로 모든 쾌락은 의지의 자유로운 승낙에 달려 있다. 이것을 분명히 하기 위해, 의지가 쾌락에 얼마나 승낙했는지를 깨달을 수 있는 표시를 제시하겠다.

907 (3) 유혹에 대한 승낙 표시

유혹에 대한 승낙 표시를 바르게 잘 설명하기 위하여, 승낙하지 않은 것, 불완전한 승낙, 완전한 승낙의 표시들을 살펴보자.

---

260) 「신심생활」 4편 3장.

ㄱ) 유혹에 따르는 본능적 쾌락의 충동에도 불구하고, 불쾌한 시련과 유혹을 보고 걱정한다면 그것은 유혹을 승낙하지 않은 것이다. 그리고 유혹에 빠지지 않게 싸우고, 제안된 악에 대항하면서, 영혼이 두려움을 갖는다면 그것은 유혹을 승낙하지 않았다고 생각할 수 있다.[261]

ㄴ) 그러나 쾌락의 충동들이 우리에게 유혹의 원천이 되기에, 피할 수 있을 때 그 유혹의 뿌리를 뽑아야 한다. 성 프란치스꼬 살레시오는 "만일 몇몇 대화가 나에게 유혹과 타락을 가져온다는 것을 알면서 의식적으로 그 대화에 참여한다면, 그것은 분명한 죄가 됩니다."고 하였다.[262] 그러나 이 때, 생각했던 유혹이 애매하고 혼란스러웠다면, 그 유혹에서 오는 죄는 정도에 따라 죄는 그만큼 감소될 것이다.

908 ㄷ) 유혹을 받아들이는 승낙이 불완전할 수 있다.

① 영혼이 위험한 쾌락을[263] 느끼는 순간, 재빨리 유혹을 떨쳐 버리지 않고, 그 유혹을 승낙했을 때 위험에 빠지는 경솔한 잘못을 범할 수 있다.

② 영혼은 유혹이 왔을 때, 금지된 쾌락을 조금 맛보고 싶어 한다. 그래서, 하느님을 거스르고 싶지는 않지만, 한동안 유혹에

---

261) 정결에 대해 맹렬히 유혹 받았던 시에나의 카타리나 성녀에게 주님께서는 말씀하셨다. "너의 마음의 더러운 부분이 너에게 기쁨과 희열을 주는지, 혹은 슬픔과 고통을 주는지 말해 줄 수 있느냐?" "극도의 슬픔과 고통을 줍니다." 그러자 주님은 성녀를 위로하시면서, 그 고통은 큰 공로와 큰 이득이 될 것이라고 말씀하셨다. 성 프란치스꼬 살레시오「신심생활」 4편 4장.
262)「신심생활」 1. c., 6장.
263)「신심생활」 1. c., 6장; "가끔 희열의 몇 가지 쾌감에 놀란다. 그것이 가벼운 소죄가 될 수 있는 것이라도, 희열을 느끼면서 그것을 동의하거나 거절해야 하는지에 대해 얼마간을 지체하는 소홀함에 머문다면, 그 죄는 더 커질 수 있다."

머물다가 물리치는 경우가 있는데, 이것도 경솔한 잘못이 될 수 있다.

③ 만일 유혹을 반쯤만 물리치면서 불완전하고 미지근한 방법으로 유혹에 저항한다면, 그것도 반쯤 유혹을 승낙하는 잘못이 된다.

909 ㄹ) 유혹에 대한 완전한 승낙은 나약한 의지(意志)가 악한 쾌락의 맛에 이끌리도록 내버려 둘 때이다. 이 때 악에 대한 양심의 거부에도 불구하고, 의지가 유혹을 완전하게 전적으로 받아들일 때 대죄가 된다. 이러한 죄를 슬픈 쾌락의 죄라고 한다. 그리고 더 나아가 유혹의 욕망을 실천으로 옮기거나 추구하게 되면, 보다 적극적인 죄가 된다.

910 우리는 유혹의 여러 경우에서, 가끔 승낙하거나 또는 반쯤 승낙하는 자세에 대한 의문들을 간단하게 제시하였다. 이 때 우리는 무딘 양심과 섬세한 양심의 차이를 바르게 구분해야 한다. 대개 섬세한 양심의 경우에는 유혹에 대한 승낙이 거의 없다. 왜냐하면 죄에 대한 느낌을 갖는 양심은 일반적으로 유혹을 승낙하지 않기 때문이다. 반면에 무딘 양심의 소유자는 쉽게 유혹을 따르게 마련이다.

Ⅲ. 유혹에 대한 우리의 자세

유혹을 이기고 영혼의 영적 이익에 도움이 되기 위해, 실천해야 할 세 가지 중요한 것이 있다.

(1) 유혹을 피해야 한다.

(2) 유혹과 맹렬히 싸운다.

(3) 유혹의 타락에서 승리한 후 하느님께 감사드린다.

911 (1) 유혹을 피해야 한다.

우리는 다음과 같은 격언(格言)의 뜻을 잘 알고 있다. 병(病)이 난 후 치료하는 것보다 예방하는 것이 낫다. 이 말은 그리스도인의 지혜(知慧)를 권고한 것이다. 주님은 올리브 동산에 세 사도를 데려가실 때, "유혹에 빠지지 않도록 깨어 기도하여라." (vigilate et orate ut non intretis in tentationem)고 하셨다.[264] 깨어 기도하는 것은 바로 유혹을 피하는 가장 좋은 방법이다.

912 (가) 깨어 있어라.

영혼은 유혹에 떨어지지 않도록 항상 깨어 있어야 한다. 영혼은 뜻하지 않은 순간 유혹에 매우 쉽게 넘어가기 때문이다. 이와 같은 조심성은 다음 두 가지 중요한 영혼의 자세를 갖게 한다. 즉 자신을 너무 믿지 말고, 하느님께 전적으로 신뢰하는 것이다.

ㄱ) 그러므로 유혹으로부터 벗어나기 위해서는, 우리를 위험에 빠뜨리는 교만을 피하도록 해야 한다.

이것이 사도 베드로의 경우였다. 예수님께서 제자들이 당신을 버리고 흩어질 것이라고 하셨을 때, 베드로가 말하기를 "비록 모든 사람이 주님을 버릴지라도 저는 주님을 버리지 않겠습니다."고 하였다.[265]

자신을 믿는 사람은 유혹에 넘어지지 않도록 조심해야 한다.

---

264) 마태 26, 41.
265) 마르 14, 29.

"자기 발로 서 있다고 생각하는 사람은 넘어가지 않도록 조심해야 합니다"(Itaque qui se existimat stare, videat ne cadat).[266] 왜냐하면 정신이 강하고 육체가 약함으로써, 자신의 연약함을 겸손하게 느낄 때, 비로소 영혼은 유혹으로부터 안정을 찾을 수 있기 때문이다.

ㄴ) 그리고 언제나 유혹에 떨어질 위험이 큰 헛된 두려움은 피해야 한다. 우리 자신 스스로는 언제나 유혹에 나약하다는 것은 인정해야 한다. 그 대신 우리를 유혹으로부터 강하게 하는 하느님 안에서는 어느 누구도 우리를 이길 수 없다.

"하느님은 신의(信義)가 있는 분이십니다. 하느님께서는 여러분에게 힘에 겨운 시련을 겪게 하지는 않으십니다. 시련을 주시더라도 그것을 극복하고 벗어날 수 있는 길을 마련해 주실 것입니다."[267]

ㄷ) 자신만을 전적으로 믿지 않을 때, 하느님은 유혹으로 떨어지게 하는 단체와 오락 등, 위험한 유혹의 기회들을 피하게 해 주신다.

이와 같이 자신에 대한 불신은, 이미 제885항에서 말했듯이 가장 위험한 유혹 가운데 하나인 게으름과 싸우는 것이다. 또 이 일상적인 무기력(無氣力)함은 의지의 힘을 약하게 하고 모든 유혹과 타협하도록 준비시킨다.[268]

---

266) 1고린 10, 12.
267) 1고린 10, 13.
268) 이 무기력에 대해서는 Mgr Gay가 「그리스도인의 덕목과 삶」 8편, p. 525-526에서 잘 묘사한다. "게으름은 적의 공격에 노출되어 있다. 게으른 영혼은 무기력하고, 모든 희생에 대한 공포감을 느낀다. 모든 것에서 자신의 몸을 아낌으로써 유혹으로 기울어진다."

그리고 자신에 대한 불신은 유혹의 헛된 공상(空想)을 배격하게 한다. 한마디로, 제767항-제817항에 이미 말한 여러 형태의 고행은, 내적 삶과 사도직(使徒職) 직무에 충실하게 한다. 이 때 비로소 강도(强度) 높은 고행의 삶에서 유혹이 차지하는 자리가 적어지게 된다.

ㄹ) 유혹에 대한 경계심(警戒心)은 특히 영혼의 취약(脆弱)한 부분부터 시작해야 한다. 대개 유혹은 영혼의 약한 부분부터 공격해 오기 때문이다. 그러기에 영혼의 취약한 부분을 강화시키기 위해, 주의를 게을리 말아야 하고, 반대되는 덕목을 실천하기 위해 특별한 성찰을 실천해야 한다(제468항).

913 (나) 우리가 하느님 편에 서고 또 유혹의 경계심을 튼튼히 하기 위해, 우리는 언제나 기도를 열심히 해야 한다. 하느님께서는 언제나 우리가 유혹에서 승리하기를 바라신다. 하느님께서 우리 안에 있는, 악마가 노리는 것을 없애시는 것은 하느님의 사업이기 때문이다. 그러므로 하느님께서 원하시는 것은 우리 구원뿐임을 확신하면서, 깊은 신뢰심으로 유혹에서 벗어나도록 간청해야 한다.

모든 기도 즉 구송(vocale)기도, 묵념(mentale)기도, 개인과 공동체 기도 등 어떤 형태의 기도라도 유혹을 물리치는 데는 매우 좋다. 그래서 우리는 조용한 순간이 오면 항상 유혹에 떨어지지 않도록 기도해야 한다. 또 때로는 유혹을 물리치기 위해, 간단없이 우리 마음을 하느님쪽으로 향해야 할 것이다.

914 (2) 유혹과 맹렬히 싸운다.
유혹에 대한 저항은 그 성질에 따라 다르다. 유혹이 자주 오지만 가벼운 것이 있다. 성 프란치스꼬 살레시오가 잘 설명한 것처럼, 이러한 작은 유혹은 무시해야 한다.

"이와 같은 작은 유혹들은(허영·의심·불평·질투·선망 등), 마치 파리나 모기가 우리 눈 앞에서 어른거리며 뺨이나 코에 앉는 성가심을 피할 수 없는 것처럼, 이 유혹들에 대한 최선의 방법은 전혀 염두에 두지 않는 것입니다. 왜냐하면 우리가 하느님께 봉사하겠다는 확고한 결심을 한 이상, 작은 유혹들은 우리를 방해할 수 없기 때문입니다. 그러므로 이와 같은 작은 유혹들을 무시하고 생각하지도 말아야 합니다. 이것은 마치 모기가 귓가에서 앵앵거리도록 내버려 두는 것과 같습니다."[269]

오히려 반대로 여기서는 심각한 유혹을 특히 더 걱정해야 한다. 그러기 위해서는 재빨리, 힘있게, 인내와 겸손을 가지고 유혹과 싸워야 한다.

(가) 재빨리

유혹과는 논쟁(論爭)도 하지 말고, 머뭇거리지도 말아야 한다. 처음 유혹이 우리 영혼 안에 확고하게 발을 내딛기 전에는 내쫓기가 매우 쉽다. 그러나 만일 유혹이 영혼 안에 뿌리를 내리도록 내버려 둔다면, 그 때는 유혹을 물리치기가 더욱 어려워질 것이다. 그러므로 유혹과는 절대로 타협하지 말아야 한다. 유혹은, 부정한 쾌락만 생각하게 하는 뱀, 즉 우리를 기습하는 배신자(背信者)와 같다고 생각해야 한다.

그리고 성서의 다음과 같은 말씀을 상기할 필요가 있다. "악을 피하기를 독사를 피하듯이 하여라. 네가 만일 가까이 가면

---

269) 「신심생활」 4편 9장.

물리고 말 것이다"(quasi a facie colubri fuge peccata).[270] 우리는 기도하면서 다른 유혹에도 위와 같은 성서의 정신을 강하게 적용시킴으로써 유혹을 피하도록 해야 한다.

915 (나) 힘있게

유혹과의 싸움은 영혼으로 하여금 절대로 후회하거나 무기력(無氣力)하게 하지 않는다. 이것은 마치 유혹이 다시 오지 않도록 힘과 용기로써, 유혹에 대한 혐오감(嫌惡感)을 나타내 보여야 한다. "사탄아, 물러가라"(vade retro Satana).[271]

그러나 유혹의 종류에 따라 대응(對應)해야 할 여러 책략(策略)이 있다. 유혹이 매력적인 쾌락의 문제라면, 자신이 전념할 수 있는 것에 주의를 집중시키면서 유혹을 피하도록 해야 한다. 유혹과의 직접 대항은 때로 위험을 부추길 수 있기 때문이다.

유혹이 만일 자신의 혐오(嫌惡)·미움 등 인간 존중에 대한 역겨운 문제라면, 가장 좋은 방법은 유혹에 부딪치는 어려움을 솔직하게 고백하고, 유혹을 이기기 위해 믿음의 도움을 구해야 한다.

916 (다) 인내와 함께

영혼이 유혹을 이긴 그 순간에도, 유혹은 영혼에게 새롭게 필사적으로 되돌아온다. 악마는 가장 악랄한 일곱 악령(sept esprits)을 사막으로부터 데리고 영혼에게 온다. 이 때 영혼은 악령인 원수들과 집요하고 끈질기게 싸워야 한다. 그리고 끝까지 싸웠을 때 영혼은 악으로부터 승리하게 될 것이다. 또 영혼이 유혹

---
270) 집회 21, 2.
271) 마르 8, 33.

으로부터 승리를 확신하기 위해서는, 영적 지도자에게 유혹을 알리는 것이 좋다.

특히 성 프란치스꼬 살레시오는 다음과 같이 권고한다. "악마는 그가 유혹하고 싶은 영혼에게 우선적으로 요구하는 것이 침묵입니다. 이것은 마치 부녀자들을 유혹하려는 영혼들이 그것을 부모나 남편에게 고(告)하는 것을 제일 먼저 금지하는 것과 같습니다.

그와 반대로 하느님께서는 우리에게 영감(靈感)을 주실 때, 유혹을 자기 장상(長上)이나 또는 영적 지도자에게 분명하게 밝히기를 원하십니다."[272] 결국 유혹을 이기기 위한 특별한 은총은 다름 아닌 영적 지도자에게 마음을 여는 것이다. 그리고 이미 드러난 유혹은 벌써 반쯤 이긴 것과 다름없다.

917 (라) 겸손으로

겸손은 은총을 부른다. 그리고 은총은 우리에게 유혹으로부터 승리를 가져다 준다. 교만으로 인하여 죄를 진 악마는 솔직한 겸손의 행위 앞에서 달아난다. 우리가 겸손하게 유혹을 대할 때 교만한 자들의 힘이 되었던, 세 가지 탐욕(육체·탐욕·교만)들은 쉽게 패배해 버린다.

918 (3) 유혹에서 승리한 후

유혹이 있은 후에는, 그 유혹을 승낙했건 하지 않았건 간에 세심하게 양심성찰을 해야 한다. 경솔함은 영혼을 새롭게 유혹으로 추락시키고 그 유혹을 되살릴 수 있기 때문이다. 그러나

---

272)「신심생활」 4권 7장.

신중한 점검 없이도 양심의 증거를 통하여 우리가 유혹에서 승리했다면, 우리는 이 유혹의 승리를 쉽게 인정할 수 있을 것이다.

(가) 만일 우리가 유혹으로부터 승리할 수 있다면, 우리의 승리를 도와 주신 하느님께 언제나 진심으로 감사해야 할 것이다. 유혹에서 승리한 영혼의 감사는 하느님께 대한 의무이다. 그리고 이 감사는 적절한 시기에 새로운 은총을 얻을 수 있는 가장 좋은 방법이 된다. 유혹을 이긴 승리를 자신에게 돌리고 하느님께 감사하지 않는 무례한 사람들에게 불행이 있기를! 그들은 즉시 자신들의 나약함을 경험하게 될 것이다.

919 (나) 이와 반대로, 유혹에 굴복하는 불행이 오더라도 영혼은 절대로 실망하지 말 것이다. 성서에서 보여 주는 탕자(蕩子)에 대한 아버지의 마음을 되새기고, 탕자처럼 아버지 발 아래 무릎을 꿇고 통회해야 한다. "아버지, 저는 하늘과 아버지께 죄를 지었습니다. 이제 저는 감히 아버지의 아들이라고 할 자격이 없습니다."[273] 탕자의 아버지보다 더 자비로우신 하느님께서는 탕자에게 평화의 입맞춤을 하실 것이며, 사랑을 되돌려 주실 것이다.

그러나 다시 죄를 짓지 않기 위해서는, 회개한 죄인이 하느님 앞에서 굴복한 것처럼 자신의 잘못과, 스스로 선(善)을 실천하기에 무능력(無能力)함을 인식해야 한다. 그리고 하느님께 전적으로 신뢰하고, 죄의 기회를 피하고 신중해야 하며, 또 속죄(贖罪)

---

273) 루가 15, 21.

를 실천해야 한다. 이렇게 되 갚은 죄는 완덕에 이르는 데 심각한 장애물이 되지 않는다.[274]

이와 같이 성 아우구스티누스가 지적한 것처럼, 자신의 잘못을 드러내는 사람은 "보다 겸손하고, 더 신중하며, 더욱 열성적이다"(ex casu humiliores, cautiores, ferventiores).[275]

---

274) J. Tissot, 「성 프란치스꼬 살레시오에 의한 죄에 대한 생각」.
275) *De corrept. et gratiâ*, cap. I.

제2장 초보자들이 갖는 유혹

지금까지 우리가 설명해 왔던 유혹의 뿌리들은, 완덕으로 나아가는 초보자들에게는 모두 유혹의 대상이 된다. 그러나 특히 초보자들 가운데는 다음과 같은 유혹과 관계되는 것들이 있다.

초보자들의 유혹에는
1) 영혼의 위로(慰勞)에 대한 초보자들의 환상
2) 초보자들의 번덕
3) 초보자들의 지나친 열성
4) 초보자들의 불안 등이 있다.

제1절
위로에 대한 초보자들의 환상[276]

920 좋으신 하느님께서는 대개 당신께 대한 봉사를 위해, 유혹을 당하는 초보자에게 감각적인 위로를 주신다. 그 다음 한동

---

276) 성 프란치스꼬 살레시오,「신심 생활」4편 13~15장; F. Guilloré,「영성생활의 비밀」tr. 6; W. Faber, *Progrès*, 23장; Dom Lehodey,「신뢰하는 성인」p. 344 ss.; P. de Smedt,「초자연적인 생명」3편 5장.

안 이 위로를 거두신다. 그것은 초보자들의 덕을 다지고 시련을 주기 위해서이다. 그런데 어떤 초보자는 유혹으로부터 많은 위로를 받았기 때문에, 확실한 성덕의 단계에 벌써 이르렀다고 생각하는 영혼이 있다.

그런데 어느 날 이 위로가 사라지고 위로 대신 메마름과 무감각이 그 자리를 차지하게 되면, 초보자들은 길을 잃었다고 믿는다. 그러므로 자만(自慢)과 실망(失望)을 동시에 예방하기 위해서는, 초보자들에게 유혹에서 오는 위로와 메마름의 참된 교의(教義)를 설명할 필요가 있다.

I. 위 로(慰勞)

921 (1) 유혹에서 오는 감각적 위로(consolations)의 본질과 근원

ㄱ) 유혹에서 오는 감각적 위로는 감각을 자극하는 부드러움으로 영적 즐거움을 느끼게 한다. 그 때 심장은 생기를 띠고 요동(搖動)치며, 피는 빨리 움직이고, 얼굴은 상기(上氣)되고, 목소리는 감동적이 되며, 가끔 이 감각적 기쁨은 눈물로 표현된다.

감각적 위로는 영혼들에게 일반적으로 영적 진보를 허용하는 지성(知性, intelligence)을 밝혀 주는 것은 아니다. 또 이 감각적 위로는 영혼을 기도와 성덕으로 이끄는 의지(意志, volonté)와 관계되는 영적 위로와는 구분된다.

ㄴ) 유혹에서 오는 감각적 위로는 다음 세 가지 원천에서 유래한다.

① **하느님**: 마치 어머니가 자녀에게 하는 것처럼 대하시는 하느님, 그리고 세속의 악한 쾌락에서 우리를 떼어내기 위해, 당신께 봉사하도록 우리를 이끄시는 분으로 오신다.

② **악　마**: 악마는 신경 계통(système nerveux)과 상상 및 감각을 자극하여, 어느 정도 감각적 느낌을 갖게 한다. 이 감각적 느낌은 실망으로 이끄는 자만심과 허무(虛無), 그리고 무례(無禮)한 고행을 실천하도록 부추긴다.

③ **자연 본성**: 정서적(情緖的)이고, 상상력이 풍부하고, 낙관적인 성격인 영혼이 신심(信心)에 전념하게 되면, 그 영혼의 감성은 자연적으로 양육(養育)된다.

922 (2) 유혹에서 오는 감각적 위로의 장점

감각적 위로도 영혼에게 매우 이로운 점이 있다.

ㄱ) 감각적 위로는 영혼으로 하여금 하느님을 쉽게 인식(認識)하게 한다. 그래서 오랫동안 묵상하고 기도하길 좋아하며, 영혼은 하느님의 선하심을 더 잘 이해하게 된다.

ㄴ) 감각적 위로는 의지(意志)를 강화시킨다. 의지는 유혹의 장애물을 열등한 능력들 속에서 찾지 못한다. 반면에 의지는 값진 위로를 찾아 피조물들을 쉽게 포기하게 한다. 그리고 의지는 더욱 열렬하게 하느님을 사랑하며 단호한 결심을 내리게 한다. 의지는 기도로써 획득한 구원의 은총을 더 쉽게 간직하게 한다. 의지는 감각적인 방법으로 하느님을 사랑하면서, 매일 작은 희생을 용감하게 실천하면서 여러 가지 고행들을 기꺼이 수행한다.

ㄷ) 감각적 위로는 하느님께 대한 사랑과 마음의 평정·기

도·순종의 습관을 갖도록 도와 준다. 이와 같은 습관들은 감각적 위로가 사라진 후에도 영혼 안에 보존될 것이다.

923 (3) 유혹에서 오는 감각적 위로의 위험

감각적 위로는 언제나 위험을 내포하고 있다.

ㄱ) 감각적 위로는 하느님보다 하느님께서 우리에게 주시는 위로에 더 집착하게 함으로써 영적 탐욕을 불러 일으킨다. 그리고 이 위로가 사라졌을 때, 영성수련과 자기 의무를 소홀히 하게 된다.

그런가 하면 우리가 감각적 위로를 즐기는 순간에도, 우리의 신앙심은 견고해지지 않는다. 감각적 위로는 구원자(Sauveur)의 수난(受難, Passion)을 슬퍼하면서도, 어떤 결핍이나 다정한 우정의 희생은 거절하기 때문이다. 그러므로 견고한 덕행은 하느님의 사랑에 대한 희생이 포함될 때 가능하다(제321항).

성 프란치스코 살레시오는 "위로와 부드러움을 가진 많은 영혼들이 있습니다. 그들은 타락한 존재가 되지 않으려고 노력합니다. 그럼에도 불구하고, 결과적으로 하느님께 대한 진정한 사랑이 없으며 더욱이 참된 신심마저 갖고 있지 않습니다."라고 말한다.[277]

ㄴ) 감각적 위로는 자주 여러 형태를 통해 사람을 오만(傲慢)하게 한다.

① 헛된 자기 만족: 우리는 감각적 위로를 받으면서 때로는 기도가 쉽다고 만족한다. 그리고 자신이 겨우 완덕을 향한 수련자에 불과하면서도, 이미 성인(聖人)이 된 것처럼 믿는다.

---

277) 성 프란치스꼬 살레시오, 「신심생활」 4권, 13장.

② 허　영: 자신을 높이기 위해, 감각적 위로를 다른 사람에게 말하고 싶어 한다. 그 때 영혼들은 자주 귀중한 시간을 빼앗긴다.

③ 자　만(自慢): 자신은 강하며 아무도 자기를 이길 수 없다고 믿는다. 그래서 꾸준히 노력을 더해 영적 진보를 해야 할 시기에, 가끔 자신을 위험에 노출시키면서 긴장을 풀기 시작한다.

924 (4) 유혹에서 오는 감각적 위로에 대한 태도

신적 위로를 즐기기 위해, 우리가 지적한 유혹의 위험들을 피하도록 노력해야 한다. 이것을 따라야 할 규범들은 다음과 같다.

ㄱ) 하느님을 사랑하고 그분의 거룩한 뜻을 완성하기 위해, 조건이 따른 방법으로 감각적 위로를 열망할 수 있다. 이 감각적 위로는 성령강림(聖靈降臨) 축일에, 교회가 우리를 위해 영적 위로의 은총을 간청하는 기도이다. "항상 하느님께서 주시는 위로를 즐기도록 하여라"(et de ejus semper consolatione gaudere).

결국 이 감각적 위로는 우리의 성화(聖化)를 돕기 위한 목적에서 주시는 하느님의 은사(恩賜)이다. 그러므로 이 은사를 존중해야 하며, 하느님의 뜻에 순종할 수 있도록 이 은사를 간청해야 한다.

ㄴ) 감각적 위로가 우리에게 주어졌을 때, 감사와 겸손으로 이 위로를 받아들인다. 그렇지만 우리는 이 위로를 받을 자격이 없기에 모든 공로를 하느님께 드려야 한다. 만일 하느님으로부터 우리가 사랑스러운 자녀로 인정받는다면, 우리는 그분을 찬

양해야 마땅하다.

그러나 우리는 아직 어머니의 젖이 필요한, 불완전한 존재임을 고백해야 한다. "아직 어린 영혼들에게는 굳은 음식이 아니라 젖이 필요하다"(quibus lacte opus est et non solido cibo). 특히 감각적 위로를 자랑하지 말아야 한다. 자랑은 하느님의 은사를 잃어 버릴 가장 좋은 방법이 되기 때문이다.

ㄷ) 하느님의 은사를 겸손하게 받았으면, 조심스럽게 그분의 뜻에 따라 은사를 사용해야 한다.

그래서 성 프란치스꼬 살레시오는 다음과 같이 말한다. "하느님의 은사는, 우리가 온유해지고 그분을 사랑하라고 주신 것입니다. 어머니는 아이가 자기에게 안기도록 하기 위해 사탕을 줍니다.

그러므로 우리도 많은 사랑을 주시는 하느님을 포옹(抱擁)하도록 합시다. 하느님을 포옹하는 것은 그분께 순종하고, 그분의 계명을 지키는 것입니다. 그리고 하느님의 뜻을 행하고, 그분의 열망을 따르는, 즉 그분을 순종과 겸손으로 사랑스럽게 포옹하는 것입니다."[278]

ㄹ) 마지막으로 감각적 위로가 영혼 안에 항상 지속되지 않는다는 사실을 알아야 한다. 그리고 우리는 영혼의 메마름이 왔을 때, 하느님께 은총을 주시도록 겸손하게 기도해야 한다. 기다리면서, 감각적 위로를 연장하려고 노력하기보다는, 절제하면서 위로의 하느님께 간절하게 매달려야 한다.

---

278) 「신심생활」 4편 13장.

Ⅱ. 메마름

하느님께서는 우리의 덕행이 굳어지도록 하기 위해, 영혼에게 가끔 메마름(sécheresses)을 주신다.

이제 우리는
(1) 메마름의 본질
(2) 메마름의 섭리적 목표
(3) 메마름으로 인도하는 행위를 알아본다.

925 (1) 메마름의 본질

덕의 실천과 기도를 쉽게 하기 위해, 영혼의 메마름은 영적 또는 감성적인 모든 위로를 빼앗는다. 그리고 마음을 쇄신하려는 잦은 노력에도 불구하고, 기도에 대한 흥미가 없어진다. 또 기도할 때 권태(倦怠)와 싫증, 그리고 시간이 너무 길게 느껴지기까지 한다. 더 나아가 믿음과 신뢰는 마비된 것처럼 보이고, 영혼은 활기차고 기쁨에 넘치는 대신 메마른 상태에 빠져 버린다. 그래서 영혼은 의지로써 이 메마름을 지킬 뿐이다. 이것은 영혼에게 분명 매우 괴로운 상황이다. 그러나 반대로 메마름은 영혼에게 이익을 가져다 주기도 한다.

926 (2) 메마름의 섭리적 목표

ㄱ) 하느님께서 영혼에게 메마름을 주신 것은, 창조된 모든 것과 자애심(自愛心)에서, 그리고 우리가 찾는 행복에서 이탈하게 하기 위해서이다. 그리하여 영혼이 하느님만을 사랑하도록 가르치기 위함이다.

ㄴ) 영혼의 메마름이 지속적(持續的)이 아니고, 또 무엇보다도 무상(無償)이라는 것을 가르쳐 주기 위해서, 하느님께서는 우리가 겸손하기를 원하신다.

ㄷ) 이 겸손을 통해 하느님께서는 우리를 과거나 현재의 죄에 대한 집착, 또는 이기적으로 찾는 모든 것으로부터 정화(淨化)시키신다. 그래서 영혼은 아무 맛도 없는 메마름 속에서, 확신과 의지만으로 하느님을 섬길 때, 매우 괴로워한다. 이 메마름의 고통은 속죄적(贖罪的)이며 죄를 회복하게 한다.

ㄹ) 끝으로 메마름은 우리의 모든 덕행을 견고하게 한다. 이 메마름은 기도와 선행을 지속적으로 실천하게 하고 또 의지를 항구하도록 하기 때문이다. 이처럼 영혼의 메마름에서 오는 실천을 통하여 우리의 덕은 견고해 질 것이다.

927 (3) 메마름으로 인도하는 행위

ㄱ) 영적 메마름이 가끔 우리의 잘못으로 인해 오기에, 먼저 진지하게 성찰해야 한다. 만일 이 메마름이 우리에게 아무런 책임이 없다면, 크게 염려할 필요는 없다.

① 영적 메마름은 헛된 자기 만족과 교만에 동의하는 마음의 움직임으로 인해 일어난다.

② 영적 메마름은 게으름을 통해 적절하지 않은 열성에서 나타난다.

③ 영적 메마름은 하느님께서 갈라진 마음을 원하지 않으시는데도, 인간적 위로나 감각적 우정 및 세속적 쾌락을 찾음으로 인해 일어난다.

④ 영적 메마름은 영적 지도자에 대한 정직성(正直性)의 결핍

으로 인해 나타난다. 이것을 성 프란치스꼬 살레시오는, "영적 지도자에 대한 정직성의 결핍은 성령을 속이는 것이고, 하느님께서는 영혼의 위로를 꺼리시므로 좋은 것이 아닙니다."라고 말한다.[279] 그렇기 때문에 우리는 영적 메마름의 원인을 찾았을 때, 자신을 낮추고 그 원인을 없애도록 노력해야 한다.

928 ㄴ) 만일 영적 메마름의 원인을 잘 모른다면, 그 시련(試鍊)을 잘 선용(善用)하도록 해야 한다.

① 영적 메마름을 이기기 위한 가장 좋은 방법은, 감각적 위로(慰勞)에서 하느님을 섬기는 것보다, 메마름 중에 하느님을 섬기는 것이 공로가 더 크다는 사실을 바르게 인식하는 것이다. 영적 메마름은 하느님을 사랑하기 위해 사랑을 갈구(渴求)하는 것만으로 충분하다. 더구나 사랑의 가장 완전한 실천은 하느님의 뜻에 자신의 뜻을 일치시키는 것이다.

② 영적 메마름에 있을 때, 올리브 동산에서 우리를 위한 사랑으로 근심과 고통에 동의(同意)하셨던 예수님과 일치하는 것보다 더 훌륭한 방법은 없다. 그리고 우리는 예수님처럼 이 말씀을 되풀이해야 한다. "그러나 제 뜻대로 하지 마시고 아버지의 뜻대로 하십시오"(verumtamen non mea voluntas sed tua fiat).[280]

③ 특히 우리는 영적 메마름에서 절대로 실망하지 말아야 한다. 그리고 계속해서 영성수련과 굳은 결심으로 노력하는 것을 그쳐서는 안 된다. 오히려 우리는 고통 속에 계신 주님을 더욱 본받아야 한다. 즉 "격심한 고통에 기진(氣盡)하여 기도를 드리

---

279) 「신심생활」 4편 14장.
280) 루가 22, 42.

셨다"(factus in agoniâ prolixius orabat).

929 영적 지도자에 대한 권고

감각적 위로와 메마름에 대한 이 교의(敎義)는 영적 지도를 받는 영혼들이 잘 이해하도록 자주 되풀이해야 한다. 왜냐하면, 위로와 메마름의 흐름을 거슬러 노를 저을 때보다, 그들의 열망대로 잘 되어 갈 때, 영혼들은 더 잘한다고 믿기 때문이다. 그러나 조금씩 빛이 비춰지고, 위로의 시기에 교만하지 말고, 메마름에 실망하지 않아야 함을 알 때, 영혼들의 영적 진보는 더욱 빠르고 안정될 것이다.

제2절
초보자들의 변덕

930 (1) 변덕(變德, inconstance)의 결점

영혼이 하느님께 자신을 바치고, 영적 길로 진보하기 시작할 때, 영혼은 하느님의 사랑과 덕의 실천을 통해 어려움을 잘 헤쳐나갈 수 있다. 그러나 하느님의 은총이 감각적인 위로의 형태로 주어지는 순간이 오지 않거나, 또는 반복되는 노력에 지칠 수 있다. 그리고 같은 어려움이 연속적으로 올 때 초보자들은 영적 성장이 파괴된 것 같은 느낌을 느낄 수 있다. 이 때 영혼은 변덕(變德)과 게으름에 노출되어 버린다.

이와 같은 변덕의 상태는 다음과 같이 나타난다.

① 변덕은 영성수련을 온 힘으로 실천하지 않거나 소홀히 하며 시간을 단축하게 한다.

② 변덕은 덕의 실천에서 볼 때, 고행과 회개의 길에 큰 뜻을 품고 입문하게 한다. 그러나 그 덕의 실천이 힘들고 권태로워서 영적 성장을 위한 노력을 늦추게 한다.

③ 일상적인 성화(聖化)에서 변덕은, 자주 습관적으로 행위를 갱신(更新)하게 한다. 그래서 변덕은 덕의 실천을 지치게 하고 소홀하게 한다. 그 결과 습관·호기심·허영·관능적 쾌락이 우리의 행위를 자극하게 된다. 이러한 변덕의 상태로 영적 진보는 불가능하다. 왜냐하면 영혼의 끈기 있는 노력 없이는 어떤 덕에도 도달할 수 없기 때문이다.

931 (2) 변덕의 치료법

(가) 변덕은 완덕에 이르는 길에서 많은 노력과 시일을 필요하게 한다. 즉 완덕으로 나아가기 위해 변덕은 많은 인내를 요구한다. 그러기에 영혼들이 당하는 시련의 실패에도 불구하고 새로운 열정으로 계속하는 사람만이 성공할 수 있다. 이 변덕에서 성공하고 진보하기를 바라는 모든 영혼들은 다음과 같이 실천해야 한다. 매일 아침 영혼은 하느님을 위해 오늘도 덕을 잘 실천할 수 있는가를 자문(自問)한다. 또 매일 저녁 영혼은 세심하게 아침에 세운 계획의 일부분이라도 실현했는지를 성찰한다.

(나) 그 어느 것도, 특별한 양심 성찰을 충실하게 실천하는 인내보다 영혼을 변덕에서 벗어나게 할 수 있는 것은 없다(제468항). 그러나 영적 지도자에게 덕에 대한 진보를 보고하면서, 변덕을 잘 이해하지 못하더라도 영적 진보는 확고할 수 있다.

그래서 의지를 굳게 하는 교육에서(제812항) 말한 것처럼, 하느님께 대한 순종은 변덕을 이길 수 있는 가장 탁월한 방법이란 것이다.

제3절
초보자들의 지나친 열성

많은 초보자들이 좋은 뜻으로 완덕에 이르기 위해 과도한 열성(empressement)과 열정(ardeur)을 쏟는다. 그러나 지나친 열성은 영혼을 피로하게 하고 필요 없는 노력을 낭비해 버린다.

932 (1) 지나친 열성(熱誠)의 원인

ㄱ) 지나친 열성의 중요한 원인은 하느님의 작용을 자신의 것으로 바꾸어 버리는 데 있다. 행동하기 전에 심사숙고하고, 성령께 빛을 청하고 행동을 지켜봐 달라고 기도하는 대신, 들뜬 열성으로 완덕을 실천한다. 이 지나친 열성은 영적 지도자와 의논하기 보다, 먼저 행동한 후 완성된 결론을 지도자에게 내민다. 여기에 많은 경솔함과, 무익한 노력들이 있다. "길을 벗어나 크나큰 수난을 당하였다"(magni passus extra viam).

ㄴ) 우리는 지나친 열성으로 인해 자주 자만심(自慢心)에 빠진다. 이 열성은 정상적인 덕의 단계를 뛰어넘고, 재빨리 속죄(贖罪)의 수련을 벗어나, 하느님과 일치하려 한다. 그러나 이 얼마나 슬픈 현상인가! 이와 같은 지나친 열성은 예상치 못한 많은 장애(障碍)가 오면, 실망과 포기를 통해 가끔 심한 오류(誤謬)에

빠져 버린다.

ㄷ) 어떤 때 지나친 열성은 영혼 안에 호기심을 가득 채운다. 이 열성은 완덕에 이르는 새로운 방법을 끊임없이 찾아다닌다. 그리고 새로운 방법을 얼마 동안 실천한 후 결과에 이르기도 전에 팽개쳐 버린다. 또 이 열성은 자신과 이웃을 쇄신하기 위해 끊임없이 새로운 계획을 짠다. 이 열성은 새로운 계획들의 실천마저 잊어 버리게 한다.

이 과도한 열성은 내적 마음의 고요함을 잃어 버리게 하고, 불안과 동요(動搖)로 인하여 어떤 성실한 열매를 맺지도 못한다.

933 (2) 지나친 열성의 치료법

ㄱ) 지나친 열성에 대한 치료는, 하느님의 뜻에 전적으로 순종하는 것이다. 행동하기 전에 잘 생각하고, 하느님의 빛을 얻도록 기도하며, 영적 지도자와 의논하면서 그의 결론에 따르는 것이다. 언제나 강한 힘만이 좋은 결론을 주는 것은 아니다. 오히려 잘 훈련된 힘에서 좋은 결론이 나오는 자연법을 따라야 한다.

마찬가지로, 초자연적인 생명에서도, 열성에 들뜬 노력에 의해서가 아니라 잘 정리되고 안정된 노력에 의해 완덕은 진보한다. 꾸준히 열성적으로 완덕으로 나아가는 영혼은 분명히 그 목표에 도달할 것이다.

ㄴ) 그러나 영혼이 하느님의 뜻에 복종하기 위해서는 과도한 열성의 원인들과 끊임없이 싸워야 한다.

① 지나친 열성에 의한 성격의 과격함은 너무 빨리 모든 것을 결정하도록 만든다.

② 지나친 열성의 자만심은 자신을 너무 많이 신뢰하는 데 있다.

③ 지나친 열성의 호기심은 영혼 안에서 항상 새로운 것을 찾는다. 이러한 결점들을 특별성찰(特別省察)에서 차례로 잘 반성해야 할 것이다. 이 때 하느님께서는 영혼 안에 현존하시며, 영혼을 평온하고 부드럽게 완덕의 길로 인도하실 것이다.

제4절
불 안[281]

934 불안(不安, scrupule)은 정신적이고 심리적인 병이며, 양심에 일종의 공포감(恐怖感)을 일으킨다. 불안은 대수롭지 않은 일에서도, 하느님의 뜻을 거스를까 무서워 떤다. 불안은 완덕으로 나아가는 초보자들에게만 특별히 있는 현상이 아니다. 이 불안은 영적으로 진보한 영혼에게도 나타난다.

그러므로 우리는 이 불안에 대해 다음과 같이 살펴보기로 한다.

I. 불안의 본질
II. 불안의 대상
III. 불안의 유익과 손실
IV. 불안의 치료법 등이다.

---
281) 루가 22, 42.

Ⅰ. 불안의 본질

935 불안(不安)이란 단어는, 라틴어로 작은 조약돌(scrupulus)이란 뜻이다. 저울이 그 무게로 인하여 오랫동안 아주 예민하게 흔들리는 섬세함을 의미한다. 정신적 불안은 다만 가장 섬세한 양심에 사로잡히는 것을 지칭한다. 여기에서 불안은 하느님을 거역했다는, 가장 일반적인 동기로 인해 양심을 괴롭히는 심한 조바심이 온다. 불안의 본질을 보다 바르게 인식하기 위해, 섬세한 양심과 함께 불안의 근원·단계·식별을 설명하고자 한다.

936 (1) 불안의 근원

불안은 순수하게 자연적 원인에서 나오기도 하지만, 초자연적 개입에 의해 생기기도 한다.

ㄱ) 자연적 관점에서 볼 때, 불안은 대개 정신적이고 심리적인 질병이다.

① 무질서한 불안을 일으키는 심리적 질병은 일종의 신경쇠약으로, 정신적인 것들을 지혜롭게 적용해 가기 어렵게 한다. 그리고 불안으로 인해 심각한 이유 없이, 죄를 지었다는 생각이 줄곧 마음 안에서 떠나지 않는다.

② 불안의 원인에는 정신적인 이유가 있는데, 그 원인은 심리적인 것과 같은 결론을 초래한다. 불안에서 오는 세심한 마음은 언제나 절대적인 것을 원하므로, 사소한 일에도 깊이 열중한다. 잘못 인도된 불안한 영혼은 하느님을 매우 엄격하고 무자비한 재판관(裁判官)으로 생각한다.

불안한 영혼은 인간의 행위에서, 승낙(承諾)과 감동(感動)을 혼

제 V부 유혹에 대한 싸움 317

동하고, 강한 상상에 사로잡히기 때문에 죄를 지은 것이라고 생각한다. 불안으로 인해 고집센 영혼은 영적 지도자의 판단보다 자신의 판단을 더 선호한다. 더 정확히 말하자면, 불안은 이성(理性)보다 느낌에 의해 영혼이 인도되도록 내버려 둔다.

심리적이고 정신적인 이 두 가지 불안의 원인이 합쳐질 때, 악은 더욱 깊어지고 치유(治癒)가 어렵게 된다.

937 ㄴ) 불안은 악마나 하느님의 초자연적 개입에 의해 생겨날 수 있다.

① 하느님께서는 우리의 헛된 자기만족과 교만을 징벌(懲罰)하신다. 그리고 우리에게서 영적 위로를 거두시고 성성(聖性)의 높은 단계로 우리를 이끄신다.

또 하느님은 지난 죄를 속죄시키고 단련시키려고, 우리가 강박관념(强拍觀念, obsédés)에 사로잡히는 것을 허락하신다. 이러한 불안은 특히 하느님께서 관상(觀想)을 준비시키려는 영혼에게 가끔 일어난다. 이것은 제5편「일치의 길」을 논할 때 소개할 것이다.

② 악마는 영혼의 동요를 위해 불안을 신경계통(神經系統, système nerveux)의 질병과 접목시키기도 한다. 불안은 우리 의무의 완성을 방해하고, 또 우리가 대죄 중에 있는 상태를 납득시켜 하느님과 일치를 방해한다. 특히 악마는 불안을 통해 어떤 행위의 중대성을 강조함으로써, 전혀 대죄가 아닌데도 불구하고 단호하게 영혼이 죄를 지은 것처럼 착각하게 한다.

938 (2) 불안의 단계

불안에는 여러 단계가 있다.

ㄱ) 초기의 불안은, 죄가 없는 곳에서도 죄를 느끼는 과도한 불안으로 꼼꼼하게 양심을 챙긴다.

ㄴ) 다음은 영적 지도자에게 순명하고, 그가 주는 결정을 즉시 받아들이는 일시적인 불안이다.

ㄷ) 끝으로 완고하고 집요한 고집이 동반된 불안이다.

939 (3) 섬세한 양심과 불안한 양심의 차이점

섬세한(délicate) 또는 소심한(timorée) 양심과 불안한 양심을 바르게 식별하는 것은 매우 중요하다.

ㄱ) 먼저 불안의 출발점이 다르다. 섬세한 양심은 하느님을 열정적으로 사랑한다. 하느님을 기쁘게 해드리기 위해, 아주 작은 양심의 꺼리낌이나 죄를 피하고 싶어 한다. 그러나 불안은 은총의 상태를 소유하기를 너무나 열렬히 원하는 이기주의에 의해 인도된다.

ㄴ) 자신의 나약함을 인정하고, 죄를 경멸하는 섬세한 양심은, 하느님의 마음에 들지 않을까 하는 두려움을 갖는다. 그 대신 불안은 모든 사건에서 죄에 대한 쓸데없는 공포심을 갖는다.

ㄷ) 세심한 양심은 소죄와 대죄를 구분할 줄 안다. 그리고 의심스러울 때는, 즉시 영적 지도자의 판단에 순명한다. 그러나 불안한 영혼은 격렬하게 지도자와 논쟁하고, 어렵게 그 결정에 순명한다.

Ⅱ. 불안의 대상

940 (1) 불안은 대개 일반적으로 온갖 종류의 주제들을 가지고

있다.

불안은 행동에 앞서, 만날 수 있는 위험을 터무니없이 과장한다. 그리고 불안은 행동 후, 잘못된 근거에 의한 걱정을 영혼 안에 증식시키고, 중죄(重罪)로 생각하는 양심에 쉽게 설득당하게 한다.

941 (2) 불안은 흔히 개별적인 주제에 근거를 둔다.

ㄱ) 지나간 고해성사에 대하여

불안은 여러 번 총 고백을 했음에도 불구하고, 만족하지 않는다. 불안은 전부 고백하지 않았다는 생각과 또 진정으로 통회하지 않았다고 두려워하면서, 항상 다시 고해성사를 시작하려 한다.

ㄴ) 나쁜 생각에 대하여

불안한 상상은 위험하거나 음란한 영상으로 가득 채워진다. 그래서 어떤 느낌이 생겨 한없이 불쾌하면서도, 그 느낌에 동의하게 되지나 않을까 하는 두려움에 사로잡힌다.

ㄷ) 불경(不敬)한 생각에 대해서

불경한 생각들이 머리를 스쳐갈 때, 불안은 경건하지 못한 생각에서 느끼는 모든 불쾌함에도 불구하고, 그 불경에 동의했다고 믿는다.

ㄹ) 애덕에 대하여

불안은 남이 하는 험담(險談)을 단호하게 항의하지 않고 듣는다. 불안은 인격 존중에서 형제적 충고(忠告)의 의무를 빠뜨리게 한다. 불안은 조심성 없는 말로 이웃의 빈축을 사게 한다. 이 모든 불안에서 영혼은 모든 행위를 대죄라고 생각한다.

ㅁ) 성물(聖物)에 대하여

불안은 성물을 부당하게 만지지나 않을까 하는 두려움 때문에, 언제나 손을 깨끗이 씻으려 한다.

ㅂ) 이와 같은 불안은, 거룩한 성체 축성 때, 또는 성무일도 낭송 등 여러 신심 행사에서 많이 나타난다.

Ⅲ. 불안의 손실과 유익

942 (1) 불안의 손실

불안으로 인해 불행이 닥쳐 올 때, 통탄할 만한 결과가 영혼과 육체에 다가온다.

ㄱ) 불안은 단계적으로 신경계통의 불균형(不均衡)과 쇠약(衰弱)함을 가져다 준다. 불안으로 인한 두려움과 끊이지 않는 고뇌(苦惱)는 육체의 건강을 해친다. 불안은 강박관념(obsession)으로 변할 수 있고, 일종의 단일관념(單一觀念) 편집증(偏執症, monoidéisme)에 이르게 한다.

ㄴ) 불안은 정신을 눈멀게 하고, 판단을 흐리게 한다. 불안은 조금씩 죄와 죄가 아닌 것, 소죄와 대죄를 분별할 능력을 상실하게 한다. 불안한 영혼은 항해사(航海士)가 없는 배가 되어 버린 것과 같다.

ㄷ) 불안과 흥분상태는, 신앙을 잃어 버리게 하고 지독한 이기주의자가 되게 한다. 불안은 모든 사람을 의심하게 하고, 하느님을 매우 엄격하신 분으로만 생각하게 한다. 이 불안으로 인해 자신을 불행한 상태에까지 내버려 두었다고 하느님께 불평하고 불의(不義)함을 비난한다. 그러므로 불안은 참된 신앙을 갖는 것을 불가능하게 한다.

ㄹ) 불안은 마침내 실패와 타락을 가져다 준다.

불안할 때, 우리는 자질구레한 일에 불필요한 힘을 허비한다. 그 결과 중요한 시점에서 싸우기에 충분한 힘을 낭비해 버리고 만다. 우리의 조심성은 어디서나 똑같은 조건을 가질 수 없다. 여기에서 불안과 실패, 그리고 가끔 대죄를 짓게 된다.

한편 불안은 본능적으로 고통의 위안(慰安)을 찾는다. 만일 신심에서 위안을 찾지 못할 때, 불안은 위험한 관계나 독서 등 다른 곳에서 그것을 찾게 된다. 불안은 가끔 심한 절망을 느끼게 함으로써, 비참한 죄의 기회가 되기도 한다.

943 (2) 불안의 유익

만일 불안을 영적 성장의 시련(試鍊)으로 받아들인다면, 그리고 현명한 영적 지도자의 도움으로 불안을 조금씩 고칠 수 있다면, 불안은 그 반대로 영혼에게 값진 유익이 될 것이다.

ㄱ) 불안은 영혼의 정화(淨化)에 도움이 된다. 그리고 불안은 소죄를 짓지 않도록 돕기도 한다. 이렇게 하여, 불안은 완전한 마음의 순결을 획득하게 한다.

ㄴ) 불안은 영혼으로 하여금 영적 지도자에게 의심 없이 순명하게 한다. 그리고 그 지도자의 의견과 의지뿐만 아니라, 판단마저 온순하게 따르도록 요구한다. 그렇게 함으로써 불안은 겸손과 순명을 실천하게 한다.

ㄷ) 하느님께서는 우리를 사랑하시는 그만큼 더 시련을 주신다. 그래서 하느님께서는 영혼들이 전적으로 당신께 매달리도록 영적 위로를 거두신다. 불안은 영혼이 하느님을 더욱 사랑하도록 우리를 시험한다.

Ⅳ. 불안의 치료법

944 불안은 처음부터 영혼 안에 깊이 뿌리를 내리기 전에 뽑아 버려야 한다. 불안과 싸우는 유일한 대책은 지혜로운 영적 지도자에게 완전히 순명하는 것이다. 영혼은 불안으로 인해 양심의 빛이 가려져 있으므로, 다른 빛의 도움을 받아야 한다.

불안한 영혼은 나침판도 항해사도 없는 배와 같다. 우리는 이 배를 밧줄로 안전하게 묶어 목적지까지 끌어가야 한다. 영적 지도자는 불안한 영혼으로부터 신뢰를 얻도록 해야 한다. 그리고 그 불안한 영혼을 낫게 하기 위해 자신의 권위를 바르게 행사할 줄 알아야 한다.

945 (1) 무엇보다 먼저, 영적 지도자는 **불안한 영혼으로부터 신뢰를 얻어야 한다**. 우리는 자신을 신뢰하는 사람에게 쉽게 순명하기 때문이다. 그러나 항상 쉬운 일은 아니다. 물론 불안한 영혼들은 본능적으로 안내자를 필요로 한다.

어떤 영혼들은 영적 지도자에게 자신을 선뜻 내어 맡기지 못한다. 불안한 그들은 영성적 도움을 원하지만, 이성적(理性的)인 토의(討議)를 원한다. 그런데 영적 지도에서는 불안한 영혼과 절대로 논쟁(論爭)을 해서는 안 된다. 대신 불안한 영혼에게는 권위(權威)로써 그 영혼이 해야 할 일을 분명하게 일러 주는 것이 좋다.

불안한 영혼에게 신뢰심을 심어 주기 위해, 영적 지도자는 헌신함으로써 지도자의 자격을 영혼이 느끼도록 해야 한다.

ㄱ) 영적 지도자는 먼저 자신이 잘 이해했다는 것을 보여 주

기 위해, 몇 가지 지적만 하면서 불안한 영혼이 말하도록 내버려 둔다. 그 다음 지도자는 불안한 영혼이 "네", "아니오" 만을 대답할 수 있는 몇 가지 질문을 통해 그 양심을 조직적으로 성찰하도록 지도한다.

그리고 지도자는 불안한 영혼에게 그가 당하는 고통을 잘 이해하고 있다고 위로한다. 이 때 불안한 영혼은 지도자가 잘 이해하고 있는 것만으로도 벌써 큰 위안이 된다. 그러기 때문에 지도자는 불안한 영혼의 완전한 신뢰를 위해 계속 노력해야 한다.

ㄴ) 영적 지도자의 자격은 헌신적(獻身的)이어야 한다. 지도자는 절대로 불안한 영혼의 긴 설명을 이맛살을 찌푸리지 않고 인내(忍耐)로 듣는다는 것을 보여 주어야 한다. 그리고 계속 그 불안한 영혼에게 관심을 가지면서 그에게 희망과 열성을 표시한다.

영적 지도자는 대화에서 온유해야 하며 강압적인 언어나 엄격한 목소리로 말하지 않아야 한다. 엄격함과 선량함이 조화를 이룬 영적 지도보다 영혼에게 더 큰 신뢰를 주는 것은 없다.

946 (2) 영적 지도자가 신뢰심을 얻게 되었을 때, 불안한 영혼에게 참된 섬김의 권위(權威)를 실행하면서 **그에게 순명을 권고해야 한다.** 영적 지도자는 불안한 영혼이 낫기 위해 필요한 것은 절대적 순명뿐임을 강조해야 한다.

영적 지도에서 순명은 불안한 영혼에게 반드시 필요한 것이다. 만일 불안한 영혼이 영적 지도자에게 순명할 수 없다면, 다른 지도자를 구해야 한다. 전적으로 눈먼 순명만이 불안에서 이탈시킬 수 있다. 참된 순명은 불안한 영혼을 분명히 낫게 할 것이다.

ㄱ) 영적 지도자는 불안한 영혼에게 순명을 요구하면서 분명하고 정확하게 말해야 한다. 이 때 지도자는 조건적이 아닌 단정적인 방법으로 말하면서, 만일이라는 표현을 삼가야 한다. 그러기에 우유부단(優柔不斷)한 불안의 유혹은 분명하게 무시(無視)하라고 말해야 한다.

ㄴ) 불안한 영혼에 대해 영적 지도자는, 특히 지도 초기에는 어떤 결정의 이유를 말해서는 안 된다. 나중에, 불안한 영혼들이 이해할 수 있는 힘을 갖게 되었을 때, 양심을 조금씩 맑게 하기 위해, 간단하게 그 이유를 설명해 준다. 그러나 이 때 불안한 영혼과 근본적인 결정에 대하여 논쟁을 해서는 안 된다. 만일 불안의 한 장애(障碍)가 실천의 순간에 제기된다면, 영적 지도자는 그 장애를 고려해야 한다. 그러나 영적 지도자의 결정은 여전히 유효한 것이다.

ㄷ) 이런 뜻에서 영적 지도자의 결정을 취소해서는 안 된다. 이 말은 지도자는 결정을 내리기 앞서, 잘 생각해야 하고 지킬 수 없는 것은 명(命)하지 말아야 한다. 그 대신 내려진 명령은, 어떤 변화를 필요로 하는 새로운 사건이 아닌 한 취소하지 말아야 한다.

ㄹ) 영적 지도는 불안한 영혼에게 명령이 잘 이해되었는가를 안심시키기 위해서 되풀이해야 한다. 불안에서 벗어나기 위해서는 주어진 명령을 실천하는 것만이 그 의무로 남아 있을 뿐이다. 마치 유죄 선고를 받은 사람처럼 명령 앞에서 가끔 뒷걸음치는 불안한 영혼은 실로 불쌍하다.

그러나 영적 지도자는 불안한 그에게 그 명령을 실천해야 함을 분명하게 말해야 한다. 만일 불안한 그가 지도자의 견해를 따르지 않는다면, 지도자는 그 명령을 실천했을 때만 그의 이야기를 들을 것이다.

영적 지도자는 불안한 영혼이 그 명령을 실천할 때까지, 그에게 같은 명령을 계속 되풀이해야 한다. 즉 지도자가 절대로 성급하지 않고 단호할 때, 그 불안한 영혼은 순명하게 될 것이다.

947 (3) 때가 이르면, 영적 지도자는 불안한 영혼에게 지금까지 말한 일반 원칙을 가르쳐 주어야 한다. 이 원칙은 불안한 영혼에게 오는 모든 의심을 이해하도록 해 줄 것이다.

불안한 영혼은 다음과 같은 형식이나 또는 다른 방법으로 자신의 불안을 표현할 수 있을 것이다.

예를 들어, "불안은 나 자신을 위한 양심의 성찰이므로, 나는 분명한 것만을 믿을 것입니다. 그럼에도 불구하고 내가 금지된 행동을 실천한다면, 그것은 분명 대죄나 소죄를 범하는 것입니다.

그러므로 나는 아무리 그럴 듯한 행동이라도, 대죄나 소죄를 지을 가능성에 대해서는 귀 기울이지 않을 것입니다. 나는 확실하고 분명할 때만 죄라고 믿을 것입니다."

그렇기 때문에 만일 불안한 영혼이 대죄나 소죄를 지었다고 주장할 때, 영적 지도자는 이렇게 말해야 할 것이다.

"당신은 행동하기 전에 확실하게 죄인 줄 알면서, 거기에 동의했다고 하느님께 맹세할 수 있습니까?"

자신에 대한 이와 같은 종류의 질문은, 불안한 영혼의 양심을 분명하게 하고 잘 이해하도록 도와 줄 것이다.

948 (4) 끝으로 개인적 불안의 어려움에 일반적 원칙을 적용시켜야 한다.

ㄱ) 일반 고백자에게는, 먼저 다음 두 가지 명백한 이유가 있을 때 고백을 허락한다.

① 명백하게 범한 대죄.

② 고해성사를 통해 한번도 확실하게 고백하지 않은 죄의 경우이다. 뿐만 아니라, 고백을 하고나서 얼마 후에, 지난 고백 때 몇 가지 죄를 빠뜨렸음을 알게 될 때, 고백신부는 과거로 되돌아가지 말아야 한다고 말하면서, 이미 다른 죄와 함께 용서되었다는 것을 말해야 한다.

ㄴ) 그 다음 생각과 욕망의 내적 죄와 관계되는 것은 다음 규칙에 준한다. 죄지을 위험이 있을 때, 다른 것을 생각하도록 자신의 주의를 딴 곳으로 돌려야 한다. 그리고 죄의 위험에서 벗어난 뒤에는, 죄를 지었는가를 보기 위해 다시 검토하지 말아야 한다. 위험에 대한 생각을 다시 하면 유혹에 떨어질 위험이 크기 때문이다.

그 대신 자신이 죄에 완전하게 동의했다는 분명한 사실이 없는 한, 영성체(領聖體)를 하고, 자신의 의무에 충실한 삶을 살아야 한다(제909항).

949 ㄷ) 영성체는 불안한 영혼들을 자주 고문(拷問, torture)한다. 불안한 영혼들은 자신이 은총의 상태가 아니라고 생각하거나, 단식(斷食)하지 않았음을 두려워한다.

① 은총의 상태에 있지 않다는 공포는 불안한 영혼에게 은총에 대한 확신이 없다는 것을 증명한다. 그러므로 불안한 영혼들

은 영성체 해야 하고, 영성체를 통해 그들은 은총의 상태에 놓이게 된다는 것이다.

② 성체성사 전의 단식은, 영성체를 방해할 양심적인 이유가 아닐 때, 불안한 영혼들의 영성체를 방해해선 안 된다.

ㄹ) 고해성사는 불안한 영혼들에게 가장 큰 고문이다. 즉 불안한 영혼들의 고해성사는 단순하게 말하는 것이 좋다.

① 대죄를 확실하게 고백할 것이다.

② 소죄에 대해서는, 약 5분간의 성찰에서 기억한 것들을 고백할 것이다.

③ 통회는 대개 7분 정도 하고, 통회에서 알게 된 것들은 하느님께 속죄를 간청하며 봉헌한다. 그러나 통회는 감정에 쏠리지 않는 의지의 행위다. 그래서 불안한 영혼이 흥분했을 때는, 전반적인 고백만으로 끝나도록 지시한다.

950 (5) 불안의 어려움에 대한 대답

가끔 불안한 영혼들의 영적 지도에서, 지도자와 지도 받는 영혼의 대화를 다음과 같이 상상해 보기로 한다.

"당신은 나를 불안한 사람처럼 다룬다. 그런데 나는 그런 사람이 아니다."

이 때 영적 지도자는 이렇게 대답한다.

"그것은 당신이 판단할 일이 아니다. 판단은 내가 한다. 당신이 불안한 사람이 아니라는 것을 확신할 수 있는가? 당신은 고해성사 후에 다른 사람들처럼, 평온하고 침착한가? 당신은 대부분의 영혼들이 갖고 있지 않은 의심과 고뇌가 있지 않은가? 그러므로 당신은 정상적인 영혼의 상태가 아니다.

당신 안에는 정신적이고 육체적인 측면에서 어떤 불균형(不均衡)이 있다. 그러므로 당신은 불안에 대하여 특별히 치료해야 할 필요성이 있다. 그러므로 논쟁하지 말고 순명하라. 그러면 불안이 낫게 될 것이다. 그렇게 하지 않는다면 당신의 불안은 점점 더 심해질 것이다."

이와 같은 유사한 방법으로 영적 지도자는 하느님 은총의 도움으로, 불안의 어려운 병을 고칠 수 있을 것이다.

부　록 : 영(靈)의 식별[281]

951 우리 안에 작용하는 영

우리는 V부에서, 선과 악으로 우리를 자극하는 유혹과 불안의 감정(感情)에 대해 여러 번 말하였다. 이제 우리는 이 감정을 자극하는 원천이 무엇인가를 알아보기로 한다.

이론적으로 볼 때 감정을 자극하는 것은 다음 다섯 가지 근원을 들 수 있다.

ㄱ) 선을 향하게 하는 영(靈)과, 악을 향하게 하는 육(肉)이 있다.

ㄴ) 세상에서, 감각을 통해 내적 능력이 영향을 받을 때, 악은 우리의 감정을 자극할 수 있다(제212항).

ㄷ) 우리 감정은 착한 천사(天使)를 통해 우리에게 선한 생각을 일으킨다.

ㄹ) 우리 감정은 악마를 통해 우리를 악으로 향하게 하기 위해 내적 또는 외적 감각을 움직이게 한다.

ㅁ) 하느님은 선으로 우리를 자극하실 수 있고, 영혼의 가장 은밀한 곳까지 들어가실 수 있는 분이다.

---

281) 성 토마스, 1부 II편, 80문 4항, 「준주성범」 I. III, c. 54, De diversis motibus naturae et gratiae; 성 이냐시오, 「영성수련」 Regulae aliquot, 등등; Scaramelli, 「영적 식별」 Brassevin 역, 파리. 1910; Bona 추기경, 「영적 식별」 Ribet, 「수덕신학」 XL장; Mgr. A. Chollet, 「영적 식별」 「신학사전」 4권 1375-1415, 풍부한 참고문헌들과 함께.

952 실천적인 면에서, 우리는 감각의 움직임이 선(善)에서 왔는지, 또는 악(惡)의 뿌리에서 왔는지를 알아보아야 한다. 선의 뿌리는, 하느님과 천사에게서 힘을 얻은 영(靈)이다. 그 대신 악의 뿌리는, 악마와 세속 또는 육체이다. 이와 같이 선과 악을 구분할 수 있게 해 주는 규범을 영의 식별에 관한 규범이라 부른다.

이미 사도 바오로는 인간 안에서 영과 육을, 그리고 인간 밖에서는 우리를 선으로 이끄시는 하느님의 영과 우리를 악에 동참하게 하는 타락한 천사를 식별하는 기초를 닦았다. 성 까시아노, 성 베르나르도, 성 토마스, 「준주성범」(遵主聖範)의 저자(1. III, c. 54-55)와 성 이냐시오 같은 영성저자들은 은총과 본성에 반대되는 움직임을 식별하기 위해 규범을 정하였다.

953 완덕으로 나아가는 초보자들에게 알맞은 성 이냐시오의 규범

처음 두 가지 규범은 열심한 영혼과 죄인들에게 선한 영과 악한 영에 대한 다양한 영적 지도를 포함하고 있다.

(1) **첫 번째 규범**: 초보자들은 자신의 열정에 아무런 제재(制裁)를 하지 않는다. 이 때 악마는 영혼을 악에 빠뜨리고 잡아두기 위해, 보이는 쾌락과 관능적 쾌락들을 제시한다. 반면에 선한 영은 초보자들이 죄의 비참한 상태에서 빠져나오도록 죄에 대한 가책과 불안으로 그들의 의식을 자극한다.

두 번째 규범: 진실로 회개한 영혼들에게 악마는 그들을 실망시키고 영적 진보를 막는다. 그리고 온갖 종류의 장애물과 양심의 고통과 슬픔을 일으키게 한다. 반대로, 선한 영은 초보자

들에게 용기와 힘을 불어넣어 덕에 진보할 수 있도록 도와 준다. 그러므로 그 열매를 보고 그 나무를 알 수 있다. 영적 진보를 가로막는 모든 것은 악마에게서 오며, 진보하도록 도와 주는 것은 하느님께로부터 온다.

954 (2) 완덕으로 나아가는 초보자들을 위한 세 번째 규범은 영적 위로와 관계된다. 이 위로들은 선한 영에서 온다.
 ① 내적으로 마음의 움직임이 열렬할 때, 그 불꽃은 마침내 신적 사랑을 위해 활활 타는 장작불이 된다.
 ② 은총에 대한 감사의 눈물은 내적 기쁨과 주님께 대한 참된 사랑의 표현이다.
 ③ 믿음 · 희망 · 사랑이 커갈 때, 영혼은 평화롭고 잠잠해진다.

955 (3) 완덕으로 나아가는 성 이냐시오의 계속되는 다음 규범은(4번~9번) 영적 고뇌(苦惱)에 관계된 것들이다.
 ① 영적 고뇌는, 영혼을 어둡게 하고, 슬프게 하고, 게으르게 하며 세속적이고 천한 것으로 의지가 기울어지게 한다.
 ② 이 때 영혼은 악령의 충동 앞에 자기가 세운 결심을 바꾸지 말고 그 결정을 굳게 지켜야 한다.
 ③ 이와 같은 영적 고뇌로 인하여 영혼은 더욱 열심하게 된다. 즉 양심성찰과 회개와 기도를 더욱 열심히 한다.
 ④ 비록 고뇌를 느끼지 못하더라도, 선을 행하고 자연적 능력을 돕기 위해 신적 구원에 신뢰를 갖는다.
 ⑤ 영적 고뇌(苦惱)는 인내와 희망을 갖는 영혼에게 큰 위로가 되어 돌아올 것이다. 또 영적 고뇌는 하느님께 대한 우리의 미지근한 태도에 대한 벌(罰)이라고 생각해야 한다. 영적 고뇌에

대한 가르침은 우리 영혼에게 교만을 뿌리뽑게 하고, 우리가 너무 무능력하다는 것을 일깨워 준다.

956 (4) 성 이냐시오의 제11번째 규범은, 영적 고뇌의 시간을 잘 사용하기 위해 용기를 잃지 않도록 경고하면서 영혼을 위로한다. 그리고 영적 고뇌는 영혼이 감각적 위로를 빼앗겼을 때, 할 수 있는 것이 별로 없다는 것을 겸손하게 알려 준다. 그 반면 고뇌의 때, 하느님께 전적으로 의지한다면 많은 것을 실천할 수 있으며 영혼은 큰 위로를 받을 것이다.

957 (5) 성 이냐시오의 세 번째 마지막 규범(12번-14번)은, 영혼을 현혹시키는 악마의 교활함을 밝히기 위한 목적으로 쓰여졌다.

ㄱ) 악마의 교활함은 대항하면 약해지지만, 그대로 두면 격렬한 범죄가 된다. 그러므로 악마와는 사정없이 강력하게 대항해야 한다.

ㄴ) 악마는 악에 참여하는 영혼에게 비밀을 요구하는 유혹자(誘惑者)처럼 행동한다. 이 유혹을 이기기 위한 가장 좋은 방법은 영적 지도자와 상담하는 것이다.

ㄷ) 악마는 영혼 안에 좋은 자리를 차지하기 위해, 영혼의 가장 취약한 부분을 공격한다. 그러므로 규칙적인 양심성찰은 영혼의 나약한 부분을 감시해 준다.

제3편의 종 합

초보자들이 추구하는 완덕의 목적은, 하느님과 일치하기 위해 죄의 기회와 다른 장애물들을 없애는 영혼의 정화에 있다.

958 이와 같은 완덕의 목적을 실현하기 위해서는 무엇보다 먼저 기도해야 한다. 즉 하느님을 위해 신성한 의무를 실천하면서 지나간 모든 죄를 용서해 주시도록 간청한다. 그리고 깊은 신뢰심으로 탄원하면서, 강생(降生)하신 말씀과 일치를 통해, 범할 죄로부터 구해 주시기를 빌어야 한다.

더 나아가 영혼들을 조금씩 정화시킬 좋은 결심과 통회의 은총을 간청한다. 이와 같은 은총은 묵상(默想)기도를 통해 더욱 확실한 방법으로 얻게 된다.

완덕으로 나아가는 초보자는 신중한 숙고(熟考)와 흔들리지 않는 확신과 자신의 가난과 비참함을 스스로 바르게 인식해야 한다. 그리고 가난한 마음 안에서 용솟음치는 열렬한 기도를 실천하도록 결심한다. 이 모든 행위는 영혼을 정화시키고, 죄에 대한 혐오와 회개를 실천하게 함으로써, 유혹에 대항하여 강하게 만드는 데 있다.

959 그 이유는, 회개의 의무와 하느님을 반대한 불경(不敬)의 죄가 매우 중함을 느끼기 때문에, 영혼은 회개의 길로 용감하게 들어선다. 회개는 죄인들을 위해 속죄의 양(羊)이 되길 원하신 예수님과 일치하는 것이다. 영혼은 회개와 겸손과 부끄러운 마음으로 자신의 죄를 끊임없이 뉘우쳐야 한다.

이상과 같은 마음으로 영혼은 회개를 위한 고행에 전념하고,

하느님께서 보내는 섭리의 십자가를 관대하게 받아들여야 한다. 그리고 몇 가지 절제와 자선(慈善)을 실천함으로써 지난 죄를 속죄해야 한다.

다가올 죄를 피하기 위해, 영혼은 내적 또는 외적 감각과 지성(知性)과 의지(意志)를 하느님께 순종하도록 해야 한다. 그리고 하느님의 뜻이 아닌 것은 아무것도 행하지 않기 위해, 영혼은 자신 안에 있는 모든 능력들을 단련시키면서 고행을 실천한다.

물론 영혼 안에는 일곱 가지 죄(七罪宗)라 불리는 악한 성향이 있다. 그러나 영혼은 하느님의 은총에 의지하면서, 악을 뿌리뽑거나 적어도 약화시켜야 한다. 물론 각 영혼이 그 악들과 용감히 싸운다면, 악들을 충분히 억제할 수 있을 것이다.

이와 같은 노력에도 불구하고, 유혹은 가끔 영혼을 구렁텅이에 빠뜨린다. 이 유혹은 악마나 세속에 의해 자극받은 것이다. 그러나 영혼은 실망하지 않고, 세속(世俗)과 육신(肉身)을 이기신 하느님께 의지하면서, 악과 싸우고 적(敵)의 습격에 대항한다.

그 결과 영혼은 하느님의 은총에 의해 모든 악의 공격으로부터 승리하게 될 것이다. 만일 불행한 패배가 오더라도, 영혼은 신뢰심을 가지고, 하느님의 자비(慈悲)에 의탁해야 한다. 속죄(贖罪)받은 패배는 영적 진보에 장애가 되지 않는다.

960 우리는 제3편 「정화의 길」에서 묘사한 객관적 정화가 영혼을 완전하게 정화하는 데 충분하지 못함을 보았다. 또 이 영혼의 정화를 위한 노력은 윤리적이고 신학적인 덕목의 실천으로 「빛의 길」을 걷는 동안 계속될 것이다. 그리고 완덕은 「일치의 길」에서 수동적인 정화가 올 때 비로소 완성될 것이다.

일반적으로 관상(觀想)에 필요한 마음의 순결을 영혼에게 주는 것에 대하여 십자가의 성 요한은 잘 묘사하고 있다.

우리는 이어서 제4편 「빛의 길」에서 이 문제를 더 깊게 다루기로 한다.

수덕 · 신비 신학 3
정화의 길

1999년 9월 11일 인가
2005년 5월 31일 3쇄

지은이 • 아돌프 땅끄레
옮긴이 • 정대식
펴낸이 • 한용환
펴낸곳 • 가톨릭 크리스챤

142-109 서울 강북구 미아9동 103-127
(성가정 빌라트)
등록 • 1993. 10. 25 제7-109호
전화 • 987-9333~5   팩스 • 987-9334
지로 • 3001763
대체 • 010017-31-0556332
체신온라인 • 011726-0058724
우리은행 • 058-076309-02-001(한용환)

값 11,000원

ISBN 89-88822-07-2
ISBN 89-88822-04-8(제5권)